国家社科基金
后期资助项目
GUOJIA SHEKE JIJIN HOUQI ZIZHU XIANGMU

上古汉语语气副词研究

Studies on Modal Adverbs in Archaic Chinese

谷　峰　著

北京师范大学出版集团
BEIJING NORMAL UNIVERSITY PUBLISHING GROUP
北京师范大学出版社

国家社科基金后期资助项目
出 版 说 明

后期资助项目是国家社科基金设立的一类重要项目，旨在鼓励广大社科研究者潜心治学，支持基础研究多出优秀成果。它是经过严格评审，从接近完成的科研成果中遴选立项的。为扩大后期资助项目的影响，更好地推动学术发展，促进成果转化，全国哲学社会科学工作办公室按照"统一设计、统一标识、统一版式、形成系列"的总体要求，组织出版国家社科基金后期资助项目成果。

全国哲学社会科学工作办公室

目　　录

第一章 绪论

第一节 语气副词名称和范围的历史沿革

本书研究上古汉语语气副词的历史发展（主要分析来源和形成过程）、语法分布与语用功能。首先需要梳理"语气副词"这一术语的历史由来。

《马氏文通》（1898）用"状字"对应西方语法学术语体系中的 adverbs，并从四个不同的角度对状字进行分类，这四个角度分别是修饰对象（见"状字诸用六之一"）、词汇源头（见"状字假借六之二"）、构词方式（见"状字诸式六之三"）、语义类别（见"状字别义六之四"）①。就语义分类来说，马建忠把状字分为六种：指事成之处者、记事成之时者、言事之如何成者、度事成之有如许者、决事之然与不然者、传疑难不定之状者。② 其中，"决事之然与不然者"和"传疑难不定之状者"两类状字中的许多成员在今天看来都是语气副词，前者例如"必""实""果""诚""固""信"等，后者例如"岂""其""或""曾"等。然而在《马氏文通》中，"决事之然与不然者"的成员还包括否定副词"不""未"以及应答动词"唯""诺"，"传疑难不定之状者"这一类包括疑问代词"何""安""焉"等。由此可见，除了在术语上用"状字"而不用"副词"以外，马建忠实际上也并不把语气副词当作独立的一类副词。

来裕恂《汉文典》（1906）沿用了《马氏文通》"状字"的提法，他分"状字"为九类，其中前四类（状时状字、状地状字、状象状字、状量状字）显然参考了《马氏文通》的分类体系，只是在词类的名目上略有改动。在《汉文典》收录的副词中，还有断制状字（例如"必""不"）、约度状字（例如"殆""庶"）、诘难状字（例如"岂""焉"）三类③，它们中的多数成员今天都归为语气副词。与《马氏文通》的情况类似，《汉文典》没有给语气副词单

---

① 参见马建忠著、章锡琛校注：《马氏文通校注》，北京，商务印书馆，1988，第289～297页。

② 参见马建忠著、章锡琛校注：《马氏文通校注》，北京，商务印书馆，1988，第297～312页。

③ 参见来裕恂：《汉文典》，上海，商务印书馆，1932，第43～50页。

独设类，只有约度状字的成员基本上都是语气副词，而断制状字还包括否定副词，诘难状字还包括疑问代词。

　　章士钊(1907)在《初等国文典》中最先使用"副词"这一称谓①。据海晓芳(2014：352-362)考证，章士钊曾留学日本，他在书中使用的"副词""形容词""接续词"等术语其实来自日本的文法书，这就是说"副词"这一称谓最初是借鉴了日本的语法学术语。类似于《马氏文通》的做法，章士钊在《初等国文典》中依据语义类别、词汇来源、构词方式三个不同角度给副词分类，其中，从语义类别可以把副词分为普通副词(包括言时、言地、言态度)和代名副词(包括指人和指事物)。不过从具体举例来看，章士钊对语气副词完全没有分析和讨论。

　　陈承泽(1922)《国文法草创》似乎接受"副词"的说法，但不接受"词"这个概念，所以称呼副词为"副字"，《国文法草创》把"副字"分成三类：限制副字、修饰副字、疑问副字。② 今天的许多语气副词在书中归入"限制副字"这一类，例如"必""殆""盖""庶""倘""尚"等，不过与《汉文典》存在的问题类似，陈承泽所说的"限制副字"还包括否定副词、范围副词乃至情态助动词，语气副词在《国文法草创》的副词体系里仍然没有独立地位。

　　杨树达(1920)《高等国文法》全面接受"副词"这一术语，把副词区分为九类：表态副词、表数副词、表时副词、表地副词、否定副词、询问副词、传疑副词、应对副词、命令副词。与之前的著作相比，《高等国文法》在副词分析方面的进步有二：1. 对副词的分类更加细致；2. 把否定副词、应对副词等分离出来，不与语气副词放在一起。其不足之处是：1. 询问副词、传疑副词、命令副词都是语气副词的下位类别，但是《高等国文法》没有将这三组副词合并为一类；2. 没有收录表示肯定语气的副词"必""诚""果""固"等。

　　王应伟(1922)《实用国语文法》把副词分为六类：地所的副词、时间的副词、方法的副词、数量的副词、然否的副词。其中，然否的副词的大多数成员都是语气副词，例如"果真""其实""岂""必""断""断乎""索性""简直""也许""大概""容或""难怪"等。不过无论从名称还是从实际举

---

　　① 学界过去认为章士钊《中等国文典》确立了"副词"这一称谓(邵敬敏，1990：52)，而根据朱铭(2001)考证，章士钊另有《初等国文典》一书，该书于1907年4月在日本刊印，同年7月由商务印书馆重印，改名为《中等国文典》，所以《初等国文典》与《中等国文典》是同书异名，前者出版时间略早。

　　② 参见陈承泽：《国文法草创》，北京，商务印书馆，1982，第43页。

例看，"然否的副词"都包括了否定副词、语气副词和应答动词，语气副词在《实用国语文法》的副词体系里也同样没有独立的地位。

黎锦熙（1924）《新著国语文法》分副词为六类：时间副词、地位副词、性态副词、数量副词、否定副词、疑问副词，此外还列有"对话时的然否副词"这一类。[①]《新著国语文法》参考了《高等国文法》的分类体系，给否定副词和应答动词分别单独设类，不与语气副词相混。此外，黎锦熙《新著国语文法》设立"性态副词"一类，其成员包括了许多语气副词，例如"偏""倒""反""横竖""反正""索性""简直""敢情""的确""果然""居然""自然"等。这种处理与《高等国文法》相比似乎是一点进步，不过黎锦熙对"性态副词"的处理也有其问题：性态副词的内部构成比较驳杂，既有语气副词，也有方式副词、时间副词，甚至还有动词词组。此外，像"大概""或者"等副词被放入数量副词之下，这与今天学界的认识不同。

赵元任（1926）《北京，苏州，常州语助词的研究》认为"说话有说话的口气"[②]，并指出副词"一定""倒"是汉语里表示口气的六种手段之一，赵元任承认"一定""倒"是表示口气的副词，但是他的文章主要讨论语助词，对于表示口气的副词只是顺带提及。

"语气副词"的提法最早见于王力（1985）的《中国现代语法》，他在第3章第22节"语气末品"中正式提出"语气副词"这一术语[③]：

> "难道"居于谓语或主语的前面，这是末品所常在的位置，所以"难道"是一种末品词……"难道"既是常居末品的，本身也就是副词的性质，所以在字典里它该是一种语气副词。

王力认为语气副词可以表示八种语气：诧异、不满、轻说、顿挫、重说、辩驳、慷慨、反诘。在语气副词研究的历史上，《中国现代语法》中"语气末品"这一节无疑具有里程碑意义，然而从举例来看，王力所说的语气副词基本上都是表示说话人的各种情绪（例如"难道""索性""偏""竟""简直""到底"），并不包含"必""必定""一定"等表示主观推断的副词。在《中国现代语法》中这样的副词有些被归入"表示可能性和必要性的副词"，这与今天学界的处理方法有所不同，后来只有少数学者继续沿用，如陆世光（1981）。

---

① 参见黎锦熙：《新著国语文法》，长沙，湖南教育出版社，2007，第143～168页。
② 参见赵元任：《北京，苏州，常州语助词的研究》，《清华学报》1926年第2期。
③ 参见王力：《中国现代语法》，北京，商务印书馆，1985，第175页。

太田辰夫(1958/1987)《中国语历史文法》分副词为七类(程度、时间、范围、情态、否定、疑问·感叹·反诘、指示)，其中情态副词下又分九小类(真确、趋势、归结、决定、发动、侥幸、相反、仅差、推测)①，共罗列43个副词，绝大多数都是语气副词，而且既包括表示主观判断的副词，也包括表示各种情绪的副词，前者如"的确""一定""准""大概""恐怕""还许"等，后者如"居然""反倒""反正""可(也)""幸亏"等。与《中国现代语法》相比，《中国语历史文法》对语气副词的安排处理更接近于今天学界的认识。

徐枢(1954)明确指出副词可以表示语气，他所列举的副词有表示情绪的"就""才""难道""简直"，也有表示推断的"大概""大约"。这种认识后来被学者们广泛接受(胡裕树，1962/1979：301；傅雨贤，1983；刘月华等，1983：135；柳士镇，1984；黄国营，1992；贺阳，1992；段业辉，1995；李泉，1996；徐晶凝，2000)。在20世纪60年代至90年代，国内语法学界在语气副词的名称和范围这两方面都达成了比较一致的认识。此外，张谊生(2000a：46)曾经称语气副词为"评注性副词"，此术语在学界产生过影响，但其接受度不如"语气副词"。

汤廷池(2000)最早把情态(modality)的概念引入副词研究领域，他给情态的定义是：

所谓"情态"(modality)，指的是说话者对句子"命题内容"(propositional content)所持有的"观点"(view point)或"心态"(mental attitude)。

汤廷池认为情态副词是汉语情态表达手段的一种，"情态副词"和"语气副词"是异名同实，情态副词按照语义可以区分为六类，即：命题真伪(例如"真的""难道""到底")、认知(例如"反正""简直""干脆""似乎""当然""果然")、评价(例如"幸亏""竟然""偏偏")、可能性(例如"也许""说不定")、盖然性(例如"大概""恐怕")、必然性(例如"一定""必然")。从汤廷池以后，一些论著开始使用"情态副词"这一术语，例如洪波和董正存(2004)、彭利贞(2007)、朱冠明(2005)、谢佳玲(2006)、徐晶凝

---

① 据日本御茶水女子大学陈晓博士告知，《中国语历史文法》日文原版中相应的术语也是"情态副词"，在日语文法体系，"情态副词"的外延大致等于汉语语法中的"情状副词"，例如"马上""忽然"等。然而，在《中国语历史文法》的"情态副词"中，只有少数几个副词如"简直""故意""特地"等可以算作情状副词，用于对动作进行描述，而大部分副词如"居然""左右""的确""还许"等都是表现人的主观态度，不用于描述动作状态。本书作者不知道太田辰夫在这里为何使用"情态副词"这个术语，故又请教二松学舍大学的户内俊介教授，承户内教授告知，太田辰夫先生书中的"情态副词"并非来自日语文法著作，而极有可能受黎锦熙《新著国语文法》影响，黎氏的著作设有"情态词"，包含助词和叹词，作用是"表示说话时之神情、态度"(黎锦熙，2007：23)。从这个意义上来说，modal和"情态词"有些共同语义特征。太田教授可能是据此用"情态"这个词表示跟modal类似的意思。

(2008)。尹洪波(2011)梳理了西方语言学文献关于语气(mood)和情态(modality)的各种论述,指出二者虽然有密切的联系,但是存在明显的区别:mood 是语法范畴,借助动词的形态变化表现说话者对动作、事件和状态的态度;modality 是语义范畴,说话者对事件、状态和命题的各种态度都可以纳入这个范畴,mood 是 modality 的表现手段之一。

语气副词也是情态范畴的一种表现手段,其实将它们称作"情态副词"(modal adverbs)更加确切,但是国内多数研究者都倾向于使用"语气副词"这个名称,本书也暂且遵循这个学术惯例,以"语气副词"来对应西方语言学界所说的 modal adverbs。

第二节　语气副词的语法特点

现代汉语的语气副词在种类、数量上都多于古代汉语,学界对它们的观察和描写非常充分。根据现有研究,现代汉语语气副词有如下重要的语法特点:

A. 出现在系动词、助动词、其他种类副词的左侧[①];

B. 位置可以移动(主语前后,有时是句尾)[②];

C. 不能自由地出现于包孕句和各种从句中[③]。

张谊生(2000a:49-52)将以上三点总结为:前置性、灵活性、动态性。这虽然是对现代汉语副词的观察与总结,但是这些一般性的规律也基本适用于上古汉语,可以用作判定语气副词的标准和分析研究它们的参数。这有两个理由。

第一,古、今汉语副词的分布规则有许多相同点。这里以古汉语典型的语气副词"其"为例,它的语法表现符合 A、B、C 三个特点,具体地说:a)前置于助动词和其他种类副词(时间、范围、否定、方式);b)一般出现于主谓之间,有时出现于主语前;c)偶尔出现于宾语从句,但几

---

① 古川裕(1989)列出 51 个能够非常自然地修饰系动词"是"的副词,其中 33 个是语气副词。汤廷池(2000)发现:与否定词、情状副词和助动词共现时,语气副词出现在前。黄河(1990)发现语气副词与其他类副词共现时遵循"语气>时间/总括>限定>程度>否定>协同>重复>方式"的顺序,袁毓林(2002)进一步概括为"关联副词>语气副词>范围副词>状态副词"。

② Li&Thompson(1981),黄国营(1992),王健慈、王健昆(2000)发现相当一部分语气副词是"可移动副词",既可出现在主语前,又可出现在主语后。陆俭明(1982)发现口语中有些语气副词还可出现于句尾。

③ 语气副词所在的小句不作定语、状语,可以有条件地作补语和宾语(张谊生,2000a;史金生,2003)。

乎不出现于其他类型的从句。例如：

　　(1)一之谓甚，其可再乎？(《左传·僖公五年》)

　　(2)我其尝杀不辜，诛无罪邪？(《晏子春秋·内篇杂下》)

　　(3)亡国之主，其皆甚有所宥邪？(《吕氏春秋·去宥》)

　　(4)今平原君乃以为羞，其不足从游。(《史记·魏公子列传》)

　　(5)其递相为君臣乎？其有真君存焉。(《庄子·齐物论》)

　　(6)其我独芒，而人亦有不芒者乎？(《庄子·齐物论》)

　　(7)夫二子之勇，未知其孰贤。(《孟子·公孙丑上》)

　　第二，其他语言的副词也不同程度地印证这三个特点。

　　Ernst(2004：45)关注过英语多项副词的共现顺序，大致布局是：**话语导向的副词＞评价副词＞情态副词＞传信副词＞主语导向的副词＞否定副词＞方式副词**，印证特点 A；Jackendoff(1972：49)将英语副词分为全句副词(S adverb)和谓语副词(VP adverb)，语气副词(如 probably、apparently 和 certainly)属于句子副词，可出现在句首、主谓之间、情态动词或限定性助动词后，还可以出现于句末(前有停顿、标点)，谓语副词(如 easily、quickly、safely)只出现于句末和主要动词前，近似于特点 B；英语中表示言语行为、评价、传信和认识情态的副词不能进入时间从句和条件从句(Haegeman，2008)，这部分印证特点 C。

　　本书第二章将会讨论上古汉语语气副词的范围，而辨析语气副词和非语气副词是第二章的一项重要内容，届时有必要从副词与助动词、系词、否定词的位序、副词是否能轻易出入各种包孕句、副词与主语的相对位序等角度来判断相关副词的类属。

第三节　上古汉语的历史范围和重点语料

　　高本汉(Bernhard Karlgren，1940)在其论文 Études sur la phonologie chinoise 中列出 l'ancïen chinois, le chinois archaïque, le proto-chinois 和 le chinois moyen 等术语，赵元任、李方桂、罗常培译《中国音韵学研究》用"中古汉语""上古汉语""太古汉语"和"近古汉语"分别对译①，这些

---

　　① 见〔瑞典〕高本汉：《中国音韵学研究》，赵元任、罗常培、李方桂译，上海，商务印书馆，1940，第20～21页。

术语的含义及其关系是：

> 那么《广韵》的反切是一个代表不比纪元六百年更后的完整的中国语言了……这个语言我们可以叫作中古汉语（l'ancien chinois），这个时期以前的可以叫作上古汉语（le chinois archaïque）跟太古汉语（le proto-chinois）。以后的叫作近古汉语（le chinois moyen）。

高本汉将《诗经》以前的汉语称为太古汉语，《诗经》以后到东汉的汉语称为上古汉语，这与后来的学者（尤其是研究词汇语法史的学者）对汉语史分期的认识有所不同。太田辰夫（1988：2）认为上古汉语可以分为三期：第一期是商周，第二期是春秋战国，第三期是汉。唐作藩（1962/2001：310）认为殷商的汉语是远古汉语，周秦两汉的汉语是上古汉语，郭锡良（2013）持相同的看法。目前，学界一般把上古汉语的下限放在西汉，把东汉魏晋南北朝的汉语算作中古汉语（魏培泉，2000；王云路、方一新，2000：前言；方一新，2004；曹银晶，2012：2）。综合上述各种见解，这里暂且将周、秦、西汉的汉语称为"上古汉语"。

上古汉语包括西周、春秋战国、西汉三个阶段，各阶段的主要语料是：

西周时代：

铜器铭文（512 篇）①、《今文尚书·西周书》（去掉《洪范》《金縢》《牧誓》）、《逸周书》（只取《世俘》《商誓》《皇门》《尝麦》《祭公》《芮良夫》《度邑》《克殷》《作雒》等 9 篇）、《诗经》（二雅、周颂）、《周易》（卦辞、爻辞）②

春秋战国时代：

《诗经·国风》《仪礼》《左传》《国语》《论语》《墨子》《孟子》《庄子》《荀子》《韩非子》《吕氏春秋》《战国策》《商君书》《管子》《晏子春秋》

西汉时代：

《孝经》《史记》《礼记》《大戴礼记》《公羊传》《谷梁传》《新语》《新书》《淮南子》《春秋繁露》《盐铁论》《新序》《说苑》《太玄》《文子》《法言》《新论》

---

① 铜器铭文资料依据马承源主编：《商周青铜器铭文选》（第 3 卷），北京，文物出版社，1988。

② 对《尚书》《逸周书》《诗经》《周易》等书中各篇的写成时代，参考张玉金（2004：6）和殷国光、朱淑华（2008）的分析。

需要说明，如果只是一般性的举例，本书对《史记》不作细分。如果需要统计数字验证语法的发展，就以 53 篇为主，包括：本纪（项羽、高祖、吕后、孝文）、世家（陈涉、外戚、楚元王、荆燕、齐悼惠王、萧相国、曹相国、留侯、陈丞相、绛侯周勃、梁孝王、五宗）、列传（张耳陈馀、魏豹彭越、黥布、淮阴侯、韩信卢绾、田儋、樊郦滕灌、张丞相、郦生陆贾、刘敬叔孙通、季布栾布、袁盎晁错、张释之冯唐、万石张叔、田叔、扁鹊仓公、吴王濞、魏其武安侯、韩长孺、李将军、匈奴、卫将军骠骑、平津侯主父、南越、东越、朝鲜、西南夷、淮南衡山、循吏、汲郑、儒林、酷吏、大宛、游侠、佞幸、滑稽、货殖）。这些篇目代表西汉的语言（宋亚云，2014）。

研究以传世文献为基本语料，除西周铜器铭文外，并不过多涉及出土文献。

第四节　语气副词的研究现状

一、古汉语语气副词研究的现状

古汉语语气副词的数量很少，王力《中国语法理论》（1944/1984）指出"中国古代的语气副词颇少，近代和现代的就多了，许多普通副词都转成了语气副词"[①]。同时，跟代词、介词、连词、词序、音变构词、判断句、双宾句等研究课题比起来，副词不是古汉语研究的热点。所以相关成果数量少。从内容上看，分析讨论古汉语语气副词为主题的研究成果有三种：第一，列举某个时代或某部古书里的语气副词，解说词义并配以例句，这些成果大多都是工具书（吕叔湘，1944；杨树达，1954；韩峥嵘，1984；楚永安，1986；社科院语言所古汉语研究室，1999；谢纪锋，2015），有些是汉语语法史通论（周法高，1961；杨伯峻、何乐士，1992/2001；向熹，1993；蒲立本，1995/2006；李佐丰，2004；姚振武，2015），少数是论文，其中有些谈到了出土文献的语气副词（魏德胜，1998；葛佳才，2005；熊昌华，2013）。第二，归纳某些常见语气副词的语法意义，或是辨析一组近义的语气副词（马景仑，1991；郭锡良，2003；杨逢彬、陈练文，2008），就现有的成果看，学者们分析最多的语气副词是"其"（郭复华，1981；姚炳祺，1983；郜锦

---

① 参见王力：《中国语法理论》，济南，山东教育出版社，1984，第 230 页。

强，1984；杨琳，1989；何乐士，1989/2004）；第三，勾勒语气副词的历史来源和发展脉络，有的学者讨论其他词类或其他副词如何演变为语气副词（黄珊，1996；陈宝勤，1998；赵长才，1998；姚尧，2012），也有学者讨论副词的某种语气义如何转变为另一种语气义（刘开骅，2005），还有学者讨论个别语气副词向连词的发展演变（段德森，1991；蓝鹰、洪波，2001：190；向学春，2005；胡敕瑞，2016；龚波，2017：184）。

客观地说，以上成果为这一研究领域积累了丰富的资料，但这些成果大都专注于汇集整理、举例解说，在方法论上给人的启发有限。在现有的研究成果中，有意识地运用现代语言学方法研究古汉语语气副词的成果很少，最有代表性的是魏培泉（1999）和 Meisterernst（2016）。魏培泉（1999）把语气副词、疑问代词、关系代词、指量词等都看作句子里的运符（operators），通过分析它们与否定、焦点、前置宾语的相对位置，最终归纳出各种运符在句中的占位；Meisterernst（2016）则以否定词、疑问词、关系代词等成分为基准，通过分析"必"与它们的相对次序，最终发现古汉语的"必"不全都是语气副词，还有可能是助动词。从研究思路上看，魏培泉和 Meisterernst 都很重视副词与相关成分在句中的相对次序，将两个或多个词语的线性次序当作认识副词位置甚至是句子层级结构的手段，这与后来意大利句法学家提出的制图方法（cartography）是一致的（Rizzi，1997；Cinque，1999；Paul，2005）。

二、近现代汉语语气副词研究的现状

学界对近现代汉语语气副词的研究细致且深入，触及了这种副词的本质属性，这些成果对古汉语语气副词的研究很有启发，与本书的研究目标、研究方法直接相关。所以，下面将对近现代汉语语气副词的研究现状做些梳理。

(一)语气副词语法表现的研究

相关的研究成果主要讨论四个问题。

1. 语气副词的位序

综合陆俭明（1982）、古川裕（1989）、黄河（1990）、汤廷池（2000）、张谊生（2000a）、袁毓林（2002）、史金生（2003）的看法，现代汉语的语气副词与其他副词（尤其是方式副词）及情态动词的区别是：

A. 可以出现在句首或句中，口语中偶尔可出现在句尾；

B. 在与其他种类副词连用时，倾向于出现在左侧；

C. 通常只位于系词"是"和否定词"不"左侧；

D. 与情态动词连用时，次序在左侧。

2. 语气副词进入包孕句

一般认为语气副词不能进入定语小句（张谊生，2000a：51）。当母句动词表示言说、感知或心理等意思时，有些语气副词可以进入宾语小句（史金生，2003；齐春红，2008：110）。

3. 语气副词的句类分布

黄国营（1992）、段业辉（1995）、崔诚恩（2001：34—46）和齐春红（2008）观察，句类对语气副词有较强的选择性，总体态势是：绝大多数语气副词都能进入陈述句，只有少数副词可进入疑问句、祈使句和感叹句。

4. 语气副词的移动

Li & Thompson（1981：320-340）将汉语副词分为"可移动副词"和"不可移动副词"。前者既可以出现在主语前，又可以出现在其后；后者只能出现在主语后。相当一部分语气副词如"显然、幸亏、大概、也许"等都是可移动副词，后来的学者将其作为辨认语气副词的重要特征（黄国营，1992；王健慈、王健昆，2000）。沈家煊（2001）区分了副词"还"的一般增量和元语增量用法，元语增量的"还"是针对所述命题表明说话者态度，这种用法的"还"在口语里可移到句外（小车还通不过呢＞小车通不过呢，还）。

（二）语气副词语用功能的研究

以往对语气副词的研究基本上都是在句子层面上进行的，着眼于语法功能，即分布、组合与位序。从曹逢甫（1977/1995）和屈承熹（1991）之后[①]，越来越多的学者认识到：仅仅在句子层面上进行描写和分析不能揭示语气副词的真正价值，语气副词是话语标记，它的真正价值体现在语用上。20 世纪 90 年代以来，语气副词的语用功能逐渐成为汉语语法研究的热点课题，出现了大量的论文。研究者们关注的问题有：

1. 语气副词语用功能的分类归纳

语气副词的语用功能包括：A. 连句成篇；B. 约束焦点；C. 触发预设；D. 表达立场、情感和态度；E. 人际互动。

A. 连句成篇

张谊生（1996）全面系统地研究了汉语副词的篇章功能，他指出除了

---

① 曹逢甫（1977/1995）认为只有在上下文中研究句子才能充分描写语气副词的用法。

代词、连词、插入语以外，一些副词在篇章中也有衔接句、段的作用，有篇章衔接作用的副词有 119 个，其中 49 个是语气副词，它们在篇章中呈现出 5 种 16 小类关联功能，即：推论（包括总结型、理解型、估测型）、解说（包括否定型、确认型、补证型）、追加（包括并存型、主次型、极端型）、转折（包括对立式、补注式、无奈式、意外式）、条件（包括有利条件、起码条件、无条件）。

副词"倒"在不同的上下文中有不同的语义理解，彭小川（1999）将"倒"出现的语段概括为四种结构模式：a）A＋（X）＋B 倒；b）A 倒＋（X）＋B；c）（A＋B）＋B′倒；d）B 倒。A 和 B 是意思上互为对比的两个语句，"倒"的功能是彰显上下文的对比关系，当"倒"出现于对比前项时有让步的意味，出现于对比后项时有转折的意味。这种结合语段的语义结构模式分析副词篇章功能的思路影响启发了很多学者，如方平禄（2002）、史金生（2003）、李宗江（2005）、王江（2005）、李劲荣（2007）。

张则顺（2012）分析了"无疑、的确、确实、真的、显然、当然、自然、其实"等确信语气副词位于句首或独用时的篇章功能，她认为这些副词有两种篇章功能：在会话中表现为话轮、话题的接续和转换，在议论文中则表现为衔接上文和构建后续话语，标记话语内容由客观向主观过渡、由说明向论述过渡、由分述向总结过渡。

B. 约束焦点

（1）标记对比焦点

刘丹青、唐正大（2001）指出"可"有强调对比焦点的作用，如在"**想死很容易，要活好了可是难上加难**"中，"可"强调的是话题焦点"要活好了"，它与句外的"想死"构成对比。

"甚至"和"反而"也有焦点算子的功能。袁毓林（2008）指出"甚至"总是出现于"$X_1＋\cdots＋X_{n-1}＋$甚至 X_n"中（X 可以是 NP、VP 或 S），"甚至"用来引出一个跟语境相关的语用量级标尺，"甚至"所约束的焦点处于量级的最低点，是一种最不可能的情况；"反而"出现于"P＋［应该＋却没有 Q］＋反而 R"中，｛Q，—Q，R｝构成一个由条件 P 引起的结果事件选项集合，"反而"约束的 R 是可能性最小的事件。

张秀松（2008）发现，"到底"也有引进量级标尺的作用，例如在"到底你是博士生，说话这么有水平"中，如果｛农民，工人……本科生，硕士生，博士生｝构成一个与"说话有水平"的可能性相关的集合，那么"博士生"是可能性最大的一项。

(2)充当焦点敏感算子

徐烈炯(2005)指出，语气副词"真的、居然、竟然"等具有焦点敏感的特性，以"居然"为例，"居然老张在会上答应了""老张居然在会上答应了"和"老张在会上居然答应了"三个句子的焦点分别是"老张""在会上""答应"，"居然"出现在句子中时，如果句子的焦点变化，"居然"会与焦点相关联，使句子的真值条件随焦点位置的不同而不同。

C. 触发预设

预设是人们交际过程中隐含在话语背后的双方都接受的知识，某些词可以作为提示引导说话者推导出句子的预设，这些词是预设触发语(季安锋，2015)。有些语气副词有预设触发的功能，例如"并"，过去一直认为它的作用是表达"强调否定语气"，王明华(2001)发现"并"所在的句子总是针对某一预设或逻辑前提进行否定。季安锋(2015)发现"幸亏、难怪、不愧、果然"等副词都预设其所修饰的 VP 表示一个事实。从预设角度研究语气副词的还有高书贵(2000)、李杰(2007)。

D. 表达立场、情感和态度

张谊生(2000a)把语气副词的传信功能归纳为四种：断言("真、确实、诚然")、释因("本来、原来、敢情")、推测("该、管保、想必、一定")、总结("终归、终究、自然、当然")，把语气副词表现的情态类型归纳为：强调与婉转("简直、绝对、不妨、莫非")、深究与比附("难道、究竟、似乎、好像")、意外与侥幸("竟然、偏偏、幸亏、好在")、逆转与契合("反倒、恰巧")、意愿与将就("宁可、死活、只好")等方面，这是国内最早从主观情态角度观察语气副词的成果。自从沈家煊(2001)把国外主观性和主观化的研究介绍到国内后[①]，概括语气副词的主观性用法就成为副词研究中最热门的课题，语法学者围绕这一课题展开研究，发掘出很多有价值的语言事实，如："也许、大概、八成、肯定、准保、显然"表示说话者对命题真实性的相信程度(张伯江，1997；齐沪扬，2003；徐晶凝，2008；匡鹏飞，2011)；"其实、还、偏偏、居然、竟然、反而、却"具有标示反预期信息的功能(张宝胜，2003；吴福祥，2004；袁毓林，2008；杨霁楚，2008；武果，2009)；与"的确"相比，"实在"表确认时更突显现时相关性(李劲荣，2007；张则顺，2011)；反诘副词一般认为传达说话者否定质疑的负面态度，李宇凤(2011)进一步区分"谁说"和"难道"的不同语用倾向，"谁说"直接针对前文出现的话语表示质

---

① 参见沈家煊：《语言的"主观性"和"主观化"》，《外语教学与研究》2001 年第 4 期。

疑否定,"难道"是对对方话语隐含意思的间接回声反问,有推理论辩的意味。完权(2014)发现,说话者如果用"VP吗?"发问,就说明他对真相不知情,如果用"阿/可/还 VP?"发问,就说明他对事实真相或对听话者有主观期待。

E. 人际互动

语气副词不仅能表现言谈者的主观性,而且能表现交互主观性,对语气副词人际互动功能的分析就属于交互主观性的研究课题。[①] 史金生(2005)、温锁林(2010)指出"又、也、并"表示申辩语气;徐晶凝(2008)认为推测义副词在交际中具有一定的礼貌作用:说话者通过弱化自己的推断承诺,一方面给自己留有回旋余地,另一方面给听者更大的判断权利。张旺熹、李慧敏(2009)将"可"的功能概括为"观照听/说者之间的主观期望",具体地说就是对言者某种期望的表达和对听者期望的回应。乐耀(2010)认为"最好"的功能是明示对听者的建议。张则顺(2012)考察了确信语气副词的人际功能,她发现"的确、确实"在论辩会话情境中体现对对方观点的支持,"其实"体现对对方观点的挑战,说话者用"绝对、当然、显然、一定"向听者传递出权威的态度,用"当然"传递团结的态度,用"真的、实在"标示礼貌的态度。谈及语气副词人际互动功能的论文还有陈鸿瑶、吴长安(2009)、董秀芳(2010)。

关于这一课题的成果很少,其原因有二:第一,考察人际互动功能需要依托对话语料,而对话语料在国内现有的汉语语料库中只占很小的份额,获取的难度也高于书面语料。第二,国外言谈分析的理论和操作方法对多数汉语语法学者来说还比较陌生。

2. 语气副词的语用功能和句法表现的关系

功能语法认为,句法是非自主的,它受话语语用因素的影响。学者们在这一理念的指导下探讨语气副词语用功能和句法表现的互动关系。总体上看,目前有两种研究取向:一是以探讨副词的语用功能为主线,辅以相应的句法表现;二是探讨语气副词句法表现背后的语用动因。

采取第一种思路的有:谢晓明(2010)论证"难怪"表"醒悟"义时举的证据是:"难怪"句不能是虚拟情态、VP不是可控的、一般不见于祈使句或疑问句、倾向于选用感叹句或陈述句。张旺熹、李慧敏(2009)指出对

---

① 交互主观性是指说话者用明确的语言形式表达对听话者"自我"的关注,这种关注可以体现在认识意义上,但更多体现在社会意义上,即关注听话者的"面子"或"形象需要"。参见张兴:《语言的交互主观化与交互主观性——以日语助动词"だろう"为例》,《解放军外国语学院学报》2009年第4期。

话框架中"可"的功能是凸显听者/说者的预期，句法表现是：在陈述句中"可"总搭配第一人称（表达个人的主观倾向）、常见于否定句（通过对比否定突显预期）、在祈使句中多与估价助动词"要、得"共现（估价和人的主观期望密切相关）、出现于反复问句和特指问句、不出现于选择问句和"吗"字是非问句（反复问句和"吗"字是非问句不带有说话人的倾向）；乐耀（2010）给表主观建议的"最好"罗列的句法表现是：主语为人称形式、与祈请或认知动词连用、"最好"修饰的 VP 是非现实情态、能与"还是"连用或替换。这方面的论文还有李劲荣（2007）、杨霁楚（2008）、谢白羽（2011）。

采取第二种研究思路的有：赵彦春（2001）认为"幸亏"位于句首还是位于主谓之间（如"幸亏你来了"和"你幸亏来了"）并不改变句义，但"幸亏"的位置变化不是自由随意的，要顺应篇章衔接的需要。马真（2001）指出表转折的"反而"和"却"不可以自由替换，因为它们的篇章功能有差异，"反而"总是出现在"P，按说应该 Q，却没有 Q，反而 R"这样的语段里。袁毓林（2008）发现："甚至"和"反而"在意义上有共通点，但它们不能随意替换，例如"一些单位办案不力，压案不办，**甚至瞒案不报**"中的"甚至"就不能换成"反而"，因为这两个副词作为焦点算子引出的语用标尺性质不同，"甚至"句的语用标尺只要求不同的刻度之间逐层递进，"反而"句的语用标尺要求不同的刻度之间逐层递进并且在意义上呈对立关系。张谊生（2000a）、史金生（2003）、张宝胜（2008）指出语气副词表现说话者对整个句子的主观评价，是句中命题之外的成分，所以不能出现于定语小句，与其他副词共现时必须前置。"就"和"才"在分布上既有对立也有中和，多数时候不能互换。屈承熹（1998/2006）、指出"就""才"呈对立分布的原因在于它们虽然都表示实际情况偏离预期，但方向刚好相反："就"表示时间早于预期、数量少于预期，"才"表示时间晚于预期、数量多于预期。张则顺（2011）指出"实在"总修饰形容词、心理动词或状态动词等具有程度性的 VP，这是因为"实在"具有主观提升程度的作用。

语用因素对语法手段有塑造作用，这是多数语法学者的共识。① 但语气副词的句法分布反过来会不会制约语用功能呢？齐春红、徐杰（2007）认为可以，他们指出一些语气副词可以在词组中出现，这时副词的评价功能和篇章功能会受到抑制。不过，目前持这种观点的学者很少，该观点的科学性、合理性有待验证。

---

① 参见方梅：《篇章语法与汉语篇章语法研究》，《中国社会科学》2005 年第 6 期。

3. 语气副词语用功能的历时研究、对比研究

随着语法化理论、历史语用学理论在国内升温，越来越多的学者开始关注语气副词语用功能的历时演变。这方面的研究大都是探讨语气副词主观性用法的形成过程、演变依赖的语境和背后的语用原则，如杨永龙(2000)指出进入测度问句是"不成"的否定义消失、反诘义浮现的关键一环，张宝胜(2007)指出后接弱动词、出现于问句和否定句是"还"发展出主观性用法的必备条件，史金生(2005)用溯因推理、言语行为的适宜条件解释"又"在"又¬p，¬q"句式中发展出辩驳语气的机制，q表示听话人的行为，p是q得以实施的适宜性条件，"又"所在的小句是对适宜性条件(即前提)的否定，一般来说，对一个命题前提的否定比对该命题本身的否定更有力，所以"又"有了辩驳语气。讨论语气副词主观化的还有洪波、董正存(2004)、张谊生(2004)、邢志群(2005)、崔蕊(2008)、武果(2009)、胡勇(2009)、乐耀(2010)。

还有学者讨论语气副词篇章功能的历史演变，如周静(2004)、齐春红(2006)、董正存(2008)、袁毓林(2008)、姚小鹏(2011)。

就目前搜集到的文献看，讨论英汉语气副词语用对比的成果只有莫运国(2010)，作者指出英汉语气副词都具有高位和低位表述功能、评价功能和聚焦功能，不同的是，英语语气副词主要配合情态动词表达现实性和非现实性方面的意义，而汉语语气副词所表现的情态意义远不止于此，有些语气副词还有指明预期、预设的作用，这是英语语气副词不具备的功能。

第五节　研究的目标、方法和意义

本书的目标是梳理古代汉语语气副词来源和演变，描述它们在语法分布上的表现，同时归纳它们的语用功能。具体做法是：

一是从位序、组合、搭配、句型、句类等角度描述语气副词的语法表现，特别重视同小类副词的语法区别，以此为突破口，研究语义语用特点。

二是在语法描写的基础上，结合文体、场景、谈话内容、人物关系等方面分析语用功能。

三是在语法描写的基础上，利用会话含义、合作原则、礼貌原则等重现历史演变过程。

选题的意义是：

一是填补汉语语法史研究的空白。目前专门研究中古、近代、现代

汉语语气副词的著作都已问世(齐春红，2008；李素英，2010；罗主宾，2013)，上古汉语语气副词还没有引起学界的关注，没有完整系统的研究论著，本书试图填补该空白。

二是发现新现象、新规律。早期的学者们对古代汉语副词研究属于语文学的范式，即"释义＋例句"；后来，学者们开始注意描写副词的位置(位于句首还是句中)和搭配(修饰 NP、VP 还是 AdjP)，个别学者还分析副词的连用顺序。不过，这些描写只能大致说明各种副词的分布，不足以说明语气副词小类和小类之间的区别、同小类中不同个体的区别，更不足以说明区别背后的原因。本书将增加主句/从句、肯定/否定、句类等描写参数，从多个角度详细描述语气副词的语法表现，还将尽量给出语用学的解释，相信可以发现以往的研究范式中难以呈现的语言规律。

三是为充实和发展相关的语言学理论(如句法制图理论、语法化理论、语用学理论)提供资料。

第二章　上古汉语语气副词的范围和分类

在以往的研究中，有许多词语并不是语气副词，但被划入语气副词的范围，如果细加分析，其中包含两种具体情况：首先，有的词语跟语气副词并无瓜葛，却因为研究者误读语料、误判语言事实或是不了解相关理论而被认为是语气副词；其次，有些词语在历史演变过程中曾出现多种功能，互相之间有一定联系，其语气副词功能与相关功能的界限不容易确定。此外，语气副词的分类是后续研究的基础，次类的划分应该能够体现各类语气副词的情态地位，然而以往的分类只是考虑各个语气副词的词义，而一个副词的词义与其情态类别、语用价值不完全吻合。鉴于以上问题，本章前两节将从语气副词的语义和分布入手，对相关词语进行辨析，借此进一步阐明语气副词的分布规律；第三节将以情态语义为依据，按照语气副词在情态系统中的地位对它们进行分类。

第一节　语气副词与非语气副词的辨析

一、否定副词不是语气副词

易孟醇(1989：341)认为"莫""无""毋""亡""蔑""末""未""微""靡""罔""勿""不""否""匪""非""弗"是表示否定的语气副词，李明(2014)承认语气副词和否定副词是两种不同的副词，但同时也指出有个别副词因为兼有两种副词的意义或功能，所以不好归类，比如"休""别""不必"既表示否定，又有禁诫语气。李明的观察非常到位，然而本书认为否定副词作为一个整体不能归入语气副词。理由是：

一是否定副词对句义影响大，添加或删除会造成反对命题，但不改变命题类型。语气副词分两种情况：一种表示确认、违反预期、加强、祈使的副词对句义影响不大，它们的增删不改变句义，也不改变命题类型，充其量只是感情态度的变化；另一种表示必然、揣测的副词对句义有影响，删掉它们会改变句义，也会使模态命题变成非模态命题。①。例如：

(1) 居丧，未葬，读丧礼；既葬，读祭礼；丧复常，读乐章。
(《礼记·曲礼下》)

(2) 于是景公出野暴露，三日，天果大雨，民尽得种树。(《说苑·辨物》)[比较：于是杀牛祭孝妇冢，太守以下自至焉，天立大雨，岁丰熟。(《说苑·贵德》)]

(3) 简子投桴而叹曰："呜呼！士之速弊一若此乎！"(《吕氏春秋·贵直》)[比较：见舞《大武》者，曰："美哉！周之盛也，其若此乎！"(《左传·襄公二十九年》)]

(4) 君独不见夫鸡乎？首戴冠者，文也；足搏距者，武也……(《韩诗外传》卷二)[比较：子不见夫唾者乎？喷，则大者如珠，小者如雾，杂而下者不可胜数也。(《庄子·秋水》)]

(5) 共华曰："……任大恶三，行将安入？子其行矣，我姑待死。"(《国语·晋语三》)[比较：声子曰："子行也！吾必复子。"(《左传·襄公二十六年》)]

(6) (重耳)离外之患，而天不靖晋国，殆将启之，二也。(《左传·僖公二十三年》)[比较：大叔完聚，缮甲兵，具卒乘，将袭郑，夫人将启之。(《左传·隐公元年》)]

二是否定副词常出现于定语中，而语气副词基本不出现于定语中；否定副词总体上出现于时间副词、范围副词、程度副词右侧，而语气副词总是出现于这些副词左侧。例如：

(7) 吾未得见之时，我欲得宋。(《墨子·鲁问》)
(8) 今子为非子之事，退！将论而罪。(《吕氏春秋·不苟》)
(9) 寡君有不腆之酒，以请吾子之与寡君须臾焉，使某也以请。(《仪礼·燕礼》)
(10) 夫既尚同乎天子，而未上同乎天者，则天灾将犹未止也。(《墨子·尚同中》)
(11) 所谓亡君者，非莫有其国也，而有之者，皆非己有也。

---

① 逻辑学中"必然""可能""不可能"等叫模态词，包含模态词的命题是模态命题(陈波，2003：96)，还有观点认为与"义务""许可"等概念相关的命题也是模态命题(von Wright, 1951)。

（《韩非子·八奸》）

（12）婴<u>最</u>不肖，故直使楚矣。（《晏子春秋·内篇杂下》）

（13）是故上有大泽，则民夫人待于下流，知惠之<u>必将</u>至也。（《礼记·祭统》）

（14）一师至，彼<u>必皆</u>出。（《左传·昭公三十年》）

（15）如此而行葬，民<u>必甚</u>疾之。（《吕氏春秋·开春》）

否定副词与典型的语气副词很不相同，它们与语气副词是完全不同的两组副词。

二、谦敬副词是方式副词

上古汉语的谓语动词前会添加一些表示谦卑、恭敬意义的词语，它们通常被称为"表敬副词"或"谦敬副词"（杨伯峻，1963：95，康瑞琮，1982：164）。对于这种副词性质，学界以往认识有分歧，多数学者认为谦敬副词、语气副词、范围副词、时间副词、否定副词、情状副词并立（易孟醇，1989：297；李佐丰，2004：184；崔立斌，2004：195），少数学者认为谦敬副词属于语气副词（姚振武，2005：173；胡波，2010：77；熊昌华，2013：218）。就谦敬副词的范围而言，说"窃""伏""忝""谨""敬""惠"是谦敬副词，基本没有异议；葛佳才（2005：332）认为"乞""试""蒙""庶（几）""唯""愿（请）"也是谦敬副词，这不符合主流看法，尚待论证。之所以会出现上述分歧，是因为以往对谦敬副词认识不够深刻，对它们的分析不够细致。下面暂且以各家都认可的"窃""敢""辱""惠""敬""谨"为主，讨论谦敬副词的类属及其表现。

前文说过，语气副词表达言说主观性，许多语气副词删除后不影响语句的合法性。如果根据这些描述来衡量谦敬副词，它们倒有些像语气副词，因为：一是它们给句子增添谦恭的主观色彩；二是它们对句义影响不大，删除后句子仍然成立。例如：

（16）（苏代）先说淳于髡曰："……今臣欲以骏马见于王，莫为臣先后者，足下有意为臣伯乐乎？臣请献白璧一双，黄金千镒，以为马食。"淳于髡曰："<u>谨</u>闻命矣。"（《战国策·燕二》）〔比较：公宣子复见曰："国小而室大。百姓闻之，必怨吾君；诸侯闻之，必轻吾国。"鲁君曰："闻命矣。"（《淮南子·人间训》）〕

（17）凡诸侯之大夫违，告于诸侯曰："某氏之守臣某，失守宗庙，<u>敢告</u>。"(《左传·宣公十年》)[比较：申包胥如秦乞师，曰："吴为封豕、长蛇，以荐食上国，虐始于边楚。寡君失守社稷，越在草莽，使下臣告急。"(《左传·定公四年》)]

(18)顿弱曰："山东战国有六，威不掩于山东，而掩于母，臣<u>窃为大王不取也</u>。"(《战国策·秦四》)[比较：冯郝谓楚王曰："逐惠子者，张仪也。而王亲与约，是欺仪也，臣<u>为王弗取也</u>……"(《战国策·楚三》)]

但是，单单表示主观情感、删除后不改变句义还不足以说明谦敬副词是语气副词。目前学界一般根据句法层次判断副词的性质(Van Valin，1993；Dik et al.，1997)，句法层次的外在表现是与主语的相对位置(主语前、主谓间)、多项副词排序、移位、进入从句。根据前文描述，语气副词在分布上具有前置性、灵活性和动态性等特点，如果用这些特点来衡量，会发现谦敬副词和语气副词在句法上有明显的差别：A. 副词连用方面："敢""敬""谨"不与其他副词连用；"窃"出现于关联副词"既""又"、焦点副词"亦"、语气副词"固"、时间副词"尝"、程度副词"甚"右侧，出现于否定副词"不"左侧；"辱"出现于关联副词"又"、时间副词"犹"、状态词"俨然"、介词词组右侧；"惠"出现于否定副词"不"右侧；B. 谦敬副词不可移动；C."敬""谨""敢"只出现于主句，"辱""惠"可出现于条件小句，"辱"可以出现于定语小句，"窃"可以出现于宾语小句。例如：

(19)公笑曰："子近市，识贵贱乎?"对曰："<u>既窃</u>利之，敢不识乎!"(《晏子春秋·内篇杂下》)

(20)抑臣<u>又窃</u>闻之曰："有上主者，有中主者，有下主者。上主者，可引而上，不可引而下……"(《新书·连语》)

(21)先王弃群臣，寡人年少，奉祠祭之日浅，私心<u>固窃</u>疑焉。(《战国策·赵二》)

(22)大王广地宁邑，诸侯皆贺，敝邑寡君<u>亦窃</u>嘉之，不敢宁居，使下臣奉其币物三至王廷，而使不得通。(《战国策·赵四》)

(23)光<u>窃</u>不自外，言足下于太子，愿足下过太子于宫。(《战国策·燕三》)

(24)鲁昭公问曰："夫<u>俨然辱</u>临敝邑，<u>窃甚</u>嘉之，寡人受贶，请问安国众民如何?"(《晏子春秋·内篇问下》)

(25)文子辞曰："子<u>辱</u>与弥牟之弟游，<u>又辱</u>为之服，敢辞。"(《礼

记·檀弓上》)

(26)向戌辞曰："君若<u>犹辱</u>镇抚宋国，而以逼阳光启寡君，群臣安矣，其何贶如之！……"(《左传·襄公十年》)

(27)献公使荀息傅奚齐。公疾，召之曰："<u>以是藐诸孤辱</u>在大夫，其若之何？"(《左传·僖公九年》)(杨伯峻注：意谓以此弱小孤儿付托于汝)

(28)及君之嗣也，我君景公。引领西望曰："庶抚我乎？"君亦<u>不惠</u>称盟。(《左传·成公十三年》)

(29)子反不能决也，曰："君若<u>辱在寡君</u>，寡君与其二三臣共听两君之所欲，成其可知也。不然，侧不足以知二国之成。"(《左传·成公四年》)

(30)君若<u>惠及之</u>，唯官是征，其敢逆命？何足以辱师！(《国语·周语中》)

(31)敝邑以政刑之不修……<u>无若诸侯之属辱在寡君者何</u>。(《左传·襄公三十一年》)

例(31)"诸侯之属辱在寡君"作"者"的定语，"者"字结构又作"若……何"的宾语，"辱"内嵌很深。

语气副词大都能够修饰 NP、AdjP 和 VP，有些还修饰 S，句子主语可以是人也可以是物。例如(以"无乃""得无"为例)：

(32)人之父兄食粗衣恶，而我美妾与马，无乃非 <u>相人者</u>乎！(《国语·鲁语上》)

(33)于门人之丧，未有所说骖，说骖于旧馆，无乃已<u>重</u>乎？"(《礼记·檀弓上》)

(34)臣闻之"神不歆非类，民不祀非族"，君祀无乃<u>殄</u>乎？(《左传·僖公十年》)

(35)今民生长于齐不盗，入楚则盗，得无<u>楚</u>之水土使民善盗耶？(《晏子春秋·内篇杂下》)

相比之下，谦敬副词只修饰 VP，中心谓词只能是动作动词，句子主语只能指人。例如：

(36)不腆先君之币器，<u>敢告</u>滞积，以纾执事，以救弊邑，使能

共职。(《国语·鲁语上》)

(37)今先生，世之才士也，弟为盗跖，为天下害，而弗能教也，丘<u>窃</u>为先生羞之，丘请为先生往说之。(《庄子·盗跖》)

(38)此寡人之愚意也，<u>敬</u>以书谒之。(《战国策·燕三》)

(39)君王后引椎椎破之，谢秦使曰："<u>谨</u>以解矣。"(《战国策·齐六》)

根据上面的分析，谦敬副词的句法层次普遍较低、倾向于紧贴中心谓词、只搭配动作动词。因此，谦敬副词的语义虽然比较特殊(表示交互主观性)(董秀芳，2008)，但它们的语法表现不像语气副词，而是更接近方式副词，应该看作方式副词的特殊小类。

三、句首和句中的"唯(惟、维)"是系词

王力主编《古代汉语》(第二册)(1999：466-467)认为以下例句中的"唯(惟、维)"有语气的作用，例(40)中"惟"是发语词，例(41)中"唯"表示希望语气，例(42)中"维"帮助判断语气，马汉麟(1980：72-73)、郭锡良(2007：128)都沿用了这个观点。例如：

(40)<u>惟</u>十有三年春，大会于孟津。(《尚书·泰誓上》)

(41)阙秦以利晋，<u>唯</u>君图之。(《左传·僖公三十年》)

(42)髧彼两髦，实<u>维</u>我仪。(《诗经·鄘风·柏舟》)

(43)蜀稷非馨，明德<u>惟</u>馨。(《左传·僖公五年》)

上述各种"唯(惟、维)"都曾被认为是语气副词(洪波，2000；张玉金，2004：260；吴庆峰，2006：285)，但本书认为这些"唯(惟、维)"不符合语气副词的语义和分布特点。

首先是例(40)，其中的"惟"不符合语气副词在作用域方面的特性。持"语气副词"说的学者将"唯(惟、维)"视为突出焦点信息的手段，他们认为除"十有三年春"这样的时间状语外，它还可以突出主语、前置宾语和谓语。例如(引自洪波，2000)：

(44)<u>惟</u>太保先周公相宅。(《尚书·召诰》)

(45)无非无仪，<u>唯</u>酒食是议。(《诗经·小雅·斯干》)

(46)人<u>惟</u>求旧，器非求旧，<u>惟</u>新。(《尚书·盘庚上》)

洪波(2000)认为这些"唯(惟、维)"表示强调语气，这种分析的问题是：1. 典型的语气副词以命题为作用域，而突出焦点的"唯(惟、维)"却只能作用于命题中的局部信息；2. 这种所谓表示强调语气的"唯(惟、维)"出现于"将"和"不"右侧，说明"唯(惟、维)"的句法位置不仅低于表示时间的"将"，而且低于表示否定的"不"，如果"唯(惟、维)"是语气副词，那么就很让人费解，因为语气副词的位置通常高于表示时间和否定的副词。例如：

(47)是夫也，将不唯卫国之败，其必始于未亡人。(《左传·成公十四年》)

根据以上分析，例(47)的"唯"不像是语气副词。

其次是例(41)，本书认为"唯"并不是表示期望语气。有的学者也许认为"唯君图之"跟"君其图之"句义等值，加之"其"表示祈使愿望，所以就说"唯"也表示期望。本书认为"唯君图之"虽然是祈使句，但是不能把祈使愿望说成"唯"的语义功能，也不能认为"唯"等于"其"。根据调查，《左传》《国语》等古书中有"主语＋其＋图之""唯＋主语＋图之"和"主语＋实＋图之"等形式(见表2-1)，虽然都可以粗略地分析为祈使句，但它们出现的语境不同："主语＋其＋图之"只见于某国内部君臣、同僚的谈话，"主语＋实＋图之"和"唯＋主语＋图之"主要见于外交辞令。例如：

(48)宁庄子言于公曰："夫礼，国之纪也；亲，民之结也；善，德之建也。国无纪不可以终，民无结不可以固，德无建不可以立。此三者，君之所慎也。今君弃之，无乃不可乎！晋公子善人也，而卫亲也，君不礼焉，弃三德矣。臣故云君其图之。"(《国语·晋语四》)

(49)楚蘧越使告于宋曰："寡君闻君有不令之臣为君忧，无宁以为宗羞，寡君请受而戮之。"对曰："孤不佞，不能媚于父兄，以为君忧，拜命之辱。抑君臣日战，君曰'余必臣是助'，亦唯命。人有言曰：'唯乱门之无过。'君若惠保敝邑，无亢不衷，以奖乱人，孤之望也。唯君图之！"(《左传·昭公二十二年》)

(50)晋人征朝于郑，郑人使少正公孙侨对曰："……以大国政令之无常，国家罢病，不虞荐至，无日不惕，岂敢忘职？大国若安定之，其朝夕在庭，何辱命焉？若不恤其患，而以为口实，其无乃不堪任命，而翦为仇雠？敝邑是惧，其敢忘君命？委诸执事，<u>执事实重图之</u>。"（《左传·襄公二十二年》）

词语的语义功能影响其对语境的选择，反过来，揣摩分析语境信息又有助于归纳词语的语义功能。外交辞令的特点之一是重视己方和对方的对立（谷峰，2019）。"唯"和"实"多见于外交辞令，说明它们自身的语义特点与外交辞令重视区分对立的特点相一致。根据研究，"实"是具有对比作用的焦点标记（杨永龙，2018；谷峰，2019），以此类推，"唯君图之"中"唯"的作用也是表示对比，这种意义应该与"唯"的限定义（相当于"仅只"）或是判断义有密切关系。

既然"唯"不表示期望，那么也就不能说这种用法的"唯"是语气副词。

表 2-1 "主语＋实＋图之""唯＋主语＋图之""主语＋其＋图之"的语境对比（调查《左传》《国语》）

	主语＋实＋图之	唯＋主语＋图之	主语＋其＋图之
外交场合对话	5	10	4
君臣同僚对话	2	1	25

最后分析例（42）—例（43），对于其中的"唯（惟、维）"，目前有"系词说"和"语气副词说"两种认识（冯胜利，2003；张玉金，2001：35）。持"语气副词"说的学者大概受王力（1937）的影响，认为上古汉语的名词既然可以在判断句中直接充当谓语，"唯（惟、维）"并不是必须出现的，所以它是副词。这种分析的问题是：1. 虽然"唯（惟、维）"在判断句中不是必需成分，但这不能说明"唯（惟、维）"不是系词，正如现代汉语既有"明天星期三"，也有"明天是星期三"，"是"在某些条件下可以不出现，但绝不会有人就此否认现代汉语有系词"是"；2. 在个别有反问语气的句子中，"非"和"不"出现于"唯（惟、维）"之前，例如：

（51）桓庄之族何罪？而以为戮，<u>不唯</u>逼乎？（《左传·僖公五年》）

（52）昔齐驹马繻以胡公入于具水，邴歜、阎职戕懿公于囿竹，晋长鱼矫杀三郤于榭，鲁圉人荦杀子般于次，夫是谁之故也，<u>非唯</u>旧怨乎？（《国语·楚语下》）

在上古汉语中，有些通常位于否定词之前的副词会在反问语气条件下出现于否定词右侧，例如表示时间的"既""尝""将"和"其"，见例(53)—(56)，但是真正的语气副词在任何时候都不可能出现于否定词之后：

(53)子不<u>尝</u>事范中行氏乎？(《战国策·赵一》)

(54)叔向曰："不<u>既</u>和矣乎?"(《左传·襄公三十年》)

(55)其仆曰："襄不<u>将</u>救之乎?"(《韩非子·难一》)

(56)且泣曰："鬼犹求食，若敖氏之鬼，不<u>其</u>馁而?"(《左传·宣公四年》)

所以本书认为表示判断的"唯(惟、维)"是系词而不是副词，下面各句中的"唯(惟、维)"也应该分析为系词。例如：

(57)冀之既病，则亦<u>唯</u>君故。(《左传·僖公二年》)

(58)偾骄而不可系者，其<u>唯</u>人心乎！(《庄子·在宥》)

(59)兹乃允<u>惟</u>王正事之臣。(《尚书·酒诰》)

此外，先秦时期还有两个虚词"繄"和"伊"表示判断，曾经有观点认为它们是语气副词(杨伯峻、何乐士，2001：350；张玉金，2004：310)。由于"繄"和"伊"的频次极低①，仅凭有限的例子不能够百分之百分析出这两个虚词的词性，但是它们跟"唯(惟、维)"的古音接近(黄易青，2016)、语法分布相似，"繄"和"伊"也都能像"唯(惟、维)"一样出现于判断句(联系主宾语)和宾语前置句(紧贴于前置宾语前)，它们与"唯(惟、维)"的关系像是同一语素的变体，考虑到"唯(惟、维)"的性质，本书不认为"繄"和"伊"是语气副词。例如：

(60)民不易物，惟德<u>繄</u>物。(《左传·僖公五年》)

(61)王室之不坏，<u>繄</u>伯舅是赖。(《左传·襄公十四年》)

(62)或来瞻女，载筐及筥，其饷<u>伊</u>黍。(《诗经·周颂·良耜》)

(63)不念昔者，<u>伊</u>余来塈。(《诗经·邶风·谷风》)(马瑞辰通释：犹言维予是爱也)

---

① "繄"只见于《左传》和《国语》(有 3 次出现于判断句)，"伊"只见于《尚书》《诗经》和《仪礼》(有 20 次出现于判断句)。

四、体词判断句中的"即""乃"是承接连词

海外学者(例如 Meisterernst，2016)研究上古汉语表示认识的语气副词(epistemic adverbs)时，一般都接受并引用魏培泉(1999)开列的清单：

A. **表实**(realis)：果、固、诚、信、实

B. **表虚**(irrealis)：其、将、且、殆、庶、庶几、或者、意者

国内的老一辈学者有些还会在"表实"这一组中加上"即"和"乃"(殷国光，1997：296；崔立斌，2004：202；李佐丰，2004：187；周生亚，2018：465)。相关的例句如下：

> (64)又曰："我马维骐，六辔若丝，载驰载驱，周爰咨谋。"即此语也。(《墨子·尚同中》)
>
> (65)春申君曰："先生即舜也。"(《战国策·楚四》)
>
> (66)是乃千岁之信士矣。(《荀子·王霸》)
>
> (67)故善附民者，是乃善用兵者也。(《荀子·议兵》)
>
> (68)国人皆曰："王乃沈尹华之弟子也。"(《吕氏春秋·去宥》)

上列各例中"即"和"乃"前后各有一个体词性成分，可以记作"NP1＋即/乃＋NP2"，许多学者根据主观感受将这种句型分析为判断句。从王力(1980)以来，研究者们多半认为古汉语的名词可以直接作谓语，因此像"尔惟旧人""厥土惟白壤"的"惟"是纯粹的虚词而不是系词。① 大概受这种观点影响，如果"NP1＋即/乃＋NP2"是判断句，那么其中的"即"和"乃"就会被当作语气副词看待。然而，如果联系上下文语境、旧注训诂，就会发现将"即"和"乃"简单地理解为判断句中的语气副词并不稳妥。

首先，例(64)"即此语也"不是判断句，此例有校勘错误，现将整段话抄录如下：

> (69)是以先王之书《周颂》之道之曰："载来见彼王，聿求厥章。"则此语古者国君诸侯之以春秋来朝聘天子之廷，受天子之严教，退而治国，政之所加，莫敢不宾。……又曰："我马维骐，六辔若丝，载驰载驱，周爰咨谋。"即此语也。古者国君诸侯之闻见善与不善也，皆驰驱以告天子，是以赏当贤，罚当暴，不杀不辜，不失有罪，则

_____

① 王力：《中国文法中的系词》，《清华学报》1937年第1期，认为"维/惟"是语气词。

此尚同之功也。(《墨子·尚同中》)

辛志凤、蒋玉斌将“即此语也”译为“说的就是这个意思”[1]，而孙诒让《墨子间诂》认为“即”在这段话中跟“则”用法相当，“也”是抄写者由于不理解《墨子》的语言而随意添加的：

王云：即与则同，语犹言也。“则此语”三字文义直贯至“以告天子”而止。则语下不当有“也”字，凡墨子书用“则此语”三字者，“语”下皆无“也”字，此盖后人不晓文义而妄加之[2]。

本书同意孙诒让的校勘，例(69)由两个排比段组成，两个语段均是先在某一首诗(《周颂·载见》和《小雅·皇皇者华》)中摘录若干句子，然后加以解说。前一段“则此语……”应该翻译为“那么这说的是……”，后一段“即此语……”也应该作相同的理解；对照两段可以看出“即此语也”的“也”是衍文，“即”与“则”分布平行，在各自语段中都是承接连词。

其次，从NP1和NP2的语义联系看，“NP1＋即/乃＋NP2”的表现不同于上古汉语典型的判断句。上古汉语判断句的常规形式有“NP1(,)NP2”(“祈父，予王之爪牙”)、“NP1维NP2”(“时维后稷”)、“NP1为NP2”(“余为伯儵”)、“NP1(,)NP2也”(“是吾宝也”)等四种(洪波，2000)，这些句型中NP1和NP2具有等同或归属关系，并且这种联系在很多时候是稳固的、存在于背景常识之中。与此不同，例(65)—例(67)各例中NP1和NP2的关系是临时建立的，需要特定的条件(条件存在于上文)才能成立。以例(65)—例(67)进行分析，这三例的完整语境展示如下：

(70)汗明憱焉曰：“明愿有问君而恐固。不审君之圣，孰与尧也?”春申君曰：“先生过矣，臣何足以当尧?”汗明曰：“然则君料臣孰与舜?”春申君曰：“先生即舜也。”(《战国策·楚四》)

(71)援夫千岁之信法以持之也，安与夫千岁之信士为之也。人无百岁之寿，而有千岁之信士，何也?曰：以夫千岁之法自持者，是乃千岁之信士矣。(《荀子·王霸》)(杨倞注：以礼义自持者，则是

---

① 参见辛志凤、蒋玉斌：《墨子译注》，哈尔滨，黑龙江人民出版社，2003，第71页。

② 参见王焕镳：《墨子集诂》，上海，上海古籍出版社，2005，第266页。

千岁之士，不以寿千岁也）

（72）孙卿子曰：不然！臣所闻古之道，凡用兵攻战之本，在乎
壹民。<u>弓矢不调，则羿不能以中微；六马不和，则造父不能以致远；
士民不亲附，则汤武不能以必胜也。</u>故善附民者，<u>是乃善用兵者也</u>。
（《荀子·议兵》）

例（70）汪明与舜本不是同一人，如果没有任何语境支撑，"先生即舜
也"则难以理解，"先生"（汪明）和"舜"是临时建立的等同关系，这种关系
的成立依赖上文语境，具体地说就是汪明在故事开头分别以尧舜比喻春
申君和自己。例（71）"千岁之信士"并不存在于现实世界，有些人能够被
称为"千岁之信士"的前提是坚守"千岁法"（据杨倞注，千岁法即礼义），
值得注意的是此例画线部分句末用"矣"而不是"也"，"矣"和"也"在上古
汉语（至少西汉以前）有明显的区分，吕叔湘（1942/2002：275）说前者表
示变动而后者表示静止，前者用于叙述而后者用于判断，Pulleyblank
（1995：116）认为"矣"相当于现代汉语的"了"。根据这些思路，"是乃千
岁之信士矣"不应理解为"这就是千岁信士"，而应该翻译为"这就成为千
岁信士了"，"乃"不是表示肯定语气的副词。例（72）如果说"善附民者"就
是"善用兵者"，这不符合军事家和政治家的常识，所以这个句子的成立
也需要联系前文相关内容，即孙卿子（荀子）关于民心向背和战争胜负之
间关系的论述。

既然"即"和"乃"所连接的 NP1 和 NP2 是临时具有等同或归属关系，
那么这种关系可以因为条件的改变而瓦解。例（67）的完整语境是：

（73）荆威王学书于沈尹华，昭厘恶之。威王好制。有中谢佐制
者，为昭厘谓威王曰："国人皆曰：<u>王乃沈尹华之弟子也</u>。"王不悦，
因疏沈尹华。（《吕氏春秋·去宥》）

古人所谓"弟子"需要亲自受业、追随侍奉老师，有时甚至充当仆役
的角色，楚威王和沈尹华不存在这种实际的师徒关系，但是国人认为既
然楚威王向沈尹华学习知识，那就成了沈尹华的追随者，所以楚威王疏
远沈尹华是为了借此消除国人对两人关系的误解。

根据调查，西汉以前"NP1＋即/乃＋NP2"基本上都需要联系上文才
能得到完整的理解，而判断句的肯定或判断语气不需要过多借助特定的
词语来表达（魏培泉，1982：321；王红旗，2017），所以本书认为"乃"

"即"的主要作用是承接上文，它们是承接连词。

西汉时期，个别"乃"可以在不承接上文的情况下出现于判断句中，然而全部"即"和大多数"乃"出现的判断句都与上文有关联，"即"和"乃"仍然是承接连词。例如：

(74)项籍者，下相人也，字羽。初起时，年二十四。其季父项梁，梁父即楚将项燕，为秦将王翦所戮者也。项氏世世为楚将，封于项，故姓项氏。（《史记·项羽本纪》）

(75)出一编书，曰："读此则为王者师矣。后十年兴。十三年孺子见我济北，谷城山下黄石即我矣。"（《史记·留侯世家》）（《论衡·纪妖篇》和《宋书·符瑞志》改"矣"为"也"）

(76)孝武皇帝时，汾阴得宝鼎而献之于甘泉宫，群臣贺，上寿曰："陛下得周鼎。"侍中虞丘寿王独曰："非周鼎。"上闻之，召而问曰："……何也？……"对曰："……天昭有德，宝鼎自至，此天之所以予汉，乃汉鼎，非周鼎也！"上曰："善！"（《说苑·善说》）

汉晋时期，"即""乃"所在的判断句就可以不依赖上下文了，其中"即"和"乃"可以有系词和语气副词两种分析。例如：

(77)援尝有疾，梁松来候之，独拜床下，援不答。松去后，诸子问曰："梁伯孙帝婿，贵重朝廷，公卿以下莫不惮之，大人奈何独不为礼？"援曰："我乃松父友也。虽贵，何得失其序乎？"（《后汉书·马援传》）

(78)宋人哀之，遂号其木曰"相思树"。"相思"之名，起于此也。南人谓：此禽即韩凭夫妇之精魂。（《搜神记》卷十一）

综上所述，在本书考察范围内（西周到西汉）"即"和"乃"没有语气副词的用法。

五、强调主语的"实"是助词

许多注疏家认为下列各例的"实"通"是"或"寔"：

(79)陈妫归于京师，实惠后。（《左传·庄公十八年》）（刘淇《助字辨略》卷五："实"与"寔"同……"实惠后"者，犹云"是为惠后"也）

（80）我思古人，**实**获我心。（《诗经·邶风·绿衣》）（陈奂传疏：
"实"本亦作"寔"）

（81）有頍者弁，**实**维伊何？（《诗经·小雅·頍弁》）（郑笺："实"
犹"是"也）

（82）"夫礼，天之经也，地之义也，民之行也。"天地之经，而民
实则之。（《左传·昭公二十五年》）（洪亮吉诂引惠栋曰：古文《孝经》
"实"作"是"，"是"即古"寔"字）

（83）非他，伯父**实**来，予一人嘉之。（《仪礼·觐礼》）（郑注：今
文"实"作"寔"）

（84）鬼神非人**实**亲，惟德是依。（《左传·僖公五年》）（王引之
《经传释词》卷九："实"亦"是"也）

上面的"实"依据位置可以分析为三种情况：A."实"位于句首，见例
（79）—例（81）；B."实"位于主谓之间，见例（82）和例（83）；C."实"位于
前置宾语和述语之间，见例（84）。

对于 A、B 两种"实"的性质，许多学者认为是语气副词，意思相当
于"就是、确实"（杨树达，1954：226；韩峥嵘，1984：315；高树，
1992；马景仑，1991；杨伯峻、何乐士，2001：350，806；梁冬青，
2007）。下面逐一加以分析。

首先说 A 类"实"，这类"实"并不是语气副词，而是充当主语的指代
词。理由是：其一，副词位于主谓之间，主语即使有时候会省略，但也
一定能够补出来；就是说，在任何一个副词出现的所有句子中，必定有
些句子是主谓齐全的。然而在古汉语中，像例（79）—例（81）那样的句子
中，"实"之前不再出现任何可以分析为主语的成分。例如：

（85）吾闻晋之始封也，岁在大火，阏伯之星也，**实纪商人**。
（《国语·晋语四》）

其二，语气副词"必"可以位于"实"之前（仅《左传》有 1 例），如果
"实"是语气副词，"必实"就是语气副词连用。然而，调查上古汉语的所
有语气副词，仅有 6 个与"必"连用，连用时"必"永远在右侧，如"岂必、
庸必、殆必、诚必、固必、其必"（谷峰，2017）。如果"实"是语气副词，
"必实"这样的排序就违背了古汉语语气副词的分布规律。例如：

（86）赵氏新出其属曰臾骈，<u>必实</u>为此谋，将以老我师也。（《左传·文公十二年》）

其三，"实维＋谓语"可以说成"是唯＋谓语"，"实生＋宾语"也可以说成"是生＋宾语"，"是"毫无争议是指代词作主语，那么与"是"有替换关系的"实"也应该是指代词。例如：

（87）后稷之孙，<u>实维</u>大王。（《诗经·鲁颂·閟宫》）［比较：群土之长，<u>是唯</u>五粟。（《管子·地员》）］

（88）狐姬，伯行之子也，<u>实生</u>重耳。（《国语·晋语四》）［比较：赫赫姜嫄，……弥月不迟，<u>是生</u>后稷。（《诗经·鲁颂·閟宫》）］

对于 B 类的"实"，揣摩相关例句可以发现它的主语经常和前后文中另一个名词对照，杨永龙（2018）将这种用法总结为"强调主语"，并认为"实"的此种用法来源于肯定语气用法（"确实、实在"）。例如：

（89）子<u>实</u>不优，而弃百禄，诸侯何害焉？（《左传·成公二年》）

（90）君<u>实</u>不能明训，而弃民主；余，罪戾之人也，又何患焉？（《国语·晋语四》）

（91）有吴国者，必此君之子孙<u>实</u>终之；季子，守节者也，虽有国，不立。（《左传·襄公三十一年》）

限于篇幅，本书不打算讨论"实"的历史演变，只讨论这种强调主语的"实"的性质。如果"实"表示"确实"义，那么它就跟"诚、固、信、果、真、审"同属于肯定语气副词，但比较"实"和这些副词的用法后，本书发现至少有四个不同点：

（一）与主语的相对排序

当主语是代词"莫"或者主语名词有对比性时，副词"诚、固"可以见于主语前：

（92）当世岂无骐骥兮，<u>诚莫</u>之能善御。（《楚辞·九辩》）

（93）圣王已没，天下无圣，则<u>固莫</u>足以擅天下矣。（《荀子·正论》）

（94）皋问朔危曰："吾不能亏主之法令而亲朔子之足，是子报仇

之时也，而子何故乃肯逃我？……"跀危曰："吾断足也，<u>固吾罪当之</u>，不可奈何……"(《韩非子·外储说左下》)

然而，就算主语有对比性并且是代词，"实"仍然位于主语后。例如：

(95)叔孙氏厚，则季氏薄。<u>彼实</u>家乱，子勿与知，不亦可乎？(《左传·昭公五年》)

(二)句类分布

"诚、信、果、真、固、审"能进入是非问句，但不能进入特指问句；相反，"实"可见于特指问句中，却不能进入是非问句。例如：

(96)吾闻古者有夔一足，<u>其果信有一足乎</u>？(《韩非子·外储说左下》)

(97)<u>今诚以人之性固正理平治邪</u>？(《荀子·性恶》)

(98)自吾先君太公曰"当有圣人适周，周以兴"，<u>子真是邪</u>？(《史记·齐太公世家》)

(99)贯高喜曰："<u>吾王审出乎</u>？"(《史记·张耳陈馀列传》)

(100)今大夫将问其故，抑寡君实不敢知，<u>其谁实知之</u>？(《左传·昭公十九年》)

(三)主语的生命度

多数时候"实"的主语指称人物、动物、族群、政权、鬼神等有意志和有活动能力的实体。根据对《诗经》《仪礼》《左传》《国语》的调查，"实"搭配有生命主语共168例(>93%)，见例(101)—例(103)；极少数时候主语指称物品、事情等无意志的实体甚至是抽象概念，共12例(<7%)，见例(104)—例(106)。例如：

(101)然<u>公子重耳实</u>不肯，吾又奚言哉？(《国语·晋语三》)

(102)<u>天实</u>置之，而二三子以为己力，不亦诬乎？(《左传·僖公二十四年》)

(103)<u>齐渠丘实</u>杀无知。(《左传·昭公十一年》)("渠丘"是地名，转指渠丘大夫雍林)

(104)枝叶未有害，<u>本实</u>先拨。(《诗经·大雅·荡》)

(105)小国无罪，恃实其罪。(《左传·昭公元年》)

(106)武子所施没矣，而虒之怨实章。(《左传·襄公十四年》)

真正的肯定语气副词与此不同，以"诚"为例，本书调查《国语》《论语》《孟子》《庄子》《荀子》《韩非子》《吕氏春秋》《战国策》8 种书的语料后发现，"诚"有 64 例搭配有意志主语，42 例搭配无意志主语，数值相差并不那么悬殊。

(四)语义指向和信息包装

许多学者断定"实"语义指向主语(黄易青，2016；杨永龙，2018)。本书表示同意并给出形式验证：含"实、诚、果、信"的句子(S1)可以和句段中另一句话(S2)构成对比。"实"出现的对比句分两种情况：S1 和 S2 主谓皆异；S1 和 S2 谓语相同，主语不同。"诚、果、信"出现的对比句也有两种：S1 和 S2 主谓皆异；S1 和 S2 主语相同，谓语不同。例如：

(107)a. 今周室少卑，晋实继之。(《国语·晋语八》)

b. 非唯我贺，将天下实贺。(《左传·昭公八年》)

(108)a. 其所得焉诚大，其所利焉诚多。(《荀子·富国》)

b. 滕君，则诚贤君也；虽然，(滕君)未闻道也。(《孟子·滕文公上》)

(109)a. 范、中行氏虽信为乱，安于则发之。(《左传·定公十四年》)

b. 水信无分于东西，(水)无分于上下乎？(《孟子·告子上》)

(110)a. 若胜我，我不若胜，若果是也，我果非也邪？(《庄子·齐物论》)

b. 所敬在此，所长在彼，(义)果在外，非由内也。(《孟子·告子上》)

包含"实"的句子可以只对比主语，但不能只对比谓语；包含"诚、果、信"的句子可以只对比谓语，但不能只对比主语。这个区别证明："实"指向主语，句子的重要信息在主语部分；"诚、果、信"指向谓语，句子的重要信息在谓语部分。

综合以上分析，强调主语的"实"在四个方面与肯定语气副词不同：一是语气副词可以有条件地前置于主语，而"实"永远在主语后。二是副词"诚、信、果、真、审、固"表示对命题真值的肯定,"实"并不肯定命题的真值,因为它与特指问句相互兼容,而特指问句不表达命题,无真值可言(Xu,1990)。三是肯定语气副词对于主语的生命度没有偏好,"实"却嗜好高生命度的主语。四是"实"字句的信息重心是主语,肯定副词所在句子的信息重心是谓语。由上述概括可知,"实"不遵守语气副词的句法语义规则,其作用不会是表达语气。

杨永龙(2018)认为"实"是强调主语的焦点标记,本书同意这种分析。需要补充说明的是,上古汉语的焦点强调标记除了"实"以外,还有"之"和"是","实""是"和"之"这三个焦点标记在历史上都来源于指代词,不同的是"实"作为焦点标记几乎只强调主语,而"之"和"是"主要用于强调宾语。然而,从分布位置和句法语义属性看,"实""是""之"也有共同点。具体表现是:首先,它们都能够与"唯"前后呼应,构成"唯+主语+实"和"唯+宾语+之/是",例如"武族唯晋实昌"(《国语·晋语四》)、"唯力是视"(《左传·僖公二十四年》)、"父母唯其疾之忧"(《论语·为政》)等格式;其次,无论是被"实"强调的主语还是被"之"和"是"强调的宾语,它们的位置都在时间副词"将"右侧,例如《左传·昭公八年》"将天下实贺"、《左传·僖公五年》"将虢是灭"、《左传·僖公七年》"郑将覆亡之不暇";最后,"之"偶尔也强调主语,"唯+主语+实"的意思等于"唯+主语+之",例如"我之不德"(《国语·晋语四》)等于说"我实不德"(《左传·庄公八年》),"唯襄公之辱临我丧"(《左传·昭公七年》)在结构上平行于"唯东宫与西广寔来"(《国语·楚语上》)。以上所列事实证明"是""之""实"应该具有相同的词性。

对于强调宾语的"是"和"之",以往分析为复指代词或是助词,本书同意后一种分析。同时,对于偶尔强调主语的"之",孙洪伟(2015)认定为话题焦点助词,本书赞同这种见解,并认为"实"也是助词。①

六、表示意愿的"宁"是(助)动词

杨伯峻、何乐士(1992/2001:218)认为古汉语中表示意愿的助动词包括"肯、宁、忍、欲、敢、愿、屑",其他研究者对于"宁"的词性有不同看法,Pulleyblank(1995:124)认为这种"宁"与"其""殆""毋""盖"等一样都是小品词(particles),从Pulleyblank列举的词语看,他似乎把

"宁"看作语气副词范畴的一员，陈克炯(2004：323)认为这种用法的"宁"是关联副词。

"宁"后边只接 VP，这是助动词和副词共有的分布特点，单凭后接 VP 这一条标准还难以确定"宁"的词性。下面将说明把"宁"看作助动词更加符合上古汉语的实际情况。

第一，关联副词和语气副词(只要该语气副词可以出现于陈述句，并且在上古语料库中不罕见)后边都可出现否定副词，然而"宁"后边不出现否定副词，只出现方式副词，这种副词在句子结构中占据很低的位置，属于 VP 内的副词。与之类似，虽然助动词"宁、欲、肯"后面可以出现否定副词"不、无"，但非常少见，这三个助动词后面也经常接 VP 内的副词。例如：

(111)民死，寡人将谁为君乎？宁独死。(《吕氏春秋·制乐》)

(112)以寡君之密迩于仇雠，而愿固事君，无失官命。(《左传·襄公四年》)

(113)一龙一蛇，与时俱化，而无肯专为。(《吕氏春秋·必己》)

(114)太子为及日之故，得毋嫌于欲亟葬乎？(《战国策·魏二》)

第二，极少数时候，"宁"与 VP 之间出现指代词"其"，"其"是领属格代词，语义上是 VP 所反映的动作、事件的发出者，因为代词"其"相当于"NP＋之"，所以"其 VP"整体相当于一个名词词组，而上古汉语除表示反诘语气的"岂"之外，没有哪个语气副词可以出现在这样的"其 VP"之前，"宁"在这一点上并不像语气副词。例如：

(115)与其失善，宁其利淫。(《左传·襄公二十六年》)

(116)与其杀是人也，宁其得此国也。(《国语·越语上》)

另一方面，助动词"愿"后可以接"NP 之 VP"，"欲"后可以接"其 VP"，既然"其 VP"和"NP 之 VP"都具有名词性，那么说明"愿"和"欲"并非十足的助动词，它们还保留一定的实义动词的分布特点，既然语料库中有"宁其 VP"，那么可以推知"宁"也像"愿""欲"一样，具有动词的属性。例如：

(117)某犹愿吾子之终教之也。(《仪礼·士冠礼》)

(118)余欲君之弃其妻也，因自伤其身以视君而泣。(《韩非子·奸劫弑臣》)

(119)今有树于此，而欲其美也，人时灌之。(《吕氏春秋·至忠》)

第三，助动词"愿""欲""肯"等都能置于否定词后，有"不愿""不欲""不肯"等形式，表示意愿的"宁"前面也可以出现否定词"无"。虽然"无"并不直接否定"宁"，而且"无宁"只限于在反问语境中出现，但这也能说明"宁"与一般语气副词的差别(语气副词在任何时候都不放在否定词后面)。例如：

(120)且予与其死于臣之手也，无宁死于二三子之手乎？(《论语·子罕》)

第四，上古汉语语料中，"与……，宁……"格式还有"与……，不如/岂若……"等替换形式，"不如""岂若"都是动词性的成分，可以推测相应替换位置的"宁"至少不是副词。

综合上面的分析，表示意愿的"宁"是(助)动词而不是语气副词。

七、"抑""意""意者"兼有动词和连词的功能

上古汉语的"抑""意""将""且""其""妄其"等词语可以出现于选择问句的后一分句，吕叔湘(1942/2002：286)称之为"关系词"，高名凯(1957：455)称之为"抽选词"，现在通常称呼它们为选择连词；除此之外，"意者"偶尔出现于选择问句的前一分句，有时候也被分析为选择连词。例如(以下只列举与"抑""意""意者"相关的例子)：

(121)仲子所居之室，伯夷之所筑与？抑亦盗跖之所筑与？(《孟子·滕文公下》)

(122)岂女为之与？意鲍为之与？(《墨子·明鬼下》)

(123)意者臣愚而不概于王心邪？亡其言臣者贱而不可用乎？(《史记·范雎蔡泽列传》)

关于"抑"和"意"的关系，目前大多认为二者相通。蓝鹰、洪波(2001：247)认为"意"是本字而"抑"是借字，张玉金(2011：420)似乎有

相反的意见。关于这几个连词的来源，许多研究认为"抑""意"和"意者"起初是动词，表示料想义，后来虚化为拟测语气副词，意义相当于"大概、恐怕、也许"，后来它们虚化为选择连词（蓝鹰、洪波，2001：247；解惠全等，2008：936；胡敕瑞，2016；龙国富，2016）。下面例句中的"抑""意"和"意者"都被认为是语气副词：

（124）若不从三臣，抑社稷实不血食，而君焉取馀？（《左传·庄公六年》）

（125）宁不亦淫从其欲以怒叔父，抑岂不可谏诲？（《左传·成公二年》）

（126）称太子，抑无私也。（《左传·成公九年》）

（127）抑王兴甲兵，危士臣，构怨于诸侯，然后快于心与？（《孟子·梁惠王上》）

（128）谷犯闻之不喜而哭，意不欲寡人反国邪？（《韩非子·外储说左上》）

（129）天之无烈风淫雨，意中国有圣人耶？（《说苑·辨物》）

（130）使寡人治信若是，则民虽不治，寡人弗怨也。意者未至然乎？（《吕氏春秋·正名》）

（131）意者身不敬与？辞不逊与？色不顺与？（《荀子·子道》）

（132）愚人千虑，必有一得。意者管仲之失，而婴之得者耶？（《晏子春秋·内篇杂下》）

按照胡敕瑞（2016）、龙国富（2016）的观点，选择问句中的"抑""意"和"意者"也未尝不可以理解为拟测语气副词。

学者们认为"抑""意""意者"有语气副词的用法，理由归纳起来有以下几点：

一是《左传·昭公八年》出现一处"抑"，杜预注："抑，疑辞。"训诂学著作中被标注为"疑辞"的词语，许多都是表示拟测语气的副词。

二是与"抑（意）"同为选择连词的"将""且""其"都另有副词义项，根据实词虚化的规律，虚化方向应该是"副词＞连词"；另外作为选择连词，"意"和"其"等词语意义也大致相等（有异文为证），根据语义平行发展原则，语义和词性都相同的词语，具有相同或类似的历史发展脉络（洪波，2000）。综合以上两点，选择连词"抑（意）"多被认为来自语气副词。

三是语料中有"其或者"也有"其意者"，"抑""意"和"或"在音韵上接近，所以有观点认为"意"记录的是"或"字（俞敏，1987：50），至少"意者"的功能等于"或者"（魏培泉，1999）。

以上三点理由都是类比性的，不足以作为充分条件来论证"抑""意""意者"是语气副词。如果细加推敲，上述理由所涉及的语料都存在一些问题，本书逐一分析如下：

首先，旧注说"抑"是"疑辞"，这是对"抑"在具体语境中显示出来的语义的注解，并不足以说明"抑"是副词。此外，这处注解对应的原文是：

(133)石不能言，或冯焉。不然，民听滥也。<u>抑臣又闻之曰："作事不时，怨讟动于民，则有非言之物而言。"</u>（《左传·昭公八年》）

所谓"疑辞"，其所在的语句应该表述假想的、未然的事情，然而此例中画线的"臣又闻之曰……"是实实在在、已经发生的事情，用"疑辞"来注解这里的"抑"似乎不妥当。虽然不能就此否认"抑"有料想、揣测的义项，但是在未核实语料的情况下就说"抑"是表达某种意义的某类词语，这未免失之武断。

其次，"平行虚化、同分布者同发展"是词汇语法演变中的一种倾向，而不是铁定的规律，所以即使作为连词的"抑（意）"和"其"在语义、分布上相同，也不能说明"抑（意）"如同"其"一样曾经有过语气副词用法。不仅如此，本书分析了各位学者的举证，发现相关例句中的"抑""意"和"意者"在分布搭配方面与一般意义上的语气副词有较大的差别。具体包括：

①表示反问语气的"岂"不能与表示拟测语气的词语搭配，"岂"的前面非但不出现任何语气副词，也几乎不搭配任何其他副词。[①]所以说例(125)"抑岂不可谏海"的"抑"是语气副词，这显然是没有考虑古汉语副词的整体分布情况。

②上古汉语语气副词的常规分布是在主谓之间，在特定条件下才出现于主语前，然而本书调查发现，"抑""意""意者"几乎不出现于主谓之间，其中又包含两种情况：第一种情况如例(126)、例(128)和例(130)，这样的例子相对较少，虽然"抑"或"意"在表面上紧贴着动词词组，但是这些句子基本上都没有明显的主语，从这些句子不能够判断"抑""意""意者"的分布究竟是"主语＋（抑/意/意者）＋谓语"还是"（抑/意/意者）＋主

---

① 《墨子·尚贤》有表示时间的"将"置于"岂"之前的例子"夫假藉之，民将岂能亲其上哉？"

语＋谓语"；另一种情况是"抑""意""意者"后面明显出现了句子的主语，这样的例子有很多，甚至是占多数。如果把两种情况综合起来考虑，这些词语出现在主语前是常规分布，而这表明它们的性质很可能不同于副词。

③既然语气副词是以句子或命题为作用域，那么它们的管辖范围通常是自己所在的单句，然而观察例(127)、例(131)、例(132)可知，"抑""意""意者"的作用范围可以是2个句子、3个句子，甚至是4个句子，这也不同于语气副词。

④认为"其意者"等于"其或者"的问题是："其＋或者"是"或者"的常规分布，而"意者"的常规分布是出现于"其"的左侧（"意者"和"其"中间还会加入主语名词），"其意者"只是特例，在本书调查范围内，仅《庄子·山木》中发现1例。例如：

(134)意者堂下其有黥憎臣者乎？（《韩非子·内储说下》）

(135)晋为盟主，其或者未之祀也乎！（《左传·昭公七年》）

(136)子其意者饰知以惊愚，修身以明污。（《庄子·山木》）

鉴于以上几点理由，本书认为现有的语料不支持"抑""意""意者"是语气副词的论点。与许多学者不同，华建光(2013：66)曾经认为"意"和"意者"是动词，本书认为这种观点较语气副词说更加合理，如果将"抑""意""意者"分析为动词性成分，除了能够解决前文所列的各种问题外，还可以很好地解释两个语言事实：

甲、如下例(137)所示，"意者"后面的三个小句各有自己的主语"身""色""辞"，但"意者"之前还出现"吾"，这个"吾"应该是动词性成分"意者"的主语，假如把"意者"分析为副词，对这句话的语法分析就会出现问题。例如：

(137)孔子曰："吾意者，身未敬邪？色不顺邪？辞不逊邪？"（《韩诗外传》卷九）

乙、如例(138)所示，"得无"前面出现了"意者"。例如：

(138)衣狗裘者当犬吠，衣羊裘者当羊鸣，且君衣狐裘而朝，意者得无为变乎？（《说苑·善说》）

　　一般来说，语气副词"得无"所处的句子不会再出现其他语气副词，如果把"意者"分析为语气副词，那么该例句反映的语言事实就与"得无"的使用规律相冲突，这种情况下，如果仍坚持认为"意者"是语气副词，就只好把例句视为错句，然而这种假设并没有文献校勘证据的支持。相反，如果把"得无为变乎"分析为动词性成分"意者"的包孕子句（embedded clause），或是把"意者"看作一个来源于动词性成分的插入语（parenthesis），那么就不会出现上述矛盾。

　　综上所述，"抑""意""意者"作为连词或动词的地位可以确定，但是与这三个词语相关的例子都不能够分析为语气副词，本书暂且不把它们当作语气副词。

八、"WH-＋其＋VP"中"其"是代词

　　英文中以"WH-"开头的 what、who、when、where、why、which 等疑问词又称之为 WH-词（温宾利，1996）。本书所说的"WH-"既包括疑问词，也包括含有疑问词的词组（即"云何、何为、胡为、若／如之何、奈何、恶在"等）。下列各句中画线的部分都是"WH-＋其＋VP"格式的例证，其中疑问词（组）用双线标出。例如：

　　　　（139）谁其尸之？有齐季女。（《诗经·召南·采蘋》）

　　　　（140）初九，复自道，何其咎？吉。（《周易·小畜》）

　　　　（141）曷其有佸？鸡栖于桀。（《诗经·王风·君子于役》）

　　　　（142）既见君子，云何其忧？（《诗经·唐风·扬之水》）

　　　　（143）吾侪偷食，朝不谋夕，何其长也？（《左传·昭公元年》）

　　　　（144）舜往于田，号泣于旻天，何为其号泣也？（《孟子·万章上》）

　　　　（145）殷受夏，周受殷，所不辞也。于今为烈，如之何其受之？（《孟子·万章下》）

　　　　（146）使老稚转乎沟壑，恶在其为民父母也？（《孟子·滕文公上》）

　　王力（1980：286-291）根据声母将上古汉语疑问词分为三系：ȥ 系（指人的"谁、孰"）、ɣ 系（指物的"何、胡、曷、奚"）和 ø 系（指处所的"恶、安、焉"）。根据调查，出现在"WH-＋其＋VP"中的主要是 ɣ 系疑问词，ȥ 系和 ø 系很少（见表 2-2）：

表 2-2　出现于"WH-＋其＋VP"格式的疑问词①

词语	谁	何	曷	胡	奚	恶
频次	4	104	8	7	5	5

对于这种格式中的"其"，清朝和民国的虚词著作的认识不是很清楚，根据解惠全等（2008：506）和谢纪锋（2015：420）的归纳，《助字辨略》《经传释词》《古书虚字集释》和《词诠》认为例（139）—例（142）的"其"是"语助"或"句中助词"，在这些著作里"语助"或"助词"到底指什么现象？起什么作用？原作者没有给出确切的描述；从前述著作的举例来看，似乎是把难以翻译出具体意思的"其"都贴上"语助"的标签。这三种著作所说的"语助"也包括"不其延"（《尚书·召诰》）和"秦不其然"（《左传·僖公十五年》）；根据罗端（2009）和魏培泉（2015）研究，"不其 V"中的"其"实际上是表示未然的助动词。

对于例（143）—例（146）中的"其"，《经词衍释》《古书虚字集释》分别训为"可、而、则、乎"等义项；有时候，面对同一格式中的"其"，一位作者也可能给出前后不一致的训释。例如《经词衍释》把例（145）的"其"训为"乃"，但对于与例（145）文辞类似的"如之何其可也"（《孟子·梁惠王下》），《经词衍释》却训为"则"（谢纪锋，2015：426）。

现代学者致力于用概括的语义去统摄上述各例的"其"。王海棻（1987：33，95，216，233，257）认为"WH-＋其＋VP"中的"其"绝大部分是代词，何乐士（1989/2004：405-407）认为"何其 VP""若之何其 VP"的"其"是拟测语气副词，杨琳（1989）认为"何其 Adj"中的"其"是代词，其余的"何其 VP"中的"其"应该分析为表示拟测语气的副词。

本书认为，应该先梳理指代词"其"和语气副词"其"各自的句法语义属性，然后以此为基准去判断"WH-＋其＋VP"中"其"的性质。

根据以往的研究，一方面，作为指代词的"其"是个领属格代词（吕叔湘，1942/2002：157），它的常规分布是作词组的定语或从句的主语（魏培泉，1999），无论在哪种分布中"其"大约都相当于"NP＋之"。例如：

（147）鸟之将死，其鸣也哀。（《论语·泰伯》）（"其鸣"是 NP，即"鸟之鸣"）

（148）隰朋可。其为人也，坚中而廉外，少欲而多信。（《韩非

---

① 本章调查的范围是 15 种古书，包括：《今文尚书》《诗经》《周易》《左传》《论语》《国语》《孟子》《庄子》《荀子》《韩非子》《吕氏春秋》《商君书》《管子》《战国策》《礼记》。

子·十过》)("其为人"是主语或话题，相当于"隰朋之为人")

（149）孔子于乡党，恂恂如也，似不能言者；<u>其在宗庙朝廷</u>，便便言，唯谨尔。（《论语·乡党》）("其在宗庙朝廷"是时间从句，即"孔子之在宗庙朝廷")

（150）大夫之许，寡人之愿也；若<u>其不许</u>，亦将见也。（《左传·成公二年》）("其不许"是条件从句，即"大夫之不许")

（151）夫尧知贤人之利天下也，而不知<u>其贼天下</u>也。（《庄子·徐无鬼》）("其贼天下"是宾语从句，即"贤人之贼天下")

另一方面，语气副词"其"的语法功能是作状语，通常认为它有拟测和祈使两种用法（魏培泉，1999）。表示拟测的"其"在分布上有两个特点与本书议题相关：A."谁"作主语时基本出现于"其"右侧，偶尔出现于"其"左侧，见例（152）—（153）；B. 其他所有疑问词（组）作状语、前置宾语和谓语时，只出现于"其"右侧，见例（154）—（158）。需要说明，"WH-＋其＋VP"中"其"的性质目前有争议，解决争议之前暂且将相关语料剔除，只考虑公认的副词"其"的例证。

（152）<u>其谁</u>敢求爱于子？（《左传·襄公三十一年》）

（153）子产而死，<u>谁其</u>嗣之？（《左传·襄公三十年》）

（154）祸将作矣！吾<u>其何</u>得？（《左传·襄公二十八年》）("何"是前置宾语）

（155）吾子<u>其曷</u>归？"（《左传·昭公元年》）("曷"是时间状语）

（156）杀女，璧<u>其焉</u>往？"（《左传·哀公十七年》）("焉"是处所状语）

（157）大车无輗，小车无軏，<u>其何</u>以行之哉？（《论语·为政》）("何以"是方式状语）

（158）天生德于予，桓魋<u>其如</u>予何？（《论语·述而》）("如 X 何"是谓语）

拟测语气副词"其"在语义上有两个属性与本书议题相关：A."其"用于表达非实然情态（irrealis）（梅广，2015：454）；B."其"传达不确定的语气。由于"其"是非实然标记，故"其 VP"中的 VP 不能表述已经存在的事实；由于"其"传达不确定语气，故"其"经常搭配传疑语气词"乎、与"，较少搭配传信语气词"也、矣、哉"（见表 2-3）（谷峰，2016）。例如：

（159）为此诗者，<u>其知道乎</u>！能治其国家，谁敢侮之？（《孟子·公孙丑上》）

（160）孝弟也者，<u>其为仁之本与</u>？（《论语·学而》）

（161）诗曰"辞之辑矣，民之协矣；辞之绎矣，民之莫矣"，<u>其知之矣</u>。（《左传·襄公三十一年》）（杜预注：谓诗人知辞之有益）

（162）所谓"臣义而行，不待命"者，<u>其此之谓也</u>。（《左传·定公四年》）

表 2-3　《左传》（"隐公"到"成公"）和《论语》中"其"和语气词的搭配

句子无语气词	搭配"也"	搭配"矣"	搭配"哉"	搭配"乎"	搭配"与"
33.4％(69)	9.2％(19)	7.2％(15)	1.4％(3)	44％(90)	4.8％(10)

下面以指代词"其"和语气副词"其"各自的句法语义功能为基准，衡量"WH-＋其＋VP"中"其"的作用和性质（只对"谁其 VP""曷其 VP""若/如之何其 VP""何其 VP"四种有代表性的格式加以分析）。

（一）"谁其 VP"中的"其"是副词

《助字辨略》（卷一）说"谁其尸之"的"其"是"语助"①，刘瑞明（1988）沿用该说法，但这种界定对于认识"其"的功能没有帮助。王海棻（1987：33）说"谁其 VP"的"其"是代词，但这不符合指代词"其"的典型分布。如前文所述，代词"其"或出现于词组的定语位置，或见于从句的主语位置。据调查，"谁其 VP"在上古语料只出现 4 次，全部是独立句，"其"见于主谓之间，这不是代词"其"的典型分布②，此外，"谁其 VP"叙述的是未然的情况。综合这些证据，"其"应该分析为副词。例如：

（163）既获姻亲，又欲耻之，以召寇雠，备之若何？谁其重此？（《左传·昭公五年》）

（二）"曷其 VP"中"其"是代词

以往研究指出，上古的"曷"有问时间、问事物和问理由三种用法（贝罗贝、吴福祥，2000），"曷"在句中几乎都出现于状语位置（王力，1980：289；张玉金，2004：357）。有学者接受这种看法，进而认为"曷其有佸"

---

① 参见谢纪锋编纂：《虚词诂林》，北京，商务印书馆，2015，第 420 页。

② 代词"其"并非不能出现于独立句的主谓之间，但有限制条件：一般只见于《诗经》，"其"位于状态词前、描述的是实然状态，例如《邶风·击鼓》："击鼓其镗，踊跃用兵"。

的"曷"也作状语（姚振武，2015）。如果"曷"在这里真的是状语，则只能承认"其"是副词，"其"跟"曷"共同修饰"有佸"。但是，本书发现"曷其有佸"的"曷"并非状语。

理由一：如果暂时剔除那些有争议的"曷其VP"格式，之后再观察包含"曷"的其他例句，可以发现询问时间的"曷"和谓语之间不能插入副词。本书调查《诗经》《尚书》《左传》之后发现，询问时间的"曷"在上古早期有作状语和作主语两种功能，前者见于"曷＋VP"格式，后者见于"曷＋维/惠＋其VP"格式。例如：

（164）时日曷丧？予及汝皆亡。（《尚书·汤誓》）

（165）心之忧矣，曷维其已？（《诗经·邶风·绿衣》）（毛传：忧虽欲自止，何时能止也）

（166）瞻卬昊天，曷惠其宁？（《诗经·大雅·云汉》）

例（164）"曷"位于主语"时日"和谓语"丧"之间，无疑是时间状语。例（165）的"维"一般认为是系词，在判断句中联系两个体词性成分（Pulleyblank，1995：22；Takashima，1997）。这样一来，"曷"应该分析为主语，"其已"应该看作表语，由此可以推知，"其"是代词，修饰指称化的动词"已"，"曷维其已"字面意思是"何时是忧愁的停止（之时）"。对于例（166）的"惠"，周法高（1975：291）认为它与"维"相通，如果这种观点正确，则"惠"也是系词，"其宁"是代词作修饰语的定中词组（"其宁"等于说"它的安定"）。

根据上面分析，询问时间的"曷"无论作状语还是主语，都是紧贴于中心谓语。如果"曷其有佸"的"其"分析为语气副词，这就跟"曷"的分布规律不相符了。

理由二：如果扩大调查范围，就会发现上古汉语语料中问事物和理由的"曷"有三种分布：A."曷＋VP"（38例）；B."曷＋不/弗＋VP"（8例）；C."曷＋又/尝＋VP"（6例）。可见，问事物和理由的"曷"，其常态分布也是紧邻中心谓语。此外，虽然有时候"曷"与VP之间存在"不、弗、又、尝"等副词，但这些副词多数时候都紧贴着谓语，它们在句法上占位较低[①]。例如：

---

① 从古汉语的事实看，语气副词在句子结构中是占位较高的副词，倾向于出现在其他副词左侧；否定副词、频度副词、方式副词属于占位较低的副词，在副词连用时倾向于出现在相对右侧；时体副词的分布难以用一句话简单概括，"尝"虽然是时间副词，可它出现于否定副词右侧（《论语·雍也》："非公事，未尝至于偃之室也"），说明它只在句子较低的层次起作用。

(167)高后丕乃崇降罪疾，曰："<u>曷虐朕民</u>？"(《尚书·盘庚中》)

(168)今我民罔弗欲丧，曰："<u>天曷不降威</u>？"(《尚书·西伯戡黎》)

(169)既曰归止，<u>曷又怀止</u>！(《诗经·小雅·南山》)

(170)阖四竟之内，所以立宗庙社稷，治邑屋州间乡曲者，<u>曷尝不法圣人哉</u>！(《庄子·胠箧》)

综上所述，上古的疑问词"曷"无论表示什么意义，它的主流分布都是紧邻谓语，"曷"与 VP 之间不出现位置很高的语气副词。"曷其 VP"中"其"不太可能是语气副词。

本书猜测"曷其 VP"是"曷维其 VP"的省略形式，"其"是代词。请看例句：

(171)渐渐之石，<u>维其高矣</u>。山川悠远，<u>维其劳矣</u>……

　　　渐渐之石，<u>维其卒矣</u>。山川悠远，<u>曷其没矣</u>？……(《诗经·小雅·渐渐之石》)

上面节录了《渐渐之石》的前两章，首章的"维其高矣""维其劳矣"和次章的"维其卒矣"都是含系词"维"的判断句。根据前文分析，"维"后面的"其高""其劳""其卒"都是体词词组，"其"是代词作定语。一般认为，"重章叠句"是《诗经》中普遍运用的修辞手法，即同一章的前后句、相邻两章的对应句采用相同的句子结构；根据这个文学常识，本书认为首章的"维其劳矣"和次章的"曷其没矣"位置相当，它们的结构应该平行，已知"维其劳矣"的"其"作定语的体词词组，则"曷其没矣"的"其"也是代词。

下面的例子能够说明"维"在判断句中可以不必出现。"三百维群"和"九十其犉"前后相对，它们都是判断句，只是"九十"和"其犉"之间没有"维"联系。例如：

(172)谁谓尔无羊？<u>三百维群</u>。谁谓尔无牛？<u>九十其犉</u>。(《诗经·小雅·无羊》)

(三)"若/如之何其 VP"中"其"是代词

何乐士(1989/2004：405)认为"如/若之何其 VP"的"其"表示拟测或委婉语气。本书不同意这种说法，该格式中至少在两方面不符合语气副词"其"的使用环境。

一方面，语气副词"其"是非实然标记或虚拟标记，但"如/若之何其VP"中VP一般重述已然事实或别人已经说过的话。上古汉语的"如/若之何"有两种用法：一是询问方式，见例（173）；二是询问理由，见例（174）。下面只举"如之何"的例子：

(173)取妻如之何？必告父母。（《诗经·齐风·南山》）

(174)子柳曰："如之何其粥人之母以葬其母也？不可。"（《礼记·檀弓上》）

"如/若之何其VP"的"如/若之何"是询问理由，相当于今天问原因且略带责怪口气的"怎么"，它搭配的谓语一般都针对一个已存在的事实或言语，如"屋里怎么这么黑"预设是"屋里很黑"，"你怎么能不完成作业"预设是"你没完成作业"。本书发现，"如/若之何其VP"中的VP都能在前文的叙述或对话中找到。例如：

(175)郤克伤于矢，流血及屦，未绝鼓音，曰："余病矣！"……张侯曰："师之耳目，在吾旗鼓，进退从之。此车一人殿之，可以集事。若之何其以病败君之大事也？擐甲执兵，固即死也，病未及死，吾子勉之！"（《左传·成公二年》）

(176)曾子袭裘而吊，子游裼裘而吊。曾子指子游而示人曰："夫夫也，为习于礼者，如之何其裼裘而吊也？"（《礼记·檀弓上》）

例（175）张侯说"若之何其以病败君之大事"是针对郤克"余病矣"这句话提出规谏，例（176）曾子说"如之何其裼裘而吊也"是针对子游"裼裘而吊"这种行为进行批评。

另一方面，语气副词"其"传达委婉不定语气，故经常搭配传疑语气词"乎""邪""与"（谷峰，2016）；但"若之何其VP"几乎只搭配传信语气词"也"，这说明"若之何其VP"中"其"的存在并未给整个格式带来委婉不定的语气，把"其"分析为语气副词不合适（见表2-4）。

(177)子产有辞，诸侯赖之，若之何其释辞也？（《左传·襄公三十一年》）

(178)子曰："有父兄在，如之何其闻斯行之？"（《论语·先进》）

表 2-4　"如/若之何其 VP"与句末语气词的搭配

无语气词	搭配"也"	搭配"矣"	搭配"邪"	搭配"乎"	搭配"与"
4	22	0	2	0	0

为什么"若之何其 VP"经常搭配"也"？因为问事由的"若之何"出现的句子带有反问口气，这种句子虽然形式上是疑问，但实际上是表述一个与 VP 相反的断言(Quirk et al.，1985：825)，说话者立场坚定而且对于所说的内容没有疑惑，因此这种句子用表示肯定语气的"也"结尾。

本书认为"若之何其 VP"的"其"是代词，证据是在文献中有"若之何 NP 之 VP"，前文说过代词"其"相当于"NP＋之"，由此可知"若之何其 VP"和"若之何 NP 之 VP"是一对可以互相替代的格式，前一格式里"其"是代词。例如：

(179)子为国老，待子而行，若之何子之不言也？(《左传·哀公十一年》)

这样一来，可以推知与"若/如之何其 VP"形式类似、功能相当的"如/何其 VP""奈何其 VP"等格式中的"其"也都是代词。[1]

(四)"何其 VP"中"其"是代词

该格式中"何"用于询问原因，VP 可以是形容词，也可以是动词(组)，但无论哪种情况，"何其 VP"中的"其"都不是语气副词。理由是：

首先，如果"其"果真是语气副词，就不得不承认"其"与"何"都是 VP 的状语(任荷，2015)，如果询问原因的"何"作状语，它本质上还是应该算作广义的方式状语[2]，但是语气副词一般不可能出现在方式状语右侧。

其次，既然"何"用于询问原因，那么"何其 VP"中的 VP 必定描述已有的事实或状态，而语气副词"其"是非实然标记，它不可能出现于这种格式。例如：

(180)道渴，其族辕咺进稻醴、粱糗、腶脯焉。喜曰："何其给也?"(《左传·哀公十一年》)

(181)其后余从狄君以田渭滨，女为惠公来求杀余，命女三宿，

---

① Yoshida(1954)认为"奈何"是"若之何"的省缩形式。

② 郭锡良(2007：240)讨论古汉语介词"以"的发展时指出，工具、凭借、原因、时间都可以看作动作进行的方式。魏培泉(1982：205)指出问方式和问原因的"何"并不是泾渭分明。

女中宿至。虽有君命，何其速也？（《左传·僖公二十四年》）

例(180)"给"是针对辕咺预先准备酒食这件事而说的，例(181)"何其速"是责问寺人披为什么每次来攻打重耳都早于国君规定的最后期限。

再次，何乐士(1989/2004：405)认为"何其 VP"的"其"传达委婉语气，但本书发现在叙述同一个故事的时候，《史记》将《左传》"何其速也"改写为"何速也"，可是这两句话的语气并未因为"其"出现与否变得不同，说明"其"的真正作用不是表达语气。例如：

(182)其后我从狄君猎，女为惠公来求杀我。惠公与女期三日至，而女一日至，何速也？（《史记·晋世家》）

本书认为"何其 VP"中"其"是代词。证据是文献中有可与"何其 VP"互相替换的"何 NP 之 VP"格式。例如：

(183)宋人围之数匝，而弦歌不惙。子路入见，曰："何夫子之娱也？"（《庄子·秋水》）[比较：大宰问于子贡曰："夫子圣者与？何其多能也？"（《论语·子罕》）]

(184)何子求绝之速也？（《史记·管晏列传》）[比较例(181)]

最后，根据调查，"何其 VP"格式大都用语气词"也"结句，见例(185)；这跟语气副词"其"经常搭配"乎""与""邪"的倾向不一致(见表2-5)。

(185)申公子培劫王而夺之。王曰："何其暴而不敬也？"（《吕氏春秋·至忠》）

表2-5　"何其 VP"与句末语气词的搭配

无语气词	搭配"也"	搭配"矣"	搭配"邪"	搭配"乎"	搭配"与"
1	30	1	3	0	1

本节先后利用 5 种证据证明"WH-+其＋VP"的"其"是代词而不是语气副词：A."其 VP"整体是体词性的；B."WH-+其＋VP"不符合语气副词"其"的位序或分布规则；C."WH-+其＋VP"倾向于搭配传信语气词；

D."WH-＋其＋VP"不符合语气副词"其"对非实然语境的要求；E. 有些"WH-＋其＋VP"中的"其"与"NP 之"互为交替。

九、疑问句中"庸"很可能是代词

典籍旧注和清代的训诂学著作认为"庸"的意思等于"何"：

(186)庸必能用之乎？（《管子·大匡》）（尹知章注：庸，犹何也）
(187)庸可惧？（《晏子春秋·外篇》）（王念孙《读书杂志·晏子春秋第二·外篇重而异者》按语：庸，亦何也）

王海棻(1987：360)把"庸"定性为疑问副词，而更多的学者认为"庸"是表示反问语气的副词，跟"岂（幾）"列在一组（韩峥嵘，1984：512；殷国光，1997：297；黄珊，2004：43）。本书认为"庸"和"岂"相比，在语法分布上有差异，尚无充足理由认定"庸"是语气副词，具体理由有三：

第一，目前在上古汉语语料中，反问句中出现的"庸"可以分布于助动词"敢""能""可""必"之前，能够出现在上述助动词之前的可以是副词，也可以是疑问代词，所以这样的位置并不是语气副词专属的分布位置。疑问代词在助动词之前出现的，例如：

(188)赐也何敢望回？（《论语·公冶长》）
(189)其何能淑，载胥及溺。（《诗经·大雅·桑柔》）
(190)何可废也？以羊易之。（《孟子·梁惠王上》）
(191)仍旧贯，如之何？何必改作？（《论语·先进》）

第二，"岂"从来不与副词"其"在一句话同现，虽然上古汉语语料中有"岂其……"的说法，但是这种"其"是指代词而不是副词。不同的是，"庸"可以与"其"同现，位置紧贴在"其"的右侧，而且语料中只有"其庸"这一种排序。例如：

(192)南蒯、子仲之忧，其庸可弃乎？（《左传·昭公十三年》）

从这一点看，"庸"的语法表现更接近疑问代词，疑问代词在上古只分布在"其"右侧。

第三，"岂"表示反问时不与疑问代词同现，但"庸"可以，上古有"庸安""庸何""庸孰"等形式（王海棻，1987：361-363）。王念孙《读书杂志·晏子春秋第二·外篇重而异者》按语说"古人自有复语耳"①，似乎认为"庸何"等是同义并列。

从上述理由看，"庸"在语法分布上更接近于疑问代词，一个佐证是西汉语料中既有"庸遽……"，也有"何渠……"，"遽"和"渠"记录的大概是同一个词语。例如：

（193）吾庸遽受之乎？《说苑·节士》
（194）使我居中国，何渠不若汉？《史记·郦生陆贾列传》

但是如果认为"庸"是疑问代词，仍然需要回答一个问题：上古汉语的疑问代词按照读音相近（声母部分相同）、意义相近的原则可以分为三组，但"庸"在读音上与目前已经认定的三组疑问代词都不接近。所以此处尚且存疑，目前只能说"庸"不是语气副词。

第二节　语气副词功能与相关功能的辨析

一、"其"的语气副词功能与相关功能的辨析

（一）"拟测"与"将来时"的辨析

先看下面的例句：

（195）若敖氏之鬼，不其馁而？《左传·宣公四年》

该句记述了楚国令尹子文临终前的一个预言：若敖氏会因斗椒而灭族，祖宗将因此绝祀，"其"表示预测将来，有"会"的意思。何乐士（1989/2004：232）分析为"推度副词"，"推度"就相当于"拟测语气"，魏培泉（1999）也曾持类似的看法，将这里的"其"看作语气副词，但他（魏培泉，2015）后来接受罗端（2009）的观点，认为凡是位于否定词"不"和"弗"之后的"其"，一律都是情态动词。本书同意罗端（2009）和魏培泉（2015）的意见，认为上古语料中"不其 V"中的"其"是情态动词而不是语气副词。需要补充的是：1. 春秋战国文献里的"不/弗其 V"是殷商语法的残存，

---

① 　参见（清）王念孙：《读书杂志》（第九册），北京，中国书店，1985，第 16 页。

在当时已不具备能产性；2. 这种格式中的"其"都表示将来时。

再看下面的例句，两个"其"都是副词：

（196）《诗》曰："孝子不匮，永锡尔类。"其是之谓乎？（《左传·隐公元年》）

（197）微管仲，吾其被发左衽矣。（《论语·宪问》）

"其是之谓乎"是评论已有的事情（郑庄公母子和好），用《诗经》的句子附会这件事，"其"相当于"大概、也许"；"吾其被发左衽矣"是预测未然或假想的事情，"其"可以理解为"要、会"。郭锡良（2007：129）认为在这两个例句中"其"是语气副词，有推测、拟议的意思，可译成"恐怕、大概"，然而，方有国（2015：141）认为"其……之谓乎"的"其"是典型的语气副词，而出现于未然语境的"其"不是典型的语气副词，它们接近于时间副词。

为什么会有这两种看法？因为时间范畴中的"将来"和语气范畴中的"拟测"在许多语言里都有密切的联系，未来的事情是不确定的，对于一个未然事件，有些语言用将来时讲述它（De Haan，2010），有些语言用拟测语气讲述它，在 Chepang、Trukese、Nakanai 等语言中，同一个语素兼表示"拟测"和"将来"（Bybee et al. 1994：208）。如果这个规律也适用于古汉语，似乎可以把例（196）—例（197）的两个"其"都视为语气副词，它至少包括"对未然事件的拟测"和"对当前事件的拟测"两种用法。然而，这种处理不符合上古汉语的事实。理由是：

第一，说话者在讲述事情时是否使用拟测语气，取决于他/她对这件事情的相信程度，与事情是否已经发生没有必然的关系。如果按照副词所在的句子是否表述未然事件，古汉语的拟测语气副词可以分成两组：a. "盖""其诸"是一组，它们出现于表述已然事件的句子；b. "殆""或""或者""得无（得毋、得微）""无乃（毋乃）"是一组，它们既可以出现于表述已然事件的句子，也可以出现于表述未然事件的句子。如果认为表示将来的"其"也是语气副词，那么"其"就属于 b 组。但是这样处理有一个很大的问题，对于 b 组副词来说，"拟测未然"和"拟测已然"两种用法可同时见于上古某一时段的语料；但是，"其"在殷商和西周只见于未然语境，直到春秋战国才出现所谓"拟测已然"的例子，时间跨度很大，与 b 组副词的总体面貌有明显不同。

第二，如果指向未然的"其"和指向已然的"其"都是语气副词，那么它们在句子结构中应该占有相同的位置。然而，本书调查发现，有些例句揭示的事实与此不同，指向未来的"其"在句中的位置低于指向已然的"其"，前者位于"亦"和"殆"的右侧，后者位于它们左侧。例如：

(198)周公皇祖，亦其福女。(《诗经•鲁颂•閟宫》)

(199)君不顾亲，能无卑乎？殆其失国。(《左传•昭公十一年》)

(200)鲁不弃其亲，其亦不可以恶。(《国语•鲁语上》)

(201)颜氏之子，其殆庶几乎？(《周易•系辞下》)

总而言之，表示将来的"其"和纯粹表示语气的"其"在结构形式上有一定的区分，不能笼统地把它们都归入语气副词的范畴。

(二)"拟测"与"假设"的辨析

张玉金(2011：401)认为"其"在上古有假设连词的功能，这种功能来源于"其"的拟测语气的功能。龚波(2017：227)认为上古假设句中的"其"都是副词。例如：

(202)商今其有灾，我兴受其败；商其沦丧，我罔为臣仆。(《尚书•微子》)

(203)马牛其风，臣妾逋逃，勿敢越逐，敬复之。(《尚书•费誓》)

本书部分同意龚波的观点，上古时期像例(202)—例(203)这样的句子，"其"在当中起副词的作用。不过，龚波(2017：236)只笼统地说假设句中的副词"其"与其他分布环境中的"其"都是虚拟语气标记，并没有指明假设句中"其"表达的是虚拟范畴下的哪种意义。根据本书搜集到的资料并根据上文给出的判断标准，假设句里这种"其"几乎都是指向未来的时间副词。

再参考下面一例"其"：

(204)汤其无郼，武其无岐，贤虽十全，不能成功。(《吕氏春秋•慎势》)

根据历史记载，郼是商汤的发迹之地，而岐山是武王灭商的大本营，此例说"汤其无郼，武其无岐"，显然是违背历史事实的一种假设，这种语境有别于时间副词"其"所在的假设句，后者是尚未发生的、有可能出现的假设情况。据此推想，例（204）中"其"的功能应该不同于表示时间的"其"，这个"其"或许是比较成熟的假设连词。

综上所述，假设句中的"其"是时间副词或连词，拟测语气副词"其"不见于假设句。

二、"尚"的语气副词功能与相关功能的辨析

《尔雅·释言》云："庶几，尚也。"按照徐朝华（1994：80）注解，"尚"用作表示希冀的副词（相当于许多学者说的"祈使/愿望语气副词"）。典籍故训在解释表示期望语气的"尚"时，一般都说"尚，庶几也"。例如：

> （205）相在尔室，尚不愧于屋漏。（《诗经·大雅·抑》）（朱熹集传：尚，庶几也）
> （206）有菀者柳，不尚息焉？（《诗经·小雅·菀柳》）（郑笺：尚，庶几也……行路之人，岂有不庶几欲就之止息乎？……喻王有盛德，则天下皆庶几愿往朝焉）

借助朱熹和郑玄的串讲，基本上可以确定例（205）和例（206）中"尚"都表示期望义。但是，从语法分布来看，两个例句中的"尚"并不相同，例（205）中"尚"在否定词左侧，但例（206）中"尚"在否定词右侧。前文曾引述过罗端（2009）的观点，他认为"不""弗"出现的位序可以作为检验"其"是副词还是情态动词的标准，"不"和"弗"左侧的"其"是副词，右侧的"其"是情态动词，这个标准也适用于区分其他语气副词和（情态）动词，根据这一标准，例（205）的"尚"可以分析为语气副词，而例（206）的"尚"应该是动词。

作为语气副词的"尚"表示言者对命题的态度，而作为动词的"尚"却不表示言者情态。仍以例（205）和（206）为例，根据朱熹《诗集传》的解说，"尚"在例（205）表达了言者对听者的期望（根据《毛诗序》，《抑》是卫武公对周厉王的规劝），也就是说"尚"和其后面的 VP 指向不同的主体，"尚"指向言者，"不愧于屋漏"指向承前省略的"尔"；与此不同，例（206）"尚"和其后面的 VP"息焉"都指向隐含的主语"行路之人"。如果这个分析能够成立，那么本书认为下面例句的"尚"也是动词，因为"尚"和后面的 VP都指向言者"我"，"我"同时也是动作发出者。例如：

（207）我生之初，尚无为；我生之后，逢此百罹，尚寐无吪！（《诗经·王风·兔爰》）（郑笺：言我幼稚之时，庶几于无为……乃遇此军役之多忧，今但庶几于寐）

下面各例中"尚"指向言者，VP指向动作的主语（通常也是听者），这些"尚"都可以分析为表示祈使愿望语气的副词。例如：

（208）尔尚敬逆天命，以奉我一人。（《尚书·吕刑》）
（209）声子曰："子尚良食，吾归子。"（《国语·楚语上》）

此外，《左传》和《国语》等文献记录了一些先秦的占卜活动，"尚"出现在命筮之辞中，经籍旧注也用"庶几"解释这些"尚"，杨树达（1954：240）定性为命令副词（相当于本书说的"祈使愿望语气副词"）。例如：

（210）初，灵王卜曰："余尚得天下？"不吉。（《左传·昭公十三年》）（杜预注：尚，庶几）
（211）公子亲筮之，曰："尚有晋国？"得贞屯、悔豫，皆八也。（《国语·晋语四》）（徐元诰集解引吴曾祺补正：尚，庶几也）

将"尚"定性为命令副词的问题是：从言语行为方面看，命令副词与指令行为有关，这种副词通常见于祈使句；然而，传统观点认为卜辞中的命辞都是疑问句（陈炜湛，2001），与之对应的言语行为是提问，如果"尚"是命令副词，它不可能出现于疑问句中。出于上述原因，陈斯鹏（2006）和单育辰（2010：168-170）认为卜辞中"尚"的作用是表示揣度。

如果命辞中的"尚"表示揣度，它的词性可能是情态动词或语气副词。单育辰（2010：170-171）的举例和分析表明他认为"尚"是情态动词，相当于"当"。他的做法是搜集出土楚简中含"尚"的筮辞以及传世文献中与之行文类似的语句，将两者加以比较，他认为"尚"应该读为"当"的理由是：1. 读音相近，两个字古韵同属阳部字，可以通假；2. 分布平行，楚简中"尚"出现的位置，传世文献中以"当"填充；3. 构成异文，今本《六韬·武韬·发启》"公尚助予忧民"，此句在银雀山汉简写作"女当助予务谋"。

单育辰的方法、证据和结论尚有可商之处。一方面，《左传》和《国语》的卜辞在行文上模仿商周时代的占卜语言，研究"余尚得天下"这样的句子应该以甲骨卜辞为参考标准，而不是去比附楚国的卜筮简文；另一方面，《左传》和《国语》写成于春秋末战国初期，反映春秋战国之交的语言面貌，其中出现的"尚"可以上溯到西周时期，在春秋战国时代"尚"已经算是个古语词了，而情态动词"当"表示揣度（确切地说应该是推断）最早见于战国晚期的《韩非子》和《吕氏春秋》，在两汉时期得到较大发展，在文献中出现频次很高(李明，2002)，而战国后期和两汉时期的语料里已经难以见到真正的虚词"尚"，所以文献中"尚"和"当"的异文只能说明两字通假，而不能说明它们是同义词。如果此分析合理的话，甲骨卜辞的命辞是分析"尚"语法属性的重要参考，在甲骨卜辞中，对应于《左传》中"尚"出现的位置，一般都用"其"填充。例如（引自马梅玉，2012：25）：

（212）戊辰卜，尹鼎（贞）：王其田。才（在）正月。才（在）危*卜。（合集 41075）

（213）王固（占）曰："有求（咎），其有来艰。"八日庚□……雄有曶日暂。（合集 7153 正）

甲骨卜辞中的"其"全都带有"将来"义(罗端，2009)，一部分"其"出现于否定词后，也有见于否定词之前的(魏培泉，2015)，据此可知甲骨卜辞中的"其"是助动词，其中一部分转化为时间副词。以此类推，《左传》和《国语》中表揣度的"尚"应该也有类似的语法属性，本书认为它也许是时间副词。《左传》和《国语》之后的文献，只有《吕氏春秋》和《说苑》中出现了这种用法的"尚"，两种文献记录同一段历史故事，字句略有差异。例如：

（214）威公乃惧……去苛令三十九物，以告屠黍。对曰："其尚终君之身乎!"（《吕氏春秋·先识》）（《说苑·权谋》写作"其尚终君之身"）

陈奇猷注解说"尚，犹庶几也"[1]，这个注解不十分确切，屠黍的话是对将来的预测，副词"其"可以作将来或拟测两种理解，与"其"连用的"尚"或许表示将来。

综上所述，"尚"作为语气副词可以表示祈使愿望语气，但语料中还有若干表示期望义的动词"尚"，在研究中应该予以甄别。由于缺乏相关

---

① 参见陈奇猷：《吕氏春秋新校释》(下册)，上海，上海古籍出版社，2002，第 963 页。

语料，目前不能确定表示拟测的"尚"是语气副词还是时间副词，本书暂且不把表示这种意义的"尚"列入语气副词范畴。

三、"庶"和"庶几"的语气副词功能与相关功能的辨析

"尚"和"庶几"在典籍旧注中是一对互训词，二者具有一定的可比性，"尚"在上古语料中表示祈愿语气（即期望义）已然坐实，但是对于"庶"和"庶几"的词义，学界的观点还不一致。有观点认为"庶"和"庶几"作为副词在上古既有期望义也有可能义（即拟测义）（杨伯峻，1965：205；楚永安，1986：287；解惠全等，2008：660）。"庶"和"庶几"表示期望义的如例（215）和例（216），表示拟测义的如例（217）和例（218）：

> （215）听用我谋，庶无大悔。（《诗经·大雅·抑》）
> （216）王庶几改之。王如改诸，则必反予。（《孟子·公孙丑下》）
> （217）君姑修政，而亲兄弟之国，庶免于难。（《左传·桓公六年》）
> （218）吾王庶几无疾病与？何以能鼓乐也？（《孟子·梁惠王下》）

也有个别研究只承认"庶"和"庶几"有期望义（陈霞村，1992：393），不过多数研究都只承认"庶"和"庶几"表示拟测（唐子恒，2000：124；李佐丰，2004：190；姚振武，2015：246）。

本书认为作为副词的"庶"和"庶几"在上古表示拟测，说它们还表示期望，相关证据并不充足。理由是：首先，"庶"和"庶几"修饰的谓语几乎都表示有利的、符合期待的事情，前后文经常还有动词"望"等提示语，这些材料说明包含"庶"和"庶几"的句子确实传达一种期望义，但这种意思很可能是语境所赋予的，并非"庶"和"庶几"固有的。例如：

> （219）惧而奔郑，引领南望曰："庶几赦余。"（《左传·襄公二十六年》）
> （220）及君之嗣也，我君景公引领西望曰："庶抚我乎！"（《左传·成公十三年》）
> （221）王庶几改之，予日望之。（《孟子·公孙丑下》）

其次，"庶"和"庶几"可以出现于陈述句"庶几VP"，也可以出现于是非问句"庶几VP乎"，前者允许有希望义、拟测义两种理解，而后者只允

许有拟测义一种理解，语料中可以找到若干对例子，其中"庶几VP"和"庶几VP乎"表示相近的内容，比如例(219)和例(220)，几种方案比较而言，如果认为"庶"和"庶几"只表示拟测义的话，能够解释的语料更多一些。

最后，上古汉语中，表示期望义的副词有"尚"和"苟"，这两个副词都能出现于祝祷辞中，但是，那些勉强可以理解为期望义的"庶"和"庶几"却不出现于祝祷辞。例如：

(222)将注，豹则关矣。曰："平公之灵，<u>尚</u>辅相余！"（《左传·昭公二十一年》）

(223)二月甲寅，卒，而视，不可含。宣子盥而抚之，曰："事吴敢不如事主！"犹视。栾怀子曰："其为未卒事于齐故也乎？"乃复抚之曰："主<u>苟</u>终，所不嗣事于齐者，有如河！"乃瞑，受含。（《左传·襄公十九年》）

虽然作为副词的"庶"和"庶几"没有期望义，但是作为谓宾动词的"庶"和"庶几"可以表示期望，"庶"的例子见于《诗经》，"庶几"的例子见于《晏子春秋》和《史记》：

(224)<u>庶</u>见素冠兮，棘人栾栾兮，劳心博博兮。（《诗经·桧风·素冠》）（郑笺：故觊幸一见素冠 |（韩）尹廷琦讲义续集：思而愿见曰庶见）

(225)天子既已封泰山，无风雨灾，而方士更言蓬莱诸神若将可得，于是上欣然，<u>庶几</u>遇之，乃复东至海上望，冀遇蓬莱焉。（《史记·封禅书》）（前文用"庶几遇之"，后文说"冀遇蓬莱"，"冀"和"庶几"同义，"冀"无疑是动词，则"庶几"在此处也是动词）

语料中有1例"庶几"用作方式副词，见于《史记》，意思是"侥幸地"，"庶几"位于时间状语"宿昔"之后，修饰动作动词，这符合方式副词的分布特点，有别于语气副词：

(226)朕宿昔<u>庶几</u>获承尊位，惧不能宁。（《史记·平津侯主父列传》）

四、"或"的语气副词功能与相关功能的辨析

语气副词"或"在上古汉语中极其罕见。上古时候的"或"最常见的作

用是表示不定指，意思约等于"有的、有些"，可以对译英语的 some 或
some one(Pulleyblank，1995：134)，这种用法的"或"通常被看作无定代
词(周法高，1990：303)。无定代词"或"只出现在谓语之前，它前面还可
以出现一个表示集体的名词，表示人或物的范围；"或"前面也可以没有
这个名词，这种情况下行为者的身份就不易为读者或听者所知晓。例如：

(227)绛县人或年长矣，无子而往，与于食。(《左传·襄公三十
年》)

(228)子欲居九夷。或曰："陋，如之何！"(《论语·子罕》)

"或"还可以表示"有时、某时、间或"，被一些著作归为时间副词，
本书认为表示时间的"或"也属于无定代词。例如：

(229)鱼潜在渊，或在于渚。(《诗经·小雅·鹤鸣》)(郑笺：时
寒则鱼去渚，逃于渊)

(230)文子怒，欲攻之，仲尼止之，遂夺其妻。或淫于外州。
(《左传·哀公十一年》)(林尧叟注：大叔疾，或时往淫于外州)

魏培泉(1999，2004：308)认为在有些结构中，不容易确定"或"是代
词还是语气副词。本书认为，这样模棱两可的例子在上古文献中几乎没
有。总体上看，"或"的无定代词用法和语气副词用法在语法分布方面有
明显的区别：

第一，无定代词"或"的句法位置不高。表示人或物的代词"或"出现
于否定词"无(毋)"、时间副词"既"和"犹"右侧，表示时间的"或"在反问
句中出现于否定词"不"右侧。例如：

(231)盟叔孙氏也，曰："毋或如叔孙侨如欲废国常，荡覆公
室！"(《左传·襄公二十三年》)[楚永安(1986：356)说"毋或"本来的
意思是不要有人去做什么]

(232)夫既或治之，予何言哉？(《孟子·公孙丑下》)

(233)死而利国，犹或为之，况琼玉乎？(《左传·僖公二十八
年》)

(234)是亦多言矣，岂不或信？(《左传·昭公十八年》)(杜预注：
多言者或时有中)

语气副词"或"不可能出现于否定词右侧，上古语料中有"莫之或 V"和"未之或 V"，"或"曾经被冠以"句中语气词"的名称（王力，1999：893），然而多数学者都不认可这种说法（方有国，1993；潘玉坤，2016），"或"位于否定词和前置的代词宾语后面，出现在该位置的词语通常不表达语气意义。例如：

(235) 中国不振旅，蛮夷入伐，而<u>莫之或恤</u>。（《左传·成公七年》）

(236) 自古以来，<u>未之或失</u>也。（《左传·昭公十三年》）

何乐士等（1985：245）将下面一例"或"解作"大概、也许"：

(237) 故失时不雨，民且狼顾矣，岁恶不入，请卖爵鬻子。<u>既或闻耳矣</u>。（《新书·无蓄》）

何乐士等将画线句子翻译为"这些大概已经传到皇帝耳朵里了"，此翻译与典籍故训相合，这段话也见于《汉书·食货志》，颜师古注引如淳曰"闻于天子之耳"。然而，既然承认例句中的"既"是时间副词"已经"义，"或"就不可能是语气副词，因为语气副词通常不出现于时间副词的前面。另外，这段话有文献异文，"既或闻耳矣"在《汉书》中写作"既闻耳矣"，两相比较，其中"或"表示何义尚不完全清楚，也许是无定代词，指上文叙述的自然灾害引发的经济萧条和人心恐慌等事情。然而无论如何，将"或"理解为语气副词，不符合上古汉语的副词分布规律。

第二，无定代词"或"可以出现于包孕宾语子句（embedded clauses），下面的例子中"或失之"作心理动词"惧"的包孕宾语子句，依据孔颖达《左传正义》的解释，"惧或失之"应该指担心子孙后代中有人会失去国家。例如：

(238) 君人者，将昭德塞违，以临照百官，犹<u>惧或失之</u>，故昭令德以示子孙。（《左传·桓公二年》）（孔颖达疏：谓恐失国家）

中国社科院语言研究所古代汉语研究室（1999：252）把"或"解作"或许"，归为表示拟测语气的副词，这种解释也许是受宋代林尧叟注"恐或失其道"的影响。本书不认为"或"在这里是语气副词，因为从全部上古汉语语料看，语气副词"或"的例子非常罕见，而且可以肯定的是语气副词的"或"都只出现于主句，不出现于包孕句。

第三，表示人或物的无定代词"或"前面如果出现名词，这个名词总是表示集体，而语气副词"或"前面的主语名词可以只表示单个个体。例如：

(239)鼓人或请以城叛。（《左传·昭公十五年》）（无定代词）

(240)曩者尔心或开予，是以不与尔言。（《礼记·檀弓下》）（语气副词）

第四，无定代词"或"，无论是表示人、事物，还是时间，在文献中都至少有若干例子是以"或 X，或 Y"这种对举形式出现的，罗列某个全集中的不同子集。无定代词"或"偶尔也出现于"莫 X，或 Y"这种对举格式。例如：

(241)妘姓邬、郐、路、偪阳，曹姓邹、莒，皆为采卫，或在王室，或在夷狄，莫之数也。（《国语·郑语》）

(242)莫益之，或击之。（《周易·系辞下》）

(243)其神或岁不至，或岁数来。（《史记·封禅书》）

虽然现代汉语可以说"或许 X，或许 Y"，但是上古汉语表示拟测不定语气的"或"不出现于"或 X，或 Y"这样的对举语境。

另外，有的著作还认为"或"有假设连词的功能，经检索上古语料并查阅相关研究著作发现，有可能被分析为假设连词的"或"在上古有 2 例，罗列如下：

(244)寡人之国小，不足以留客。虽游，然岂必遇哉？客或不遇，请为寡人而一归也。（《吕氏春秋·报更》）

(245)今大城陈、蔡、叶与不羹，或不充，不足以威晋；若充之以资财、实之以重禄之臣，是轻本而重末也。（《新书·大都》）

张双棣、张万彬、殷国光、陈涛对例(244)"客或不遇"的翻译是"客人倘或得不到赏识"[①]。全句有假设义，但这层意义是构式所表达的，并

<hr/>

① 参见张双棣、张万彬、殷国光、陈涛译注：《吕氏春秋译注》，北京，北京大学出版社，2011，第 466 页。

不是"或"固有的意思。本书认为要想准确理解"或"的含义，应该把"或"与前文的"必"结合起来看，情态词"必"有"必定、必然"之义，从量度上它表示全称量化，那么与之前后对应的"或"应该也是情态词并且表示存在量化，可理解为"或许、可能"，所以"或"不宜理解为假设连词。裴学海（1989：168）用"若或"解释例（245）"或不充"中的"或"，认为"或"有假设义，其理由是"或"与后文的"若（充之以资财）"互文，于智荣接受这个见解，把"或不充"翻译为"如果实力不够"①。本书认为"或"在此处仍然是无定代词，意思可以理解为"某个、有的、有些"，"或不充"表示的意思应该是"某个/某些都城在军赋方面不充实（就无法威慑晋国）"，言外之意是四座都城必须在军力和财力方面都充实才可以与晋国匹敌，起到威慑作用。这样理解的根据是前文所说的"赋车各千乘焉"，这段故事也见于《左传·昭公十二年》，《左传》记作"赋皆千乘"，应该结合"皆"和"各"这两个全称量化词来理解"或"的意义，与全称量化对应的"或"表示存在量化，即全体之中的一部分，这是把"或"解作无定代词而不是假设连词的理由。

总之，本书认为上古汉语语料里还未出现成熟的假设连词"或"，感觉上像假设连词的"或"其实是无定代词或语气副词。

五、"殆"的语气副词功能与相关功能的辨析

作为副词的"殆"在上古主要表示拟测语气。此外，有观点还认为"殆于""殆乎"也是与"殆"意义相近的语气副词，表示"大概、可能"的意思。楚永安（1986：53-54）认为"殆乎"是副词性结构，"是副词和语气词的结合形式，一般用作状语，表示测度或近似"。例如（下面各例均引自楚永安，1986：54）：

（246）公曰："周其弊乎？"对曰："殆于必弊者也……"（《国语·郑语》）（韦昭注：殆，近也）

（247）死者而用生者之器也，不殆於用殉乎哉！（《礼记·檀弓下》）（郑玄注：用其器者，渐几于用人）

（248）若是，则大事殆乎弛，小事殆乎遂。（《荀子·王制》）（杨倞注：下既隐情不敢论说，则大事近于弛废，小事近于因循）

---

① 参见（汉）贾谊撰、于智荣译注：《贾谊新书译注》，哈尔滨，黑龙江人民出版社，2003，第34页。

(249)委蛇，其大如毂，其长如辕，紫衣而朱冠。其为物也，恶闻雷车之声，则捧其首而立。见之者殆乎霸。（《庄子·达生》）（成玄英疏：殆，近也……若见委蛇，近为霸主）

楚永安的观点存在如下问题：1. 上述各例中，"殆乎"的"乎"不是语气词而是介词。张玉金（2011：62）认为"乎""于""於"是同一个介词的不同书写形式，本书同意张玉金的观点。2. 对于以上例句中的"殆"，典籍故训都注释为"近"。如果把"殆"讲作"近"，这一注释在文义理解上没有什么问题；但是如果把"殆于"或"殆乎"整体理解为双音副词，于故训没有依据，有些句子也讲不通。3. 从分布上看，"殆于"在反问句中可以出现于"不"的后面。前文分析过的许多案例都表明否定词的位序是鉴别语气副词与某些其他类别副词的一项标准，出现于否定词右侧的词语不应该是语气副词。下面一例"殆乎"出现于否定词"非"前面，似乎是经历了演变后重新分析为语气副词，但是因为仅有此一例，且故训仍然注解为"近"，所以只能列出以存疑：

(250)客殆乎非士也。（《吕氏春秋·士容》）（高诱注：殆，近也）

综合以上理由，本书认为在分析副词"殆"的时候，应该剔除与"殆于"和"殆乎"相关的语料，总体上看，"殆于""殆乎"在上古时期还不是语气副词。

六、"必"的语气副词功能与相关功能的辨析

传统上认为"必"有动词和副词两种功能，动词"必"的例子如下（引自韩峥嵘，1984：13）：

(251)毋意，毋必，毋固，毋我。（《论语·子罕》）
(252)罚莫如重而必，使民畏之。（《韩非子·五蠹》）
(253)故明主必其诛也。（同上）
(254)汉王不可必。（《史记·淮阴侯列传》）
(255)我倚名族，亡秦必矣。（《史记·项羽本纪》）

副词基本上是唯状词（刘丹青，1994），上述各例的"必"都不在状语位置，所以不应该视为副词。具体地说，例(251)"必"作为核心谓语受状

语"毋"修饰，杨伯峻解作"绝对肯定"①；对于例（252），并列连词"而"被杨荣祥（2010）称为"两度陈述标记"，受"而"连接的"重"和"必"自然就都具有陈述性，它们都是谓语，"必"有可能是形容词或是不及物动词，考虑到"必"在上古不作定语、不受程度副词修饰、不进入差比句，不符合典型形容词的各种特性②，所以不妨看作动词；例（253）"必"后接名词性宾语"其诛"，"必其诛"意思是"坚决（执行）刑罚"；例（254）"必"位于助动词"可"之后，汉语助动词后接动词性宾语，所以"必"是动词，"不可必"意思是"不能绝对信任"③；例（255）"必"后有语气词"矣"，这种语境中的"必"过去被分析为副词作谓语，后来有观点认为不存在副词谓语句，"必"是动词作谓语（付义琴，2007），这种看法后来得到广泛认可，本书也表示同意。

例（251）—例（255）所代表的情况在上古汉语"必"的所有例句中只是极少数，除去这些例子，学界认为绝大多数"必"都是表示"一定、必须"等意义的副词。"一定、必须"是情态范畴中十分常见和典型的情态意义，对应于认识情态和道义情态。这就是说，按照既往的研究思路，绝大多数"必"都被划入语气副词范围。不过，随着研究的发展，学者们发现副词"必"的范围应该进一步缩小，有些语境中的"必"不该视为副词。例如：

（256）子曰："必也正名乎？"（《论语·子路》）

杨伯峻翻译为"那一定是纠正名分上的用词不当罢"④，韩峥嵘（1984：13）据此认定"必"是副词，而"也"的作用是加重语气。李运富（1987）认为"必"不是副词性状语，"必也"是假设句，其中"必"是谓语，"也"之后应该有停顿、加逗号，理由是：1.语气词"也"或见于句末，或用于提顿，"也"之前通常不出现于单句内的副词后面；2."必也"的前文总出现否定性语意，根据前后文义，"必也"是假设句，作用是"对前文的否定语意做出不得已的假设性肯定"；3."必也，正名乎？"和"无以，则王乎？"表示的意思相同，"无以"是动词性的，相应位置上的替换形式"必也"也应该是动词性的。本书同意李运富的看法，"必也，VP乎"的"必"不应该看作副词。

---

① 参见杨伯峻：《论语译注》，北京，中华书局，1980，第87页。
② 关于古汉语形容词鉴别标准，参见宋亚云（2009）。
③ 该解释的依据是《汉书·韩信传》"且汉王不可必"颜师古注"必谓必信之"。
④ 参见杨伯峻：《论语译注》，北京，中华书局，1980，第134页。

　　Meisterernst(2016)进一步压缩了语气副词"必"的范围。据她调查，上古汉语中有相当数量的"必"后置于疑问词"何"、否定词"未""不""非"、关系化标记"所"、时间副词"将""且"。例如(引自 Meisterernst，2016)：

　　(257)何必读书然后为学？《史记•仲尼弟子列传》

　　(258)今遣少子，未必能生中子也。《史记•越王勾践世家》

　　(259)故礼也不必一道，而便国不必古。《史记•赵世家》

　　(260)田乞及常所以比犯二君，专齐国之政，非必事势之渐然也，盖若遵厌兆祥云。《史记•田敬仲完世家》

　　(261)死者，人之所必不免也。《史记•范睢蔡泽列传》

　　(262)主君之子且必有代。《史记•赵世家》

　　上古汉语中其他语气副词都不出现于上述词语之后。另根据 Meisterernst(2016)研究：疑问词通常后置于语气副词，但前置于助动词；否定词之后出现的通常是动词、助动词和一部分时体副词(如"曾"和"尝")；"所"和动词之间只允许助动词、方式副词和少数几个时体副词(如"常"和"尝")出现；时体副词的常规位置是在语气副词之后，"将必"和"且必"的存在说明有两种可能，或者这里的"将"和"且"都不是时间副词，或者"必"是助动词。

　　Meisterernst(2016)严格根据语法分布辨析词性，以"必"与各种标记词语的相对次序为标准鉴别"必"的语法功能，而传统的研究大都只是依靠词义来判断某个具体语境中的"必"算不算语气副词。相比之下，Meisterernst 的做法更可取，本书同意其观点，认为时间副词、否定词、疑问代词和关系化标记"所"之后的"必"不是语气副词。相应地，位于上述标记词语之前的"必"(即"必不""必非""必将""必且"等组合中的"必")都可以认定为语气副词。

　　虽然词语同现的顺序能够帮助分化"必"的词性，但这种方法有其局限性：它只能覆盖一小部分语料。在全部上古汉语语料中，"必"绝大多数时候都不与相关的标记词语同现。这种情况下，应该如何判断"必"的词性？其实，仍然要从"必"标记词语的同现情况入手。具体做法是：第一步，梳理"必"在上古汉语的情态意义；第二步，将与"必"有关的所有语料分为已知和未知两部分，已知语料就包含"必"与标记词语同现的例子，未知语料就是由于缺少标记词语、"必"的词性尚未确定的例子；第三步，观察已知语料，看"必"的词性和情态意义之间有没有系统的对应；第四步，由已知推导未知，如果已知语料中特定情态意义的"必"对应某种词性，那么未知语料中表示这种语义的"必"也具有相同的词性。

朱冠明（2005a）认为"必"可以表示动力情态、道义情态和认识情态。举例如下：

(263)夫国必依山川，山崩川竭，亡国之征也。（《国语·周语上》）

(264)必取吾眼置吴东门，以观越兵入也！（《史记·越王勾践世家》）

(265)越王为人能辛苦。今王不灭，后必悔之。（《史记·伍子胥列传》）

根据朱冠明分析，例(263)"必"是动力情态（dynamic modality），表示客观必然；例(264)中"必"是道义情态（deontic modality），表示指令要求；例(265)代表认识情态（epistemic modality），表示主观推断。朱冠明的分析和判断大致正确，不过需要指出的是，例(263)中"国必依山川"不是在讲客观必然，而是讲古代营建都城的客观要求，即依山傍水而建，根据韦昭注，这样做是出于风水的考虑，"依其精气利泽也"。所以，本书对朱冠明的分析有一点修正，即例(263)中"必"表示"必要"义，属于道义情态。

观察语料可以发现"必也，VP乎"的"必"都表示"必须、必要"义，属于道义情态，而"不必"和"何必"以道义情态为主，少数时候表示认识情态。下面只举与认识情态有关的例子：

(266)枉于法则免于相，虽嗜鱼，此不必致我鱼。（《韩非子·外储说右下》）

(267)国之有是多矣，何必不复？（《左传·哀公元年》）

有些与"（不）必"相关的例子，如果以今天的语感体会，可能判断为认识情态，用"（不）一定"对译，但是若参考典籍故训，就知道"必"其实表示道义情态。例如：

(268)有德者必有言，有言者不必有德。（《论语·宪问》）

例(268)前后两句互文，相应位置上的"必"按理说应该有相同的词性和语义，既然与"不"结合的"必"是助动词，那么前句中以肯定形式出现的

"必"也是助动词。接下来要解决的问题是"必"到底表示认识情态"一定、必定"义还是道义情态"必要、必须"义。对于此例，旧注有不同的解释，何晏集解说"德不可以亿中，故必有言"，这是把"必"说成"必要"义（道义）；与此不同，朱熹集注说"有德者和顺积中，英华发外，能言者或便佞口给而已"，似乎判断为认识情态才更符合朱熹的解说。无论把"必"分析为道义情态还是认识情态，都有旧注作为依据，在这种情况下，需要更多的证据帮助取舍。刘宝楠《论语正义》引述《荀子·非相》的一段话"法先王，顺礼义，党学者，然而不好言，不乐言，则必非诚士也。故君子之于言也，志好之，行安之，乐言之。故君子必辩"①。根据这段话描述，能言善辩是士或君子的必备素质，做不到能言善辩就不算真正的士，所以例（268）的"必"很可能表示道义情态，这大概更加符合《论语》的古义。

上文的论述是想说明助动词"必"以表示道义情态为主。与此不同，表示"必然、必定"的"必"作为认识情态词，大部分只出现在"未""不""非""将"等标记词语的前面，少数位于"将"和"不"的右侧。因此，可以确定表示"必定、必然"的"必"大部分是语气副词，少数是助动词，而表示"必须、必要"的"必"在语法分布上更像是助动词，所以表示道义情态的"必"不在本书研究范围之内。

在没有标记词语辅助的情况下，主要应该依靠上下文语境辨析表示道义和表示认识的"必"。虽然二者在分布和搭配上有些区分，比如祈使句中的"必"是道义情态，假设复句的从句部分出现的"必"多是道义情态，正句部分出现的"必"多是认识情态，非自主 VP 前的"必"大概以认识情态居多。然而上述分化条件都不是绝对的，总会存在例外。例如：

（269）且诸侯盟，小国固必有尸盟者。（《左传·襄公二十七年》）

"必"后接非自主动词"有"，但是"必"不应该理解为认识情态"必定、必然"义，整句话是在讲外交规约，"必"表示道义情态，进而可以认为这个"必"不是语气副词。

七、"诚"和"果"的语气副词功能与相关功能的辨析

作为语气副词，"诚"和"果"都可出现于陈述句、是非问句和特指问

---

① 参见（清）刘宝楠：《论语正义》（下册），北京，中华书局，1990，第 555 页。

句。例如:

> (270)江乙为魏使于楚,谓楚王曰:"臣入竟,闻楚之俗,不蔽人之善,不言人之恶,<u>诚</u>有之乎?"王曰:"<u>诚</u>有之。"(《战国策·楚一》)
>
> (271)寡人召而观之,<u>果</u>以恶骇天下。(《庄子·德充符》)
>
> (272)<u>果</u>有言邪?其未尝有言邪?(《庄子·齐物论》)
>
> (273)君曰:"<u>吾之亡者诚何也</u>?"(《新书·先醒》)
>
> (274)鳏鱼,鱼之难得者也,<u>子果何得之</u>?(《孔丛子·抗志》)

陈述句中的"诚"和"果"表示对命题内容持肯定态度,是非问句中的"诚"和"果"也表示类似的意义,在这两种句子中"诚"和"果"都可以用"果真、的确"对译;与之不同,特指问句不表示命题,所以"诚"和"果"并不是用于肯定某个命题的真实有效性,而是加强疑问语气,这时候"诚"和"果"用"到底、究竟"等词语对译。

许多研究都提到这两个副词可以出现于假设句。例如(引自周法高,1961:215):

> (275)<u>诚</u>得樊将军首与燕督亢之地图,奉献秦王,秦王必说。(《史记·刺客列传》)
>
> (276)<u>果</u>遇,必败。(《左传·宣公十二年》)

对于进入假设句后"诚"和"果"的词性,有两种认识:一种认为"诚"和"果"是从副词虚化而来的假设连词(蓝鹰、洪波,2001:190;解惠全等,2008:245),另一种把"诚"和"果"仍视为副词,未单独设立连词义项(魏培泉,1982:343)。

上述两种认识都过于绝对。龚波(2017:184-192)提出了折中的意见,他认为假设句中的"必""信""诚""果"等(龚波称为"必"类词)有些仍是确定语气副词,而另一些已经成为假设连词,他的辨别标准是看这些词语是否有先行语句,当"必"类词有先行语句时,它们是确定语气副词,如果找不到先行语句,则"必"类词不宜再分析为语气副词。龚波的意见值得重视,该意见抓住了确定语气副词的语义和语篇特点,确定语气副词表示对已有事实的肯定,在语篇上表现为这种副词所在的句子经常是重述上文的内容。① 受相关研究启发，本书给出两个标准鉴别"诚"和"果"是语气副词还是连词：A."诚"和"果"是否位于主语前。副词的常规位置在主谓之间，连词的位置经常在分句之首②；B."诚"和"果"所在的句子是否重复上文内容。如果与上文至少有部分重合，则"诚"和"果"是副词，如果句子所述内容在语段中是全新的，则"诚"和"果"大概已经成为连词了。

如果把上述两条标准组合起来，又可以衍生出四种可能：

表 2-6 "诚"和"果"用法的四种类型

	甲	乙	丙	丁
词语位于主谓之间	＋	＋	－	－
句子内容重复上文	＋	－	＋	－

在以上四种类型（见表 2-6）中，丙型实际不见于语料，就其余三种类型来说，甲型可看作确定语气副词，丁型是假设连词，乙型代表虚化的中间阶段。

"诚"出现的假设句有甲、乙和丁三种类型。例如：

(277)百人舆瓢而趋，不如一人持而走疾，百人诚舆瓢，瓢必裂。（《战国策·秦三》）

(278)吴王欲杀王子庆忌而莫之能杀，吴王患之。要离曰："臣能之。"吴王曰："汝恶能乎？吾尝以六马逐之江上矣，而不能及；射之矢，左右满把，而不能中。今汝拔剑则不能举臂，上车则不能登轼，汝恶能？"要离曰："士患不勇耳，奚患于不能？王诚能助，臣请必能。"（《吕氏春秋·忠廉》）

(279)无知曰："臣所言者，能也；陛下所问者，行也。今有尾生、孝己之行而无益处于胜负之数，陛下何暇用之乎？楚、汉相距，臣进奇谋之士，顾其计诚足以利国家不耳。且盗嫂受金又何足疑乎？"……平曰："臣事魏王，魏王不能用臣说，故去事项王。项王不能信人，其所任爱，非诸项即妻之昆弟，虽有奇士不能用，平乃去楚。闻汉王之能用人，故归大王。臣裸身来，不受金无以为资。诚臣计画有可采者，大王用之；使无可用者，金具在，请封输官，得请骸骨。"（《史记·陈丞相世家》）

---

① 关于这一点，其他学者也有类似的发现（张则顺，2012）。

② 梅广（2015：185）根据该标准断言《论语·八佾》"人而不仁，如礼何？"中"而"是副词。

例(277)"百人舆瓢"在段落中出现了两次，第二次加"诚"是表示对上文事实的肯定，"诚"虽然处于假设条件句，但仍然是确定语气副词；例(278)"王能助"在上文没有对应信息，是首次出现在谈话中，这时把"诚"翻译为"果真、确实"就不恰当了，可以认为"诚"虽然在分布上像副词，但是语义上表示"如果"，这个例子代表副词到连词演变的过渡阶段；例(279)"诚"在位置上出现在主语之前，语义上"臣计画……"没有重复上文的语句，是第一次出现，所以"诚"在这里就是比较彻底的假设连词了。

相比较而言，"果"出现的假设句只有甲型。例如：

(280)安在其能臣天下也？果不能臣天下，何谓汤武弒？(《春秋繁露·尧舜不擅移汤武不专杀》)

(281)其子陈应止其公之行，曰："物之湛者，不可不察也。郑强出秦曰，应为知。夫魏欲绝楚、齐，必重迎公。郢中不善公者，欲公之去也，必劝王多公之车。公至宋，道称疾而毋行，使人谓齐王曰：'魏之所以迎我者，欲以绝齐、楚也。'"齐王曰："子果无之魏而见寡人也，请封子。"因以鲁侯之车迎之。(《战国策·魏一》)

(282)鲁不敢战，去国五十里而为之关。鲁请比于关内，以从于齐，齐亦毋复侵鲁，桓公许诺……管仲曰："不可，诸侯加忌于君，君如是以退可，君果弱鲁君，诸侯又加贪于君，后有事，小国弥坚，大国设备，非齐国之利也。"(《管子·大匡》)

例(280)的语句重复比较直观，语段中出现了两次"能臣天下"；例(281)的重复关系较为隐蔽，齐王说的"无之魏"对应于陈应说的"称疾毋行"，这也是一种重复；例(282)的重复关系更加隐蔽，"弱鲁君"在整段故事里完全找不到重合的文字，不过依据黎翔凤对这一段的按语[1]，鲁国自请为关内侯是因为国力弱小，但齐桓公许诺则是误以为鲁君懦弱，如此说来"弱鲁君"通过若干步骤的阐释，也能够和上文建立联系，"果"可以理解为"果真"。

综上所述，"诚"和"果"都有语气副词的功能，具体又都区分为表示确定和表示加强两种语义，此外"诚"还有假设连词的功能，但是依据本节的鉴别标准，没有确凿的例证表明"果"也用作假设连词。

---

① 参见黎翔凤：《管子校注》，北京，中华书局，2004，第357页。

八、"固"的语气副词功能与相关功能的辨析

(一)副词"固"表示的意义

目前，各种古汉语虚词词典给"固"罗列出"坚决""姑且""确实""必然""固然""本来"等意义(何乐士等，1979：91-92；韩峥嵘，1984：114-116；段德森，1990：712-716；许威汉，2002；吴庆峰，2006：86-88)，但是所有的虚词词典都只是罗列义项，并没有指明每种意义的"固"对应于哪类副词。Meisterernst(2016)认为副词"固"有两种功能，表示"牢固、坚决"等意义的"固"是方式副词，表示"必然、固然、当然"等意义的"固"是语气副词。杨秀芳(2004)指出"固"还表示时间意义，理解为"本来、本然、已然"等意义，本字是"故"，但李明(2018)认为表示"本来"的"固"是语气副词，"固"没有时间副词的功能。

本书大体同意杨秀芳的意见，认为表示"本来"的"固"是时间副词，本书给出语法位置、词语搭配、文献异文、典籍故训等证据说明有时间意义的"固"不是语气副词：

1. 语法位置

表示"本来"的"固"出现于比拟动词"如"和"若"的宾语句。例如：

> (283)舜之饭糗茹草也，若将终身焉；及其为天子也，被袗衣，鼓琴，二女果，若固有之。(《孟子·尽心下》)([朝鲜]赵翼《孟子浅说》：其全无喜幸之意，视之如曾所常有也)
>
> (284)周公屏成王而及武王，以属天下，恶天下之倍周也。履天子之籍，听天下之断，偃然如固有之，而天下不称贪焉。(《荀子·儒效》)(杨倞注：谓固合有此位也)

根据调查，如果母句动词是"如"或"若"，后面作宾语的动词词组中多数时候没有副词，即使偶尔出现副词，也不会是语气副词。例如：

> (285)郑贾人有将置诸褚中以出。既谋之，未行，而楚人归之。贾人如晋，荀罃善视之，如实出己。(《左传·成公三年》)("实"可以翻译为"实际上"，但它并非语气副词)

相比较而言，语气副词出现的句子不可能作"如"或"若"的宾语。

2. 词语搭配

表示"本来"的"固"常与表示当下时间的"（今）又"前后呼应。例如：

（286）背君赂，杀里克，而忌处者，众固不说，今又杀臣之父及七舆大夫，此其党半国矣。（《国语·晋语三》）

（287）天下固畏齐之强也，今又倍地而不行仁政，是动天下之兵也。（《孟子·梁惠王下》）

（288）君固无勇，而又闻是，弗能久矣。（《左传·襄公十八年》）

（289）周固赢国也，天未厌祸焉，而又离民以佐灾，无乃不可乎？（《国语·周语下》）

与"今"相对而言，"固"指向过去的时间。此外，"固"还与"既"在语段中呼应：

（290）子固欲毁中军，既毁之矣，故告。（《左传·昭公五年》）

"既"表示完成，并且指向最近过去的时间，与"既"相对而言，显然"固"所在的句子描述的事件并非最近发生，而是距离现在有相当一段时间了。

3. 文献异文

今天传世文献中表示"本来"的"固"在出土文献中写作"故"。例如：

（291）师冕出。子张问曰："与师言之道与？"子曰："然。固相师之道也。"（《论语·卫灵公》）[定州汉简《论语》此处写作"故"]

再如，同样是在传世文献中，"固闻之"有时也表述为"闻之久矣"。例如：

（292）至，则歃，用牲，加书，征之，而聘告公曰："大子将为乱，既与楚客盟矣。"公曰："为我子，又何求？"对曰："欲速。"公使视之，则信有焉。问诸夫人与左师，则皆曰："固闻之。"公囚大子。（《左传·襄公二十六年》）

（293）柳闻之，乃坎、用牲、埋书，而告公曰："合比将纳亡人之族，既盟于北郭矣。"公使视之，有焉，遂逐华合比。合比奔卫，

于是华亥欲代右师，乃与寺人柳比，从为之征，曰："闻之久矣。"公使代之。(《左传·昭公六年》)

上面两段文字讲述的内容相似，都是某人伪造证物诬告他人谋反，合谋者在一旁提供虚假证词，说早就听说过这件事，前一例用"固闻之"，后一例说"闻之久矣"，可见"固"并不是表示语气，而是表示时间久远。

4. 典籍故训

旧注用"尝""久""既"等表示过去时间的词语解释"固"。例如：

(294)有神降于莘，王问于内史过曰："是何故？固有之乎？"(《国语·周语上》)(韦昭注：固，尝也)

(295)发钩告君，君告栾书，栾书曰："臣固闻之，郤至欲为难，使苦成叔缓齐、鲁之师，己劝君战，战败，将纳孙周。"(《国语·晋语六》)(韦昭注：固，久也)

(296)大宰问于子贡曰："夫子圣者与？何其多能也？"子贡曰："固天纵之将圣，又多能也。"(《论语·子罕》)(皇侃义疏：既使之圣，又使之多所能)

综上，本书认为"固"应该区分出语气副词、方式副词、时间副词三种功能。

（二）语气副词"固"与方式副词"固"的辨析

方式副词"固"可以表示"坚决""姑且"两种意义，前者从形容词"固"引申而来，后者则是"姑"的假借字。方式副词和语气副词在功能上有明显的区分，方式副词的作用是修饰动作，而语气副词是注明说话者的主观态度。相应地，在语法分布上有三个表现：1. 方式副词大都搭配动作动词，并且在线性次序上紧贴着动词，语气副词的搭配范围不限于动作动词；2. 语气副词位于时间副词、否定副词左侧，方式副词通常位于这两种副词右侧；3. 根据国外句法学研究，句子在结构上分为 CP、TP、VP 三个层次，CP 是表示句子语气类型的层次，TP 是表示时态的层次，VP 是表示论元结构的层次，方式副词照理应该分布于 VP 层以下，语气副词所处的位置目前尚无定论，Li(2015：106)认为古汉语的语气副词在 TP 层，而且 TP 是定式性的(finite)。

表示"姑且"的"固"在语料中只有寥寥几例，从有限的例句观察，"固"可以出现于助动词"必"、心理动词"欲"的宾语小句。例如：

（297）将欲翕之，<u>必固张之</u>。（《韩非子·喻老》）［比较：将欲败之，<u>必姑辅之</u>。（《韩非子·说林上》）］

（298）请欲固置五升之饭足矣。（《庄子·天下》）（马叙伦《庄子天下篇述义》引章炳麟曰：固，借为姑）

"固张之"和"固置五升之饭"分别作"必"和"欲"的宾语，一般来说，充当"必"和"欲"宾语的词组都是非定式性的 TP，"固"作为方式副词，其运作范围不超过 VP，所以能够在非定式性的 TP 中出现。

以下列举表示"坚决"的"固"在语法上的表现：

第一，"固"几乎只修饰"请""辞""让""问"等几个动作动词。例如：

（299）某不敢为仪，<u>固请</u>吾子之就家也。（《仪礼·士相见礼》）

（300）齐侯又请妻之，<u>固辞</u>。（《左传·桓公六年》）

（301）严仲子<u>固让</u>，聂政竟不肯受。（《战国策·韩二》）

（302）<u>固问</u>焉，不告。（《左传·襄公三十年》）

第二，同表示"姑且"的"固"一样，表示"坚决"的"固"也可以出现于非定式性的 TP 中，在这里具体是指助动词"能"（表示客观可能）和使役动词"令"的宾语句。例如：

（303）宁殖病将死，谓喜曰："黜公者非吾意也，孙氏为之。我即死，<u>女能固纳公乎</u>？"喜曰："诺。"（《公羊传·襄公二十七年》）（何休解诂：固，犹必也）

（304）张登曰："<u>请令燕、赵固辅中山而成其王</u>，事遂定。公欲之乎？"（《战国策·中山》）（张清常、王延栋笺注：固，一定）

有的注本将上两例中的"固"解释为"必、一定"，这会让人以为"固"是语气副词①，其实，表示客观可能的"能"和表示使役的"令"后面所接的动词词组都是非定式性的 TP(Li, 2015：55；Aldridge, 2016)，语气副词"固"不可能出现于这样的语境，所以本书倾向于认为它们是表示"坚决"的方式副词。下面一例中"固"位于动词"敢"的宾语句，这样的"固"也

---

① 杨秀芳(2004)就是这样理解的，她把"女能固纳公乎"翻译为"你能不能保证一定接纳公？"，认为"固"在这里表示"必然"之义。

是方式副词，因为"敢"同上面讲过的"令""欲"一样，都是选择非定式性TP作宾语：

　　（305）不得命，<u>不敢固辞</u>。（《仪礼·士相见礼》）

（三）语气副词"固"与时间副词"固"的辨析

　　语气副词"固"与时间副词"固"在分布位置上有一处较为明显的差别：如前文所述，"固"表示"本来"这种时间意义时可以出现于"如""若"的包孕宾语小句，此外，"固"还可以出现于名词性的"者"字结构。例如：

　　（306）苟不<u>固聪明圣知达天德者</u>，其孰能知之？（《礼记·中庸》）

　　相比较而言，作为语气副词的"固"一般不能被包孕。

　　虽然从理论上说，时间副词和语气副词可能在多项副词线性次序、是否可见于包孕句等方面有区别，但在实际调查研究中，很难仅凭上述两点区分"固"的时间功能和语气功能，因为相关的佐证资料太少，绝大多数语料不能反映"固"这两种功能的区分对立。例如，只有区区几例表示时间的"固"见于包孕句，而表示时间的"固"大多数时候都与表示语气的"固"一样出现于主句；再如，时间副词"固"和语气副词"固"都能出现于否定词和范围副词的左侧，但是很难找到一个起界标作用的副词，从线性次序上把"固"的两种功能明确分隔开。

　　在这种情况下，需要借助词语搭配来分辨表示时间和语气的"固"，表示时间的"固"和表示语气的"固"主要有如下区别：

　　1. 与语气副词的同现情况

　　语气副词有提示句子语气类型的作用，一个单句中通常不会出现两种意义截然不同的语气副词，所以当句子里有"岂"等与"固"意义差别很大的语气副词时，表示语气的"固"照理就不会出现，如果"岂"与"固"同时出现于一句话，"固"的作用就不是表示语气。例如，下面的"固"表示"本来、素来"之义：

　　（307）然则岂<u>壤力固不足</u>，而<u>食固不赡</u>也哉？（《管子·国蓄》）

　　2. 对时态的选择情况

　　既然时间副词"固"表示过去的时间，那么如果"固"与"尝"或"已"等表示已然状态的副词同现，"固"就一定是时间副词。例如：

(308)是固尝矫驾吾车，又尝啖我以馀桃。(《韩非子·说难》)

(309)与太子期，而将往不当者三，齐王固已怒矣。(《吕氏春秋·至忠》)

(310)相如已死，家无书。问其妻，对曰："长卿固未尝有书也，时时著书，人又取去……"(《史记·司马相如列传》)

此外，古汉语句末的语气词"矣"表示动作完成或事情实现(Pulleyblank，1995：116)，许多表示时间的"固"与"矣"在句内同现。例如：

(311)兵所自来者久矣，黄、炎故用水火矣，共工氏固次作难矣，五帝固相与争矣……未有蚩尤之时，民固剥林木以战矣，胜者为长。(《吕氏春秋·荡兵》)

(312)吾固告子矣："中国之民，明乎礼义而陋乎知人心。"(《庄子·田子方》)

相比较而言，语气副词"固"所在的句子不表示过去发生的事情，又可以分为几种情况：第一，句子讲述泛时性的道理或常识，"固"在这种句子里理解为"当然、固然"等义。例如：

(313)小固不可以敌大，寡固不可以敌众。(《孟子·梁惠王上》)

(314)跖之狗吠尧，非贵跖而贱尧也，狗固吠非其主也。(《战国策·齐六》)

(315)夫诗书礼乐之分，固非庸人之所知也。(《荀子·荣辱》)

第二，"固"所在的句子讲述未然的事情，"固"与表示将来时间的副词"将"和"且"或是其他表示虚拟情态的词语同现。例如：

(316)晏子默然不对，出，见太卜曰："昔吾见钩星在四心之间，地其动乎？"太卜曰："然。"……晏子出，太卜走入见公，曰："臣非能动地，地固将动也。"(《晏子春秋·外篇》)

(317)执有命者之言曰：上之所赏，命固且赏，非贤故赏也。(《墨子·非命上》)

（318）上问汤曰："吾所为，贾人辄先知之，益居其物，是类有以吾谋告之者。"汤不谢。汤又详惊曰："固宜有。"（《史记·酷吏列传》）

因为句子中有"将会、应该"等表示未然或虚拟语气的词语，"固"在句中就不宜理解为表示过去时间，而应该看作表示确定语气的副词。

需要特别说明，就以下四例所代表的情况，"固"在其中不表示语气：

（319）景子曰："否，非此之谓也。礼曰'父召无诺；君命召不俟驾'。固将朝也，闻王命而遂不果，宜与夫礼若不相似然。"（《孟子·公孙丑下》）

（320）且微君之命命之也，臣固且有效于君。（《战国策·赵三》）

（321）且诸侯盟，小国固必有尸盟者。（《左传·襄公二十七年》）

（322）王今已绝齐，而责欺于秦，是吾合齐、秦之交也，固必大伤。（《战国策·秦二》）

在例（316）和例（317）中，"将""且"只表示将来时间，是时间副词，但与此不同，例（319）和例（320）中的"将""且"的语义含有说话者的意志，根据最新的研究，这样的"且"和"将"是动词，它们和动词"欲"有平行替换关系，可以说"君将若之何？"（《左传·隐公元年》）、"则君且奈何？"（《史记·魏世家》），也可以说"君欲如何？"（《晋书·张华传》）（胡敕瑞，2016）。除此之外，作为动词的"将"还偶尔出现于否定词之后，这也是说明"将""且"有动词用法的另一个佐证材料。例如：

（323）子不将救之乎？（《国语·晋语五》）

动词的"将"或"且"可以翻译为"打算、想要"，根据上下文语境，"固将""固且"可以翻译为"过去本来打算"，"固"作为动词修饰语仍然指向过去时间，其证据之一是下面例（324）的文辞与例（320）极其类似，但是"固"写作"故"。例如：

（324）微君王之言，臣故将谒之。（《国语·越语下》）

例（321）"小国固必有尸盟者"讲的是春秋时期的外交惯例，用孔颖达正义的话讲就是"盟法，大国制其言，小国尸其事"，句中的"必"表示情理上的必要，"固必有尸盟者"可以理解为"过去以来（一直）需要有主持盟会的人"，因为这句话谈论以往的惯例，所以"固"要理解为指向过去的时间副词。例(322)"必"表示认识情态，意思相当于"一定会"，"固""必"连用曾在一些研究中被当作判断"固"为语气副词的证据(萧旭，2007：128)，但根据姚宏校勘，例(322)的"固"是错字，正字是"国"，此例不能说明"固"是语气副词。

九、"独"的语气副词功能与相关功能的辨析

副词"独"主要表示三种语义：一是表示行为的方式，可以译为"独自、独立"；二是表示范围，可以译为"仅、只、单单、偏偏"；三是语气义，可以译为"难道、居然"。

(一)语气副词"独"与方式副词"独"辨析

表示方式义的"独"与表示语气义的"独"在语法和语义方面的区别是：

第一，表示方式义的"独"只修饰动作动词，而表示语气义的"独"的修饰对象不限于动作动词，且谓语在形式上更加复杂。例如(只举表示方式义的例子)：

> (325)独行踽踽，岂无他人？(《诗经·唐风·杕杜》)
>
> (326)他日又独立，鲤趋而过庭。(《论语·季氏》)
>
> (327)一手独拍，虽疾无声。(《韩非子·功名》)

第二，表示方式义的"独"出现于时间副词"将"、时间副词"尝"、否定词"不"、疑问代词等成分右侧，表示语气义的"独"只出现于"不"和疑问代词("谁"除外)左侧。例如：

> (328)穿曰："我不知谋，将独出。"(《左传·文公十二年》)
>
> (329)自此之后，欲发天下之大事，未尝不独寝，恐梦言而使人知其谋也。(《韩非子·外储说右上》)
>
> (330)子何为独立而不忧？(《晏子春秋·内篇杂下》)
>
> (331)崔子，子独不为夫《诗》乎？(《晏子春秋·内篇杂上》)
>
> (332)虽贫，其人材足依也，且又令客，独奈何相辱如此！(《史记·司马相如列传》)

第三，表示方式义的"独"可以出现于助动词"能""欲""易"的包孕宾语小句中，而语气副词用法的"独"不能在助动词的宾语小句中出现。

例如：

> （333）虽然，楚不能独守。（《战国策·楚二》）
> （334）然夫士欲独修其身，不以得罪于比俗之人也。（《荀子·修身》）
> （335）齐，霸国之余业也，地大人众，未易独攻也。（《史记·乐毅列传》）

第四，表示方式义的"独"在语义上永远指向动作施事（通常实现为主语），表示语气义的"独"以全句为作用域，并不指向句子的某个成分。（例略）

（二）语气副词"独"与范围副词"独"辨析

表示范围义的"独"可见于陈述句和疑问句，表示语气义的"独"一般只见于疑问句，起加强语气的作用。因为疑问句既能容纳表示范围的"独"，也能容纳表示语气的"独"，所以有必要辨析疑问句中"独"究竟表示何种语义。本书认为辨析"独"两种功能的关键一条标准是："独"在句中是否关联两个对比项。具体地说，范围副词"独"表示限定，限定就意味着确认自身、排除其他（魏培泉，1982：332），范围副词"独"出现的语段通常有两个名词互为对比。例如：

> （336）民莫不逸，我独不敢休。（《诗经·小雅·十月之交》）
> （337）二三子皆使寡人朝夕闻卫国之言，吾子独不在寡人。（《左传·襄公二十六年》）

用语用学的观点看，"独"所约束的名词就是句子的对比焦点（如"我"和"吾子"），在上下文与该名词构成对比的另一个名词就是参照项（如"民"和"二三子"）。如果"独"约束的焦点在语义上表示个体或少数，参照项表示全集或多数，那么"独"就有很强的限定义，可以直接翻译为"仅仅、单单"。例如：

> （338）今彼反齐，天下皆乡之，岂独鲁乎！（《管子·大匡》）

如果两个互为对比的名词在语义上没有"多—少"或"全体—个体"的对立，则"独"的限定义就比较淡，不过突出对比的作用依然存在，这样的"独"

仍然不是典型的语气副词。例如：

(339)古之贤王好善而忘势，古之贤士何独不然？（《孟子·尽心上》）

(340)我斗，龙不我觌也；龙斗，我独何觌焉？（《左传·昭公十九年》）

以往的许多研究著作(大多是古汉语虚词词典)主要依据研究者的语感判断词语的性质，在实际操作上是以翻译代替分析，所以在分析某个疑问句中"独"的语义时，往往会出现不同的见解。比如下面的例句，有些著作解释为语气副词(段德森，1990：836；崔立斌，2004：206；董为光，2004：303；葛佳才，2005：295)，有些著作解释为范围副词(解惠全等，2008：107-110)：

(341)古之人皆用之，吾何为独不然？（《孟子·公孙丑下》）

(342)故周公南征而北国怨，曰："何独不来也？"（《荀子·王制》）

(343)在于王所者，长幼卑尊，皆薛居州也，王谁与为不善？在王所者，长幼卑尊，皆非薛居州也，王谁与为善？一薛居州，独如宋王何？（《孟子·滕文公下》）

(344)宗不余辟，余独焉辟之？（《左传·襄公二十八年》）

本书同意解惠全等(2008)的观点，认为上述各例的"独"不是语气副词，本书主要给出两点理由：一是如前文所述，语气副词通常位于疑问词左侧，然而例(341)—例(342)中"独"出现于"何""何为"的右侧，可见这两个例句中的"独"在位置上低于一般的语气副词；二是语气副词的功能是表明说话者对命题的主观评价，其作用范围是全句而不是句中的某个词语，然而"独"在以上四例中都有特定的语义指向，在例(341)中指向"吾"，并表示"吾"和"古之人"对比，在例(342)中是指向"北国"，表示南方各国和北方国家的对比，在例(343)中指向"在王所者"，与"薛居州"对比，在例(344)中指向"余"，与前一句的"宗"构成对比，这四例中"独"的表现像焦点副词而不是语气副词。

下面两例的"独"才是典型的语气副词，"独"见于疑问句，在线性次序上位居否定词和疑问词左侧，而且重要的是"独"并不触发语境中两个名词的对比。例如：

（345）独奈何廷辱张廷尉，使跪结袜？（《史记·张释之冯唐列传》）

（346）先生独未见夫仆乎？十人而从一人者，宁力不胜、智不若耶？（《战国策·赵三》）

第三节　语气副词的分类

界定上古汉语语气副词的范围之后，接下来要给语气副词划分次类。副词与其他词类的区分应该根据语法功能的标准，副词内部划分次类应该根据词义的标准，这是汉语学界的共识（郭锐，2002：229-230）。对于语气副词内部各次类的划分，古汉语学界基本上也采用词义标准。

殷国光（1997）《〈吕氏春秋〉词类研究》和周生亚（2018）《汉语词类史稿》中的相关论述代表了古汉语学界划分语气副词次类的一般做法。殷国光（1997：296-301）把《吕氏春秋》中的语气副词分为六类：1. 表示确定的语气［"必""诚""乃""实（是）""固（故）""其"］；2. 表示测度的语气（"盖""其""殆""无乃""意者""得无""或者""庶乎"）；3. 表示反问的语气（"岂""其""且""独""庸"）；4. 表示祈使或劝诫的语气（"其""或"）；5. 表示疑问的语气（"其"）；6. 表示惊异的语气（"乃"）。周生亚（2018：468-472）分为四类：1. 表示确认的语气副词（"必""诚""固""本""乃""即""其"）；2. 表示疑问的语气副词［"岂（几）""其""独""宁"］；3. 表示推测的语气副词（"盖""或""殆""庶几""无乃"）；4. 表示预料的语气副词（"果""曾""乃""竟"）。

与多数研究不同，李佐丰（2004：185-187）只承认古汉语语气副词有两类：1. 疑问语气副词（"岂""不亦""其""宁""庸""独""无乃""何其"）；2. 祈使语气副词（"其""必""姑""庶几""庶""幸""弟""无""毋""勿"）。此外，李佐丰（2004：187）认为古汉语中还有一种决断副词，它与语气副词是并立关系，传统上认为表示确定和推断语气的"固""实""诚""必""殆""其""庶""庶几"等被划入"决断副词"的范畴。类似的处理方案也见于黄珊（2004：39-48）《〈荀子〉虚词研究》，她分语气副词为四类：反问、测度、强调、疑问，但是把表示确定语气的"必""诚""亶""固（故）""果"归入"肯定副词"的范畴。

一些语言的情态系统存在现实(realis)与非现实(irrealis)的对立，例如，Maung 语和 Caddo 语(Capell & Hinch，1970；Chafe，1995)。魏培泉(1999)认为古汉语的语气副词也可以区分为两类：表示现实的和表示非现实的①，包括：

表实：果、固、诚、信、实

表虚：其、将、且、殆、庶、庶几、意、意者、或者

有学者指出，因为语气副词是情态的载体，所以给语气副词划分次类就应该参照这些副词在情态语义系统中的地位(徐晶凝，2008：292)。这种说法很有见识，从这一点看，魏培泉(1999)对古汉语语气副词的分类考虑到了汉语的情态系统，与传统的做法相比，有其可取之处。然而，魏培泉的分类在实际上有许多问题：1. 魏培泉对情态的界定过于狭窄，"表实"和"表虚"大体上只涉及认识情态(epistemic modality)范畴，如果是这样理解情态，那就会把表示主观情绪和言语行为的副词摈除在语气副词范围之外了；2. 用"现实—非现实"的对立概括古汉语情态语义系统的特点并不恰当，古汉语中"现实"和"非现实"在语法表达方面不存在成系统的对立；3. 根据梅广(2015：454)，古汉语中表示非现实语义的句子可能会添加情态词，表示现实语义的句子经常是无标记的。如果这种说法正确，那么魏培泉(1999)说"果""诚""信"等对应于现实情态就可能不符合古汉语的事实，这几个词应该有其他的语用价值，并不是标注现实语义。

本书参照副词在情态系统中的地位对其进行分类，在情态系统的构建上，主要在 Palmer(1986)分类系统的基础上，结合上古汉语语气副词的实际情况进行调整。本书认为上古汉语语气副词可以表达的情态语义有认识情态(epistemic modality)、道义情态(deontic modality)和评价情态(evaluative modality)。一般认为，认识情态表示说话者在多大程度上相信所说内容为真，道义情态表示说话者在多大程度上强制句子主语实施某种行为(De Haan，2006)，评价情态是说话者针对已知事实做出价值判断(value judgement)，价值判断涵盖的具体内容有：赞同—反对、庆幸—不幸、如意—不如意、预期—反预期、正确—错误(Palmer，1986：120；Hoye，1997：189)。

---

① 魏培泉(1999)称语气副词为"法相副词"，称呼现实、非现实为"实"和"虚"，参见本章第一节第四部分。

本书参考以往各种汉语语法通史著作、古汉语专书语法研究著作以及古汉语虚词词典，并结合本章第一节、第二节的辨析工作，认为上古汉语中一共有 37 个语气副词，根据词义可分为 5 个小类，可以归入三种情态类型中，如表 2-7 所示：

表 2-7　上古汉语语气副词分类表

情态类型	语用意义	词例
认识情态	不确定	庶、庶几、盖、或、或者、殆、其$_1$、其诸、无乃（毋乃）、得无（得毋、得微）
	确定	a. 必 b. 诚$_1$（请、情）、亶、果$_1$、慎、实、信、允、真、审 c. 固（故）
评价情态	非预期	憯、反、覆、曾、宁$_1$、乃、独、一（壹）、顾
	加强	诚$_2$、果$_2$、岂（几）、宁$_2$
道义情态	祈使愿望	其$_2$、尚、苟

关于表 2-7，本书有如下解释说明：

第一，确定语气副词的情态类型。确定语气副词的归属以往有争议，史金生（2003）将其归入认识情态；张云秋、林秀琴（2017）持相同的观点，认为这一组副词表示"认识情态的必然性"；徐晶凝（2008：292）将其归入评价情态（即认为"的确"与"幸亏""恰巧""原来""竟然""难怪"等同属一类）。本书同意史金生的意见，理由是表示"幸亏""难怪""竟然"等意思的副词都是预设触发词，这些词语所出现的句子都具有叙实性（factivity），即都讲述已经出现的事实，在语法表现上，这些词都不能跟表示虚拟情态的词（比如某些情态助动词）搭配。就古汉语而言，"曾""顾""反"等词语基本不搭配情态助动词"能""可"等，但是"诚$_1$""信"等副词经常搭配情态助动词，这与"或者""其""庶"等副词的语法表现更接近。考虑到这一点，本书将确定语气副词放入认识情态范畴。

第二，"岂""宁$_2$""诚$_2$""果$_2$"等副词的功能。"岂""宁$_2$"这两个副词出现于反问句，词义接近于"难道"；"诚$_2$"和"果$_2$"出现于特指问句或反复问句，词义接近于"到底、究竟"。至于"岂"和"宁$_2$"的功能，学者们普遍认为它们是表示反问语气的副词（杨伯峻，1981：114；崔立斌，2004：205；黄珊，2004：43；吴庆峰，2006：180）。本书认为反问是一种修辞手法，是句子整体表现出来的语气，"岂"和"宁$_2$"虽然出现于反问句，但不能说它们的作用就是表示反问，许多反问句即使不包含这两个副词，其反问语气也没有被改变。例如：

（347）汉王方蒙矢石争天下，诸生**宁**能斗乎？（《史记·刘敬叔孙通列传》）〔比较：四人谒，上谩骂曰："竖子能为将乎？"（《史记·韩信卢绾列传》）〕

（348）将郑是训定，**岂**敢求罪于晋？（《左传·宣公十二年》）〔比较：起不敏，敢求玉以微二罪？（《左传·昭公十六年》）〕

对比带"岂""宁$_2$"的句子与不带这两个副词的句子，可以知道"岂"和"宁$_2$"的作用应该是加强说话者的情绪或态度，借用徐晶凝（2008：89）的术语，本书称之为加强语气副词。

对于"诚$_2$"和"果$_2$"的功能，多数研究古汉语虚词的著作不加提及，只有韩峥嵘（1984：31，124）说这两个副词"表示事情的结局或进一步追究"，其实韩峥嵘概括的是副词的词义而不是语义语用功能，本书认为"诚$_2$"和"果$_2$"出现与否并不改变疑问句的性质和类型，它们在疑问句中有加强说话者态度的功能（具体体现为"深究"义），所以也应该归为加强语气副词。

第三，"盖"的归属。在不确定语气副词中，"其$_1$""庶""殆""或者"等都表示主观上对事情的推断，而本书第四章将会详细分析，与"盖"相关的例句中，有相当一部分表明"盖"可以用于讲述传闻，这种语义属于传信范畴（evidentiality），传信与情态虽然有联系，但它在总体上属于独立的语义范畴（乐耀，2011），这里之所以把"盖"列入认识情态副词，主要是考虑到汉语的传信成分零散不成系统，比如即使证明"盖"可以表示传闻，也不能证明上古汉语有哪些词语表示眼见（visual）和感触（sensory），因此无法证明上古汉语有完整的传信系统，只能暂且将"盖"与表示认识情态的副词放在一起。

第四，"果$_1$"的归属。多数著作在谈及古汉语副词的分类问题时，都把"诚$_1$"和"果$_1$"归入表示确定语气的副词中，也有研究注意到两个副词在词义方面的细微差别，即"果$_1$"在很多时候的意思相当于现代汉语的"果然"，表示"事实与所说所料相符"（马景仑，1991），周生亚（2018：470）就主张把"果""果然""恰好"等副词与"曾""乃""竟""偏""倒"等归入一组，认为它们是表示预料的语气副词。本书认为"果$_1$"在一些句子中确实能够表现出"与预期相符"的意思，但若是因此认为它与"诚$_1$"是不同类别的语气副词，则会面临两个问题：首先，语料中有些句子里的"果$_1$"并没有体现出"料悟、符合预期"的意思。例如：

（349）此<u>果</u>不材之木也，以至于此其大也。（《庄子·人间世》）

上面的话出自南伯子綦之口，先前在故事里他并没有说过"此不材之木"，所以这里的"果₁"通常理解为"真（的）"而不是"果然"。其次，"诚"在特定语境中也能体现出"与预期相符"的意思。例如：

（350）王曰："将军之遁也，以其为利也。今<u>诚</u>利，将军何死？"（《吕氏春秋·高义》）

子囊率领军队遁走的目的是避免作战失利，楚王认为实际结果是得利，所以"诚利"可以理解为"果真有利"。

根据上面的分析，"诚₁"和"果₁"在不同的语境中都有"确实"和"果然"两种理解。如果因此把"诚₁"也算作表示预料的语气副词，这不符合学界的一般认识，如果认为"诚₁"和"果₁"都各自有两种词义，可以一分为二，表示"确实"的部分归入确定语气副词，表示"果然"的部分归入预料语气副词，那么就会让语气副词系统变得繁复。综上，本书认为"果₁"是确定语气副词，只是要指出在叙述性的句子里，它多数时候可理解为"果然"，表示事实符合预期。

第三章　上古汉语语气副词的历史演变

第一节　国内外相关研究的概述

一、语气副词的来源

Heine & Kuteva(2007：111)综合各种证据，构拟出人类语言词类范畴的演变历史，他们认为人类语言中词类的发展演变可以分为六个历史阶段：名词最早产生，之后是动词，再后来出现的是形容词和副词，形容词通常脱胎于名词，而副词可能脱胎于名词或动词，语言中的各种语法标记以直接或间接的方式从名词和动词发展出来(见图 3-1)。

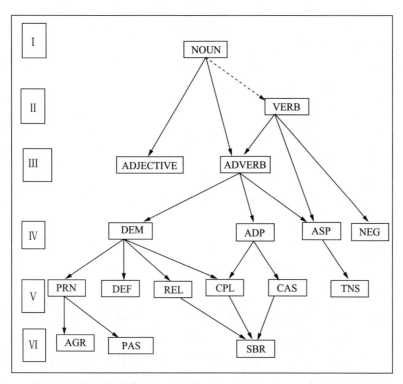

图 3-1　人类语言词类范畴发展的六个阶段(引自 Heine & Kuteva 2007：111)

　　上面这个构拟的理论基础是语法化的单向性假设(hypothesis of unidirectionality)，Heine&Kuteva(2002)指出，一个语法化变化总是包含相互交织的四个过程：

　　A. 去语义化(desemanticization)：语言单位的意义虚化；

　　B. 去范畴化(decategorialization)：语法化了的词汇单位(或其他语法化度较低的形式)逐渐丢掉原有的形态句法属性；

　　C. 销蚀(erosion)(或"语音弱化")：语音磨损；

　　D. 扩展(extension)：语言单位的使用范围扩展到新语境，新语法意义也随之产生。

　　Hopper & Traugott(2003：107)进一步对"去范畴化"加以解释，他们指出"范畴"在这里专指名词和动词，具体地说，"去范畴化"就是指一个实词发生语法化后，朝语法语素方向演变，在此过程中，其在形态句法属性方面变得越来越不像名词或动词。Hopper & Traugott(2003：107)还勾画出一个词类范畴演变的斜坡(cline)：

　　　　主要范畴(major category)＞中间范畴(middle category)＞次要范畴(minor category)

　　主要范畴包括名词和动词；中间范畴包括形容词和副词。Hopper & Traugott还认为，就他们掌握的语言资料来看，形容词和副词来源于动词的分词形式，或是表示方式、处所的名词。不过，这个论述只是将副词作为一个整体来讨论其词汇源头，并没有说明副词各个次类(也包括语气副词)的具体来源和形成渠道。

　　王力(1984：230)认为语气副词可能来源于形容词(如"偏")或普通副词(如"又")，由于王力只举了两个词语，所以不能从中看出语气副词在来源上的规律性。

　　古汉语学界一度认为语气副词有实词虚化、假借两种形成渠道。黄珊(1996)搜集了古汉语中550个单音节副词，重点分析了53个副词的词汇来源，其中语气副词有"诚""本""盖"，她认为"诚"由形容词虚化而来，"本"由名词虚化而来，"盖"表示拟测是由实词假借而来。葛佳才(2005)分析了东汉语料中的24个语气副词，经由实词虚化和假借而形成，其中由实词虚化形成的副词又包括四种来源：1. 名词(如"初""终""素""全")；2. 动词(如"更""并""举""了""殊")；3. 形容词(如"独")；4. 助动词(如"宁""可")。虽然黄珊、葛佳才分析了更多的案例，但是从他们的分析论述中仍然不能清楚地看到语气副词历史发展的规律性。此外，以今天的眼光来看，将"假借"作为虚词的形成途径，这是不恰当的，假借体现的是多个汉字的字际关系，用假借说明虚词的衍生，无助于探析虚词历史发展中的语言学规律。

有鉴于此，李素英(2012)摒弃了"假借"的说法，认为单音节语气副词主要通过语法化发展而来，双音节副词主要经由词汇化发展而来。单音节语气副词通常来源于名词、动词、形容词、其他类副词（范围、时间、程度等），其中来源于形容词和动词的语气副词居多；双音节副词来源于双字组合的凝固化，包括并列词组、句法结构、跨层结构、附加式等。相较以往的研究，李素英(2012)的进步之处在于，有意识地在语法化理论的指导下研究语气副词的演变，并且努力探析演变中体现出来的语言学规律，比如演变的方向、机制和语用学原因。

二、语气副词演变的语法和语义规律

Jackendoff(1972)、Parsons(1990)、Cinque(1999)等学者认为，副词或状语可以粗略分为以下四类：

①说话者取向(speaker-oriented)的副词

表示评价的：fortunately，happily

表示认识的：perhaps，possibly，certainly

表示风格的：frankly，honestly

②频率(Frequency)副词：always，usually，often，seldom

③方式(Manner)副词：carefully，slowly，intentionally，violently，suddenly

④杂类(Miscellaneous)副词：truly，completely，really，again，first

区分这四类副词所依据的标准是辖域，大致情况是：说话者取向的副词以整句为辖域，方式副词和杂类副词只与核心谓词发生联系，频率副词以 VP 为辖域。上述区分只反映英语的事实，与汉语的情况或有出入，例如上古汉语的频率副词和方式副词在句法上可以划归一类，而杂类副词的句法表现最复杂，其中部分副词在某些用法上可并入说话者取向的副词。但无论如何，在许多语言中，以认识情态副词为代表的句子副词和以方式副词为代表的谓语副词在句法上都有系统的对立(Jackendoff，1972；Travis，1988；Chang，2006)。

在此基础上，Traugott(1995)、Ramat&Ricca(1998)发现欧洲语言中的副词在历史演变方向上有很强的规律，后来 Traugott & Dasher

（2002）总结为：

> 谓语副词（也称"句内副词"）＞句子副词＞话语标记（也称"关联副词"）

谓语副词以命题内成分为作用域，句子副词以命题为作用域，话语标记以复句或段落为作用域，副词演变的结果就是其作用域越来越宽。根据这种认识，如果语气副词在历史上来自于方式副词、程度副词、时间副词等谓语副词，那么演变过程的突出表现就是副词的作用域拓宽，从另一个角度看，在句法树上就表现为某个副词从比较低的位置攀爬到比较高的位置，这种认识目前已经得到形式句法学家的认可（Roberts & Roussou，2003：36；van Gelderen，2004）。

此外，Traugott（1995）提出与语法演变相伴随的语义演变也有很强的方向性，其总体趋势就是不表达主观态度的词语发展为表达主观态度的词语，后者主观性还可能会继续增多。Traugott（1995）、Traugott（1999）、Traugott & Dasher（2002）分析了 actually，indeed，in fact，frankly 等副词的主观化过程。Traugott & Dasher（2002：40）在分析相关现象之后总结出如下规律：

> 非主观性的＞主观性的＋交互主观性的＞交互主观性的

在上述思路指导下，国内的学者也分析过许多语气副词发展演变的案例（董秀芳，2007；叶建军，2007；罗耀华、刘云，2008；武果，2009；匡鹏飞，2011；刘丞，2014；罗耀华、李向农，2015；李明，2018；李小军，2018）。

三、本章的任务目标

本章首先要探析上古汉语语气副词的词汇来源，同时描述它们形成的动态过程。在具体的案例研究中，一方面充分借助典籍故训来落实相关语句的古义，也会借鉴已经证明的语法化和语义演变规律，以此帮助确定语气副词的源和流，同时严格用词语的语法分布（尤其是与相关标记词语的连用次序）去印证相关研究对象的语法性质或是它们演变的不同阶段。除此之外，本章最后一节会简要梳理语气副词内部的成员在殷商西周、春秋战国、西汉三个时期的消长更替。

第二节 不确定语气副词的来源与形成

一、庶、庶几

"庶"在西周金文写作 ，本义是以火燃石而烹煮（陈初生，1987：878），后来字形讹变成为"庶"，用来记录"众庶"义（李运富，2005）。西周金文的例子如下：

（1）霉（越）之庶出入事于外，敷（敷）命敷（敷）政。（毛公鼎，集成2841）①

管燮初（1981：140）把"庶"分析为范围副词，与"凡"归入同一类；陈初生（1987：878）说"庶"是名词，表示"众官、百官"，表示"众庶"义的"庶"还见于"庶士"等组合；本书同意陈初生的分析。通过查阅前人的研究成果并结合自己的调查，本书发现"庶"在西周金文里没有语气的用法。不过，根据姚振武（2015：246）举例，表示拟测、不定语气的"庶"最早见于《今文尚书》的《西周书》。例如：

（2）予惟曰：庶有事。（《尚书·洛诰》）
（3）哀敬折狱，明启刑书胥占，咸庶中正。（《尚书·吕刑》）

姚振武对上述两例中"庶"的性质的分析存在一些问题。对于例（2），伪《孔传》翻译为"我惟曰庶几有政事"②，姚振武大概是受这个翻译的影响，认为"庶"是语气副词，而清代的戴钧衡《书传补商》卷十一认为"庶"仍然表示"众庶、众多"义，他翻译整句话为"惟告之曰：尔众皆有事于新邑者"，顾颉刚、刘起釪《尚书校释译论》认为戴钧衡的解说比较平实③，本书也采纳这种看法。对于例（3），姚振武的分析应该也是参考了伪《孔传》的解说"皆庶几必得中正之道"，但问题是：如果"庶"是语气副词，为什么会出现在范围副词"咸"的右侧？这违反了汉语副词排序的总体规律，

---

① 例句来自马承源主编：《商周青铜器铭文选》第三卷，北京，文物出版社，1988，第316页。

② 参见（唐）孔颖达：《尚书正义》，上海，上海古籍出版社，2006，第596页。

③ 参见顾颉刚、刘起釪：《尚书校释译论》第三册，北京，中华书局，2005，第1471页。

所以该观点很值得怀疑。章太炎认为"庶"字在这里记录的是动词"度"①，无论从段落大意还是句子成分的排序规律看，章太炎对"庶"的解释都更加合理。

虽然说例(2)—例(3)的"庶"都不能认定为语气副词，但是语气副词"庶"始见于《今文尚书》大致没有问题，无争议的例子如下：

(4)伯父、伯兄、仲叔、季弟、幼子、童孙，皆听朕言，<u>庶</u>有格命。(《尚书·吕刑》)

关于"庶"表示拟测、不定语气的来源，有研究认为可能与数量概念有关，有两种观点：董正存(2017)认为来源于"众多"义，李素英(2010：95)认为来源于动词"将近、差不多"义。本书认为这两种观点都不可靠。

先来分析第一种观点。虽然"众多"义和拟测义都由"庶"字记录，但是若要说明两种意义有语义引申，就需要证明这是多义现象(polysemy)而不是同形现象(hononymy)，证明的方法是观察各种语言里是不是普遍都用某个语素同时记录"众多"义和拟测义，如果确实如此，就表明"众多>拟测"的语义引申可能成立，如果情况并非如此，就说明两个语义都用"庶"记录只不过是巧合。然而，董正存(2017)没有举出跨语言的佐证，本书也没有找到相关的语料。此外，正如解惠全(1987)所说，实词虚化一般以语法地位为实现途径，既然语气副词"庶"只用作状语，假如拟测义果真来源于"众多"义，那么必定能够观察到语料中表示"众多"义的"庶"有相当数量作状语的例子，然而这样的例子一个也见不到，"庶"表示"众多"时只用作主语、谓语和定语。以上事实说明"众多"义和拟测义都由"庶"字记录也许是字形演变带来的巧合。

再分析第二种观点。可以判定为拟测义的"庶"最早见于《今文尚书》和《诗经》大雅、小雅，这些都是西周汉语的语料，能够理解为"差不多、将近"义的"庶"基本上见于是非问句"X其庶乎"，这样的句子在传世文献中最早见于战国早期的《左传》和《论语》，在出土文献中最早见于中山王鼎(陈初生，1987：879)，如果说的确存在"差不多、将近>也许、大概"这样的演变方向，则难以解释为什么源头义在文献语料中的出现时代会晚于目标义。

上述两种观点难以成立的另一个理由是，语气副词"庶""庶几"出现

---

① 参见周秉钧：《尚书易解》，长沙，岳麓书社，1984，第299页。

的句子全部都是描述积极的、说话者希望出现的事情，这是两个语气副词最突出的语用色彩，它或者是继承了"庶""庶几"的源义，或者与两个词语发生演变的初始语境有关，这种现象称为语义保留（persistence）（Hopper，1991；Traugott & Dasher，2002：278）。然而，无论是"众多"义或是"将近、差不多"义，都看不出它们与"庶""庶几"作语气副词时的语用色彩有任何关联，所以本书认为上述两种观点都不可靠，语气副词"庶""庶几"应该另有来源。

本书认为"庶""庶几"的语气副词功能是从它们表示"希望、企盼"的心理动词功能发展来的，接下来要解决三个问题：1. "庶""庶几"有动词功能；2. 动词（表示"希望、企盼"义）和拟测、不定语气副词在语义上相通；3. 阐明语义演变发生的条件和原因。

"庶""庶几"在《诗经》中有动词的功能。例如：

（5）庶见素冠兮，棘人栾栾兮，劳心博博兮。（《诗经·桧风·素冠》）

（6）既见君子，庶几说怿。（《诗经·小雅·頍弁》）

在例（5）中，毛《传》对"庶"的解释是"庶，幸也"，这条解释也同时见于《尔雅·释言》[1]，郭璞《尔雅注》说"庶几侥幸"，对于"侥幸"，慧琳《一切经音义》卷十七"如幻三昧经卷下"、卷六十五"五百问事经"分别给出"希冀也"和"非分而求"两种解释，郑《笺》对例（5）的翻译是"故觊幸一见素冠"[2]。综合各种解说，可以认为"庶"是表示"企盼、期望"义的动词，根据这种理解，"庶"的主语是第一人称"我"，"见素冠"是"庶"的宾语子句。对于例（6）也可以做相同的分析，郑《笺》的解说是"我若已得见幽王谏正之，则庶几其变改、意解怿也"，根据这个翻译，"庶几"可以理解为动词，"说怿"是它的子句宾语。

上面的分析与传统的观点不同，许多学者认为"庶""庶几"在例（5）—例（6）中是副词，例如，向熹（1987：301）就把"庶几"看作副词，并且说"庶几说怿"是状中词组。这种分析的问题在于，如果"庶几"是副词，考虑到叙述的连贯性，"说怿"就只能与前文"既见"有相同的主语，也就是这首诗的讲述者"我"，这种分析大概本源于朱熹《诗集传》"是以未见而

---

① 有观点认为毛《传》参考过《尔雅》，参见赵茂林（2014）。

② 参见（清）王先谦：《诗三家义集疏》（上册），北京，中华书局，1987，第487页。

忧，既见而喜也"，却与郑《笺》相冲突，如果以郑《笺》的解说为基础来分析，"庶几"的主语是"我"而"说怿"的主语是"王"。两相比较，郑《笺》的注解在文义上更通顺，实际上也被更多的注疏家接受，如苏辙的《诗集传》和段昌武的《毛诗集解》。综合以上理由，本书认为例（5）—例（6）的注解应该以郑《笺》为准，相应地，只有把"庶""庶几"视为动词才能与郑《笺》相合。

　　说"庶""庶几"曾经有动词的功能，一个有力的证据是在《诗经》中副词"无"可见于"庶"左侧，即《诗经·齐风·鸡鸣》中的"会且归矣，无庶予子憎"。对于"无庶予子憎"，毛《传》之说"无见恶于夫人"，后来的注本对这句话的解释争议颇多，争议点之一就是"庶"的意思，郑《笺》认为"庶"的意思是"众"，马瑞辰《毛诗传笺通释》认为该解释为"幸"，而"幸"就大约对应今天的"希望、企盼"，马瑞辰对"庶"词义的解释后来得到比较普遍的认可。然而，他用《诗经·大雅·抑》"庶无大悔"来证明《鸡鸣》中的"无庶予子憎"的正确语序应该是"庶无予子憎"①，这个分析不准确，因为"庶无大悔"中"无"是动词，而"无庶予子憎"的"无"是否定副词，两句话的结构不完全平行，并没有充足的理由表明"无庶"是所谓的"倒文"。如果"无庶"不是倒文，那么否定副词之后表示"希望"义的"庶"就更应该分析为动词，祝敏彻等《诗经译注》把"无庶予子憎"翻译为"不希望人们憎恨你"，实际上也是视"庶"为动词②。

　　关于"希望"义和拟测义的关联，可以借俞敏（1987：87）分析副词"其"的一段话来说明：

　　　　一个人说话不做全称肯定是因为没十成把握，这时候就可以用"其"。要是他心里有时候盼着说的那件事赶紧来，就说"其雨其雨？"③

　　俞敏（1987：82）用虚拟口气（subjunctive mood）概括"其"的功能，有一定道理。"其"与不同的语境结合，表现出拟测、请求、愿望、命令、意志、假设等意义，这些意义都是虚拟口气的具体表现（Lockwood，1969）。就"希望"和"拟测"的关系来说，两种意义都用于描述未发生的、

----

　　① 参见（清）马瑞辰：《毛诗传笺通释》，北京，中华书局，1989，第295页。

　　② 参见祝敏彻等译注：《诗经译注》，兰州，甘肃人民出版社，1984，第193页。

　　③ "其雨其雨"出自《诗经·卫风·伯兮》，关于"其雨"的含义，历来有不同的解释，有的认为表示未然、不定（本源于郑《笺》），也有认为表示期望的语气（本源于朱熹《集传》）。

不确定的事情，区别只是"希望"这个意义寄寓了说话者的心理期待，两个意义相通的一个佐证是意大利语的 magari 兼表"希望"和"拟测"二义，例如：

意大利语(Pietrandrea，2007)

(7)Lo pensava e magari lo ha detto agli amici.（他想过了，也许会对朋友们说）

(8)Magari venisse!（但愿他来！）

"庶""庶几"脱胎于表示"希望"义动词的直接证据是：战国以后的语料中副词"庶""庶几"出现的句子无一不是描述说话者的心愿和期待(语段中有提示词)，这似乎表明语法化之后的副词"庶""庶几"还一直保留着其所从来的动词的语义特点，以至于有些古书的注本在解释同一句话的"庶"或"庶几"时出现分歧。例如下面的例(9)，杨伯峻的《孟子译注》把"庶几"翻译为"也许"[1]，楚永安(1986：287)翻译成"但愿"：

(9)王庶几改之，予日望之。(《孟子·公孙丑下》)

确定两种语义有相通性之后，接下来要分析从"希望"义到拟测义的演变。在此之前，先要比较"庶""庶几"这两种意义在语法上的区分。在语义方面，动词"庶""庶几"是主语指向的(subject-oriented)而副词"庶""庶几"是说话者指向的(speaker-oriented)[2]；在语法方面，作为动词和副词的"庶""庶几"出现于不同的格式：动词出现于[S1＋庶/庶几＋S2＋VP]格式，[S2＋VP]是"庶""庶几"的子句宾语，S1是母句的主语，S2是子句的主语，S1和S2可以同指，如例(5)，也可以不同指，如例(6)(以郑《笺》理解为准)；副词"庶""庶几"出现于[S＋庶/庶几＋VP]格式，该格式没有包孕的子句，只有一个主语S和一个谓语VP。

虽然说动词"庶""庶几"在理论上出现于[S1＋庶/庶几＋S2＋VP]，但实际语料中S1和S2都不出现，经常需要根据语境来推导，如果S1和S2所指相同，那么在特定语境中"庶""庶几"会有两解。下面一例出自

---

① 参见杨伯峻：《孟子译注》，北京，中华书局，1960，第108页。
② 主语指向和说话者指向是情态语义的一种重要区分，参见李明(2003，2016)。

《诗经》，历代的注本有不同的解读：

> (10)后稷肇祀，<u>庶</u>无罪悔，以迄于今。(《诗经·大雅·生民》)

郑康成注"庶以其无罪悔乎？福禄传世，乃至于今"①，郑康成把"庶无罪悔"翻译成一个是非问句，以今天的观点看，相当于他把"庶"理解成表示拟测、不定的语气副词；朱熹《集传》引曾氏曰"自后稷肇祀以来，前后相承，兢兢业业，惟恐一有罪悔，获戾于天，阅数百年而此心不易"，从这段解说看，曾氏用"惟恐"，似乎觉得"庶无罪悔"表达一种心愿，依据这种理解，"庶"就是心理动词。下面一段来自《诗经》的例句也有两解：

> (11)听用我谋，<u>庶</u>无大悔。(《诗经·大雅·抑》)

对于"庶无大悔"，欧阳修《诗本义》卷十一解作"庶几听我，犹可不至于大悔也"，段昌武《毛诗集解》卷二十五引王氏曰"冀其无悔也"，依据这两种解释，"庶"应该分析为动词，范处义《诗补传》卷二十四解作"王及今能听用我之言，庶几可无大悔"，这个解释似乎是把"庶"理解为表示拟测、不定语气的副词。例(10)—例(11)代表了语义重新分析的临界语境②，也就是语义变化的过渡阶段。

战国以后，"庶""庶几"在语义和语法上有两点重要变化：一是战国以后的"庶""庶几"大都是说话者指向的，二是许多"庶""庶几"的例句都是是非问句，符合这两个特点的"庶""庶几"都是副词，不再能理解为动词"希望、企盼"义。例如：

> (12)好我者劝，恶我者惧，<u>庶有益乎</u>？(《国语·晋语三》)
> (13)<u>吾王庶几无疾病与</u>？何以能鼓乐也？(《孟子·梁惠王下》)

作为副词的"庶""庶几"的常规分布是在主谓之间，个别情况下"庶几"出现于句子开头，但后面一定有语气词"乎"，这时候"庶几"不再是单句的一部分，而成为类似于句外的话语标记(discourse marker)，这是语气副词常见的一种后续发展。例如：

---

① 参见(清)王先谦：《诗三家义集疏》(下册)，北京，中华书局，1987，第884页。
② 关于"临界语境"，参见彭睿(2008)。

（14）昔者寡人梦见良人，黑色而髯，乘驳马而偏朱蹄，号曰：“寓而政于臧丈人，庶几乎民有瘳乎！”（《庄子·田子方》）

下面一例虽然在形式上与例（14）类似，但是从上下文语境分析，“庶几”是动词：

（15）乃始干喉燋唇，仰天而叹，庶几焉天其救之，不亦难乎？（《说苑·建本》）

二、盖

Meisterernst（2016）把“盖”列为表示盖然的认识情态（epistemic possibility）副词，意思接近于“大概、可能”，最早的例子见于《诗经》：“其谁知之？盖亦勿思。”（《诗经·魏风·园有桃》）

陈奂《诗毛氏传疏》和马瑞辰《毛诗传笺通释》都把“盖亦勿思”理解为疑问句，认为“盖”是假借字，它其实记录的是疑问词“盍”或“何”，Pulleyblank（1995：24）也有类似的观点。本书同意这些观点，实际上，语气副词“盖”最早出现于《左传》。例如：

（16）今诸侯之事我寡君不如昔者，盖言语漏泄，则职女之由。（《左传·襄公十四年》）

Deng（2018）认为副词“盖”来源于表示“覆盖”义的动词“盖”，从表示“覆盖”义的动词先演变为一个独立的状语小句，意思是“总的来说、一般来说”，然后在此基础上演变为表示推断语气的副词，“盖”最初在句子开头出现，演变为语气副词后位置移入句子中间。Deng 给出上述构拟的主要依据是：她认为用作副词的“盖”在语段中有连接作用，用于引入原因或结果①，它所在的语句表示总结概括，这种功能似乎能与“覆盖”义建立起联系。本书不同意这种看法，理由是：1. Deng 为了沟通动词“覆盖”义和拟测副词义，在它们中间人为虚构了一个“盖”表示“总的来说、一般而言”的阶段，实际上在语料中根本找不到表示这种意思的“盖”。2. 与其他表示拟测语气的副词略有差别，“盖”在语义上的突出特点是它所在

---

① 这种观点来自 Pulleyblank（1995）。

的句子大都表示传闻、非亲历的事情，外在表现是句子或语段中有提示词"闻"，或是句子内容是古代传说。例如：

(17)吾闻齐君盖贼以慢，野以暴，吾子容焉，何甚也！（《晏子春秋·外篇》）

(18)盖上世尝有不葬其亲者，其亲死，则举而委之于壑……（《孟子·滕文公上》）

(19)黄帝、尧、舜垂衣裳而天下治，盖取诸乾坤。（《周易·系辞下》）

根据调查，副词"盖"出现的例句几乎都与传闻有关，根据语法化和语义演变的保留原则，这种意义一般会在词汇源头或发生演变的初始语境中有所体现，然而，无论是动词"盖"本身还是它在上古语料中实际出现的句子，我们都无法从中看出来它们跟传闻有任何联系。3. Deng 认为"盖"最初在句子开头，成为认识情态副词后位置就逐渐移动到句子中间，然而我们调查发现，无论是先秦语料还是西汉语料①，"盖"自始至终都有位于句首和位于主谓之间两种位置，而且根据计算，先秦语料中位于句中的副词"盖"有 44 例，位于句首的"盖"14 例，前者比例占总数的76％，在西汉语料中，位于句中的副词"盖"有 112 例，比例也占调查总数的 76％，由此看来，句中出现的副词"盖"在频次上不因为时代发展而有明显波动。

所以，目前资料显示语气副词"盖"并不起源于动词"盖"，至于副词"盖"到底来源于哪个实词，由于文献资料的限制，我们无法给出明确的线索，这个问题姑且存疑。

值得一提的是，《吕氏春秋》中有一例"盖"，从上下文语境看，它并不是表示拟测语气，而是有"刚刚发现"的意思，意思接近于"原来"。例如：

(20)周有申喜者，亡其母，闻乞人歌于门下而悲之，动于颜色，谓门者内乞人之歌者，自觉而问焉，曰："何故而乞?"与之语，盖其母也。（《吕氏春秋·精通》）

---

① 这里调查的先秦语料包括《左传》《论语》《孟子》《墨子》《庄子》《荀子》《韩非子》《吕氏春秋》《管子》，西汉语料包括《礼记》《史记》《大戴礼记》《韩诗外传》《新语》《春秋繁露》。

　　陈奇猷提到，《太平御览》引用"盖其母"两次，一次作"是其母"，另一次作"乃是其母"，《淮南子·说山训》引述这段故事时，写作"则其母"，以上异文资料说明《淮南子》和《太平御览》的编者大概都意识到《吕氏春秋》这一处"盖"在意义上不同于一般的语气副词"盖"。不过，陈奇猷认为原文中的"盖"不必改为其他虚词。①

　　如果陈奇猷的说法正确，则可以从语义引申的角度解释为何"盖"表示"刚刚发现"，副词"盖"表示拟测是基本的、常见的功能，表示"刚刚发现"这种意思的"盖"是从表示拟测义的"盖"引申而来的，这两个意义乍看并没有明显的联系，引申是如何发生和实现的？这里可以借用羌语的例子说明问题，先看例句：

　　　　羌语（黄布凡、周发成，2006：153）
　　　　(21)tsʰua　baⁱ　tse：　tə-bəl　do-jy-k　wa!
　　　　　　桥　　大　这个 已行—做趋向—完—间知 语气
　　　　"这座大桥竟然修好了啊！"

根据黄布凡、周发成（2006），词尾-k 在羌语的功能是"间知情态"，用于表示非亲身经历的事情，而"间知情态"一旦与过去时搭配，整个句子就表现出惊奇的、"刚刚发现"的意思。上文说过，"盖"在严格意义上讲是表示传闻，"传闻"在许多语言的传信系统（evidentiality）中属于非亲历的范畴，惊奇、"刚刚发现"等意思属于 mirativity 范畴，非亲历和 mirativity 在许多语言里都存在历时的渊源（DeLancey，1997：47；Heine & Kuteva，2002：213），所以"盖"出现"刚刚发现"的意思也在情理之中。

　　上面的分析建立在陈奇猷校勘的基础上，但由于存在文献异文，"盖其母也"是否经过改动尚不能最终确定，所以本书暂且不为语气副词"盖"罗列两种语气功能。

三、或、或者、其诸

　　《说文·戈部》："或，邦也。从口，从戈以守一。""或"字的本义是"邦国、疆界"，"国""域"等是"或"的后起区别字（陈初生，1987：1042）。西周金文的例子如：

---

① 参见陈奇猷：《吕氏春秋新校释》（上册），上海，上海古籍出版社，2002，第520页。

(22)逦唯是丧我或(国)(毛公鼎，集成 2841)①

西周金文中"或"还用作副词，表示"又"，这个意思的"或"是假借，例如：

(23)从至，追搏于世，多友或(又)厷(肱)折首、执讯。(多友鼎，集成 2835)②

除了表示"又"外，"或"还表示"有人、有的"，这个意思的"或"最早见于《今文尚书》(西周书)和《诗经》(大雅)。例如：

(24)诞我祀如何？或舂或揄，或簸或蹂。(《诗经·大雅·生民》)
(25)自时厥后，亦罔或克寿，或十年，或七八年，或五六年，或四三年。(《尚书·无逸》)

在《左传》等战国语料中，"或"前面可出现表示集体的名词，表示人或物的范围。例如：

(26)宋人或得玉，献诸子罕。(《左传·襄公十五年》)
(27)唐人或相与谋，请代先从者，许之。(《左传·定公三年》)

关于上述例(24)—例(27)中"或"的语法性质和语法功能，目前有两种看法：一种认为"或"是代词，具体又有虚指指称词、泛指代词、不定代词等名称(吕叔湘，1942/2002：185；王力，1944/1984：258；赵长才，2013)，其中不定代词这个名称目前为学界普遍接受，作为代词的"或"在上述例句中都作主语；另一种看法是"或"是副词(杜少先、杜占先，1989；Pulleyblank，1995：134；魏培泉，1999)，作用是表示存在量化(existential quantification)(Harbsmeier，1981：88-95)。本书同意后一种看法，"或"的语法表现更符合副词的特点，与代词不同，具体理由是：

---

① 参见马承源主编：《商周青铜器铭文选》第三册，北京，文物出版社，1988，第 318 页。
② 参见马承源主编：《商周青铜器铭文选》第三册，北京，文物出版社，1988，第 283 页。

第一，持代词说的学者都认为"或"的常规功能是作主语，然而上古汉语中能够用作主语的代词（包括人称代词、疑问代词和指示代词）基本上也都能用作宾语，但是"或"从不出现在宾语位置（Aldridge，2016），这不符合一般代词的特性；

第二，上古汉语的人称代词、指示代词作主语时，它们通常出现在"亦""将""其"等副词的左侧，而"或"只出现在上述副词的右侧。例如：

(28)女其畏哉！《左传·昭公六年》

(29)是将死矣，不然，将亡。《左传·襄公二十四年》

(30)夫国士畜我者，我亦国士事之。《吕氏春秋·不侵》

(31)是以或见神以兴，亦或以亡。《国语·周语上》

(32)同则或谓之犬，其或谓之狗。《墨子·经说下》

(33)将或弭之，虽曰不可，必将许之。《左传·襄公二十七年》

从"或"的分布特点看，它不同于代词，而类似于范围副词"皆"（魏培泉，1999）。

鉴于上述两点理由，本书认为表示"有人、有的"的"或"是副词，同时"或"还可以表示"有时、某个时候"的意思，这个"或"当然也是副词。例如：

(34)古之火正，或食于心，或食于咮。《左传·襄公九年》（杜注：谓火正之官，配食于火星。建辰之月，鹑火星昏在南方，则令民放火，建戌之月，大火星伏在日下，夜不得见，则令民内火）

关于语气副词"或"的来源，姚尧（2012）认为来源于表示"有些、有的、有人"等义的"或"，她认为"或"最初是不定代词，在[NP＋或＋VP]格式中NP是话题，"或"是主语，由于NP的存在，"或"的指代功能有所削弱，于是在这种条件下发生重新分析，"或"从最初限定NP发展为修饰VP，意义上也发展出"也许、可能"之义。关于"或"指代功能减弱，姚尧举的是例(35)，她认为该例中"或"的功能和《左传·哀公七年》"曹人或梦众君子立于社宫"的"或"一样，都是分指，只不过例(35)中"或"的指代作用减弱。例如：

(35)夫子之墙数仞，不得其门而入，不见宗庙之美，百官之富，得其门者或寡矣。(《论语·子张》)

关于指代义和语气义两解的例子，姚尧举的是例(36)，她认为"或"在此处可以表示"有的计谋"，也可以表示"或许"。例如：

(36)奇计或颇秘，世莫能闻也。(《史记·陈丞相世家》)

本书认为姚尧(2012)对例(35)—例(36)的分析都是不准确的。

对于例(35)，本书认为"或"是语气副词"也许"义而不是不定代词"有的"义，因为所谓的不定代词"或"如果出现于[NP＋或＋VP]，那么VP一定具有分配性(distributivity)，例如"民或为之"的意思相当于"百姓甲为之，百姓乙为之，百姓丙为之……，其他百姓不为"，但是"得其门者或寡"的"寡"不具有分配性，不可能把"得其门者"分解为一个个独立的人，我们不能说"得其门者A寡，得其门者B寡……"，这完全不是《论语》要表达的意思，而且也说不通，例(35)中"或"只可能解释为语气副词。

关于例(36)，通读《陈丞相世家》可知，陈平曾经"六出奇计"，根据刘光胜(1985)梳理，它们包括：捐金离间项羽与钟离眛、换具待使离间项羽与范增、东出女子西面突围、蹑足封王团结韩信、诈游云梦生擒韩信、说服阏氏巧解白登山之围。司马迁对前五计的内容都有详细记载，唯独对于解白登山之围的计谋，司马迁说"其计秘，世莫得闻"，以致东汉桓谭《新论》说陈平用"美人计"，后来有不少人认为桓谭的说法是没有根据的臆测。[①] 由此可见，"奇计或颇秘"仍然应该解释为"有些计谋相当隐秘"。此外，本书分析了上古语料中所有关于"或"的例句，没有发现在哪个例句中"或"有"有些"和"也许"两解的情况。

方有国(2015:297)认为语气副词"或"来源于表示时间的副词"或"(即表示"有时、某时"的"或")，本书认为这个观点合理。语义发生变化的原因是，当句子描述过去发生的特定事情时，"或"就表示"有时、某时"，例如本节例(34)和第二章第二节第四部分例(230)，当句子描述的是泛时或假想的情况时，"或"允许有两解，即"某时"或"也许"两种意思。例如：

---

① 参见孙少华：《陈平的"秘计"》，《文史知识》2012年第5期。

（37）贵人<u>或</u>得计而欲自以为功，说者与知焉，如此者身危。（《韩非子·说难》）

本书给出这个推断的依据是：首先，上古汉语语料中"或"有1400多例，绝大多数表示"有的、有些"，极少数表示"有时、某时"，如果"或"的语气副词功能脱胎于数量占绝对优势的"有的、有些"义，那么语气副词"或"的出现频次在上古时期应该不在少数，然而语料中能够确定为语气副词"或"的只有寥寥数例，所以我们推断"或"的语气义应该来自在语料中同样是低频次的时间义；其次，从时间义发展为语气义，这是语言中较为普遍的语义发展路径。

从词形上看，"或者"显然是"或"和"者"结合而成，不过目前仍有两个问题不容易解释：1. 由于表示语气的"或"和"或者"都最早见于《左传》，所以不清楚"或者"的形成过程，也不清楚它是在"或"的哪种功能或意义的基础上发展起来的；2. 古汉语中由"者"参与组成的双音词中，作状语的有"曩者""昔者""古者"等，这些词语通常都出现在主语左侧，然而"或者"出现在主谓之间，位置在副词"其"右侧，词形类似的几个词语都能作状语，但是不清楚为什么"或者"的语法分布与其他几个词语不同。例如：

（38）<u>昔者</u>吾友尝从事于斯矣。（《论语·泰伯》）
（39）<u>古者</u>民有三疾，今也或是之亡也。（《论语·阳货》）
（40）晋为盟主，其<u>或者</u>未之祀也乎！（《左传·昭公七年》）

在《左传》《国语》《孟子》等战国初期和中期的语料中，"或者"通常出现在主谓之间，而当主语是句中的焦点时（后面有"实"标记），"或者"出现在主语前。例如：

（41）晋侯曰："卫人出其君，不亦甚乎？"对曰："<u>或者</u>其君实甚……"（《左传·襄公十四年》）

根据目前的研究，主语不能在其原来的语法位置上被焦点化，作主语的词语一旦成为焦点，其位置一般要比普通主语低（Erlewine，2017），所以对于战国前期"或者"分布在主谓之间这条规律而言，例（41）不构成反例。

在《韩非子》等战国晚期语料中，"或者"可以出现于普通主语之前，这是"或者"在句子结构中位置升高、辖域拓展的证明。例如：

（42）夫灶，一人炀焉，则后人无从见矣。或者一人炀君邪？（《韩非子·难四》）

西汉语料中，主语之前的"或者"如果出现于段落之中，其主要功能仍然是表示语气的副词，但可以认为"或者"起到一定的句际连接作用。例如：

（43）吾安知夫剌灸而欲生者之非惑也？又安知夫绞经而求死者之非福也？或者生乃徭役也，而死乃休息也？（《淮南子·精神训》）

至于"其诸"的来源，本书假设它是"其或者"的省缩形式，理由如下：

第一，二者都表示对原因的揣测；

第二，"其或者"的连用形式在先秦共5例，只见于《左传》和《国语》，"其诸"只见于《论语》和《公羊传》，"其或者"不晚于"其诸"；

第三，"者""诸"上古都在见母鱼部，古籍中二字多互用，《礼记》"或者"字或作"或诸"，汉代文献中"其诸"字或作"其者"。例如：

（44）不知神之所在，于彼乎？于此乎？或诸远人乎？（《礼记·郊特牲》）

（45）或问："茅焦历井干之死，使始皇奉虚左之乘。蔡生欲安项咸阳，不能移，又亨之，其者未辩与？"（《扬子法言·重黎》）

"或者"只针对最近过去发生的情况。如下例是针对卫献公被逐这一事件的解释：

（46）晋侯曰："卫人出其君，不亦甚乎？"对曰："或者其君实甚。……"（《左传·襄公十四年》）

而"其诸"大都是针对前文引入的一个谈话内容。例如：

（47）子禽问于子贡曰："夫子至于是邦也，必闻其政。求之与？

抑与之与?"子贡曰:"夫子温、良、恭、俭、让以得之。<u>夫子之求之也,其诸异乎人之求之与?</u>"(《论语·学而》)

子禽说"夫子至于是邦也"时,上下文没有交代夫子去过哪个国家,子禽完全是虚拟一种情形以引出下文,子贡是就这个新话题作解释。

其实这种差异不难解释:在语言运用中,直指词的用法经常会因概念结构的相似性而从一个范畴扩展到其他范畴,如汉语的"来""去""前""后"兼跨空间与时间范畴,"这"既表空间近指又表篇章回指。"(其)或者"针对时间在前的事件,"其诸"叙述语篇顺序在前的语句,从"或者"到"其诸"是由时间域到篇章域的发展。

四、殆

《说文·歹部》:"殆,危也。从歹,台声。"传世文献中,表示"危险"义的"殆"最早见于《今文尚书》,例如:

(48)今天降疾,殆,弗兴弗悟。(《尚书·顾命》)

对于例(48),王引之《经传释词》卷六标点为"殆弗兴弗悟",并把"殆"解释为"将然之词也"[1],解惠全等(2008:75)翻译为"几乎",这种标点和解释大概本源于蔡沈《集传》卷六中的注解"殆将必死,弗兴弗悟"[2],然而,从伪《孔传》以后的大多数注本都把"殆"和"弗兴弗悟"断开,把"殆"理解为"危殆",本书遵从大多数注本的理解。

关于语气副词"殆"的来源,《古代汉语虚词词典》认为"殆"在上古时期有"害怕"义,由此引申出"疑惑"义,进而演变为表示不确定语气的副词,表示"恐怕、大概、将要"等义。就"殆"的"害怕"义和"疑惑"义,《古代汉语虚词词典》列举如下[3]:

(49)女心伤悲,殆及公子同归。(《诗经·豳风·七月》)
(50)学而不思则罔,思而不学则殆。(《论语·为政》)

---

① 参见(清)王引之撰,黄侃、杨树达批:《经传释词》,长沙,岳麓书社,1984,第134页。
② 参见(宋)蔡沈撰:《书经集传》,上海,世界书局,1936,第124页。
③ 参见中国社科院语言所古代汉语研究室编:《古代汉语虚词词典》,北京,商务印书馆,1999,第79页。

表示"担心、疑虑"义的动词在一些语言中确实能够发展为认识情态词，表示说话者的主观推断(高增霞，2003)，如果要证明"殆"的语义发展也遵循这样一条路径，首先是要证明"殆"在上古汉语中真的能够表示"害怕、担心、疑虑"等意思，其次是要找到语义演变发生的句法环境。然而，本书在分析相关例句、查阅典籍故训之后，认为"担心＞认识情态"这个演变路径不能概括与"殆"相关的语义现象，因为：

第一，多数相关的典籍故训都没有把"殆"解释为"害怕、疑虑"，这种解释也会导致句义不通顺。故训对例(49)的"殆"有三种注解，"始"(毛《传》)、"将也"(郝敬《毛诗原解》)、"庶几"(程颐《程氏经说》)，并没有哪种注本提出过"害怕"这种解释。此外，虽然各家对"殆"的解释各不相同，但都表示"殆及公子同归"表达的是主人公盼望发生的事情，假如释"殆"为"害怕、担心"，就不符合句义乃至段意了；对于例(50)的"殆"，多数《论语》注本解释为"危殆"(朱熹《集注》)、"疲怠"(何晏《集解》)，只有王念孙《读书杂志》解释为"疑殆"①，王念孙的解释本源于何休《公羊解诂·襄公五年》对"相与往殆乎晋"的解释"殆疑潾于晋，齐人语"，虽然在这条解释语中"殆""疑"相连出现，但是"殆"如果当"疑惑"讲，整句话的意思不通，(清)陈立《公羊义疏》认为"殆"应该读为"治"(治理)，陈立的见解更加合理，后来也被刘尚慈的《春秋公羊传译注》所采纳②。

第二，与"害怕、担心、疑虑"等意义对应的是心理动词，而"殆"的语法分布不符合心理动词的分布特点。心理动词可以带一个主语和一个宾语，主语在语义上是感受者，宾语是造成某种心理感受的刺激物(杨作玲，2014：190)，而在上古语料中，如果剔除副词"殆"，其余写作"殆"并且可以分析为谓语的例子只有两种情况，一是以"殆于 X"形式出现("殆"表示"接近")，二是"殆"单独作谓语("殆"表示"危殆")，语料中的"殆"再没有可以解释为"害怕、担心、疑惑"的例子。

程颐《程氏经说》把"殆及公子同归"的"殆"解作"庶几"，王先谦《诗三家义集疏》沿用了这种解释③。本书认为"殆"的"庶几"义并不能坐实，如第三章第二节第一部分所说，"庶"和"庶几"所在的句子，都是叙述积极正面的、说话者期盼的事情，然而"殆"却不同，无论是春秋战国语料还是西汉语料，"殆"出现的句子都有相当比例表示消极色彩。例如：

---

① 参见(清)王念孙：《读书杂志》(第三册)，北京，中国书店，1985，第 24 页。

② 参见刘尚慈：《春秋公羊传译注》，北京，中华书局，2010，第 442 页。

③ (清)王先谦：《诗三家义集疏》(上册)，北京，中华书局，1987，第 513 页。

(51)彼宗竞于楚,殆将毙矣。(《左传·宣公二年》)

(52)子舆曰:"子桑殆病矣!"(《庄子·人间世》)

(53)夫明王不兴,而天下其孰能宗予? 予殆将死也!(《礼记·檀弓上》)

总之,副词"殆"既不可能与"庶几"表示相同的意义和语用色彩,也不可能来自表示"期盼"义的动词。

本书认为语气副词来自表示"接近"义的动词"殆",俞敏(1987:107)说这个意义的"殆"是"迨"的通借字,在《说文解字》中写作"逮",这种说法尚待证实,因为写作"迨"的动词在上古都直接带宾语,宾语可以是名词词组,也可以是"NP 之 VP"或"其 VP"等词组,后者在整体功能上实际上相当于名词(Aldridge,2013)。例如:

(54)求我庶士,迨其吉兮。(《诗经·召南·摽有梅》)

(55)迨天之未阴雨,彻彼桑土,绸缪牖户。(《诗经·豳风·鸱鸮》)

写作"逮"的动词除了直接带宾语外(宾语类型与"迨"相同),还可以后接"于"引导的介词词组。例如:

(56)先时者杀无赦,不逮时者杀无赦。(《荀子·君道》)

(57)逮吴之未定,君其取分焉。(《左传·定公四年》)

(58)禄之去公室,五世矣;政逮于大夫,四世矣。(《论语·季氏》)

动词"殆"的语义与"迨(逮)"不同,前者表示"接近",后者表示"及",在语法分布上,"殆"只与"逮"有部分重合,即它们都可以后接介词词组。例如:

(59)殆于必弊者也。(《国语·郑语》)(韦昭注:殆,近也)

(60)寇至则先去以为民望,寇退则反,殆于不可。(《孟子·离娄下》)(杨伯峻译注:殆,近也)

有时候"于"不出现,"殆"会出现两解,可以仍然解释为"近",也可以解释为"大概",下面例(61)"殆必祸者也"与例(59)"殆于必弊者也"的行文相仿,差别只是有无"于"字,而贾谊《新书·礼容语》叙述相同的史事时说"殆必有祸也",证明"殆"有副词一解:

(61)吾见晋君之容,而听三郤之语矣,<u>殆</u>必祸者也。(《国语·周语下》)

表示"接近"义的动词"殆"在分布上有一个限制:其主语是指人名词。在《左传》《国语》《孟子》等战国前期的语料中,副词"殆"保留了动词"殆"的这种分布限制,其主语多数也是指人名词(也包括族群、上天等有意志的主体)。例如:

(62)夫<u>卫君</u>殆无罪矣。(《国语·鲁语上》)
(63)<u>天</u>殆富淫人,庆封又富矣。(《左传·襄公二十八年》)

战国后期和西汉的语料中,许多与"殆"有关的例句中,主语表示事物,这是"殆"进一步脱离与动词的联系、演变为成熟的语气副词的标志。例如:

(64)故<u>象刑</u>殆非生于治古,并起于乱今也。(《荀子·正论》)
(65)<u>座</u>殆尚在于门。(《吕氏春秋·自知》)
(66)<u>谷之出泽</u>,野物也,今生天子之庭,殆不吉也。(《韩诗外传》卷三)

在语气副词范畴内,"殆"还可以有进一步的发展,表示拟测不定语气的"殆"基本上只出现于陈述句,而在《韩非子》《战国策》等战国晚期、西汉初期的语料中,"殆"也见于祈使句,祈使句的功能不是陈述和断言,而是表示请求的行为,这种语境中的"殆"就不再表示拟测语气,它们表示加强的语气,旧注一般用"必"对译。例如:

(67)无极曰:"君<u>殆</u>去之,事未可知也。"(《韩非子·内储说下》)
(68)今王即定负遗俗之虑,<u>殆</u>毋顾天下之议矣。(《战国策·赵二》)

这样的"殆"在语料中仅有 2 例，所以目前不能确定"殆"作为副词是否有两种语义，这里姑且不给"殆"另外设立义项。

五、无(毋)乃、得无(毋)

"无(毋)乃"和"得无(毋)"是由否定语素"无"参与构成的双音节语气副词，但这两个副词本身并没有否定的意思，汉语历史上曾经出现过许多这样的副词，它们有否定的外形，但是否定语素在其中不提供否定语义，中古汉语有"将无""将非""将不"(姜南，2017)，近代汉语有"莫""莫是""莫非"(江蓝生，1987；叶建军，2007)，现代汉语有"别""别是"(高增霞，2003；李宇凤，2007)。已有研究发现：1. 这种副词大多传达负面情感(谷峰，2016；姜南，2017)；2. 疑问句是这种副词形成的关键语境(杨永龙，2000)；3. 双字组合中否定语素出现在前的副词，否定语素先经历"否定＞拟测"的演变，而后双字组合凝固成词，例如"莫不(是)"和"莫非"形成之前，"莫"先发生了从否定词到语气副词的演变(叶建军，2007)。

"无(毋)乃"最早见于《左传》，上古语料中"无(毋)乃"组合几乎全部是语气副词，只有一处例外，见于《庄子》，"无"是否定副词"不要"义：

(69)子产蹴然改容更貌，曰："子无乃称！"(《庄子·德充符》)

在《左传》以及更早的语料中，并没有发现"无(毋)乃"组合中"无(毋)"可以作否定词理解的例子，没有证据表明因为否定词"无(毋)"经常与"乃"连用，所以二者凝固成词，进而虚化为语气副词。所以，本书推测"无(毋)乃"的形成机制可能类似于"莫(不)是"，即"无/毋"先由否定词引申出语气义，而后与"乃"(或某个读音相近的词)发生凝合。根据现有的语料来看，后一种假设相对比较合理。

在春秋早期语料《仪礼》中，一些包含"无"的疑问句表达拟测的语气，郑玄《注》翻译这些句子时用了"得无"，王引之《经传释词》认为"无"的语义等于"得无"[①]。例如：

(70)度兹幽宅，兆基无有后艰？(《仪礼·士丧礼》)
(71)命曰："哀子某，来日某，卜葬其父某甫，考降无有近悔？"(同上)

---

① 参见俞敏：《〈经传释词〉札记》，长沙，湖南教育出版社，1987，第183页。

虽然俞敏（1987：184）持保守的观点，仍然认为上述各例"无"的基本作用是否定，但是同时也承认这些句子带有怀疑的口气，可以翻译成"不至于/没……吧"。

"无（毋）"应该是在这种含有疑问、揣测口气的句子中先引申出语气义，然后与相邻词语结合形成"无（毋）乃"。除"无（毋）乃"之外，《左传》《国语》等语料中还有"无（毋）亦""无（毋）宁"等形式，对于有些相关例句，典籍故训认为"无"在其中不贡献意义。例如：

(72) 彼无亦置其同类以服东夷，而大攘诸夏，将天下是王，而何德于君？其予君也？（《国语·鲁语下》）（韦昭注：无亦，亦也）

(73) 寡君闻君有不令之臣为君忧，无宁以为宗羞，寡君请受而戮之。（《左传·昭公二十二年》）（杜预注：无宁，宁也）

从清朝以来，就有观点认为"无（毋）亦"和"无宁"表达拟测语气，如袁仁林《虚字说》分析"毋亦"时说"'毋'字凝停拟度，'亦'字凭虚婉带"[1]，王引之《经传释词》用"无乃"对译"无宁"[2]。现代学者有些把"无亦""无宁"分析为拟测语气副词，可以翻译为"大概、莫不是"等意义（楚永安，1986：361；中国社科院语言所古汉语研究室，1999：622）。

从历史渊源上说，"无宁"与"无乃"的关系更近，"无乃"或许是"无宁"中"宁"脱落鼻音韵尾后变成的形式。而副词"无宁"本身又可能来自副词"无"＋动词"宁"，"宁"表示"愿意"的意思。例如：

(74) 天其以礼悔祸于许，无宁兹许公复奉其社稷？（《左传·隐公十一年》）

关于"得无（毋）"的来源和演变渠道，本书认为与"无（毋）乃"有所不同，在"得无VP"中，"得"最初是助动词，与"能"一样，它表示可能性，"无"在层次上属后，修饰VP，"得无VP"最初负载反问语气，"得无VP"理解为"岂能无VP"。例如：

(75) 为之难，言之得无讱乎？（《论语·颜渊》）（皇侃义疏：凡行

---

① 参见（清）袁仁林著、解惠全译注：《虚字说》，北京，中华书局，1989，第91页。
② 参见（清）王引之撰，黄侃、杨树达批：《经传释词》，长沙，岳麓书社，1984，第235页。

事不易，则言语岂得妄出而不难乎）

有些"得无VP"的例句，既可以理解为反问，也可以理解为拟测，如例(76)"得无危乎"可以认为是"安得无危"的意思，也可以是"大概会危急"的意思。例如：

(76)以管仲之能，乘公之势以治齐国，得无危乎？（《韩非子·外储说左下》）[比较：夫以骄君使罢民，则国安得无危？（《管子·兵法》）三年之中而有离民之器二焉，国其危哉！（《国语·周语下》）]

在语气范畴中，反问与拟测是一对关系密切的概念，汉语历史上经常出现从反问到拟测的语义演变，相关的词语有"宁""岂""敢"等，它们都兼有拟测和反问两种意思，其中反问义出现更早（刘坚、江蓝生、白维国、曹广顺，1992：243；李小军，2018）。

目前还有一个问题尚待解决，负载反问语气时"能无VP"基本上等于"得无VP"，而且前者在语料中出现频率远高于后者（后者在战国初期的语料中仅有1例），但是"能无"没有发生词汇化，也没有进一步的语义演变，如果能够知道其中的原因，或许有助于探析"得无"语义演变的动因和机制。例如：

(77)法语之言，能无从乎？（《论语·子罕》）
(78)入险而脱，能无败乎？（《国语·周语中》）
(79)日过分而阳犹不克，克必甚，能无旱乎？（《左传·昭公二十四年》）

我们观察语料后发现，如果同样是出现于反问句，"得无VP"中VP只传达消极的语用色彩，"能无VP"没有这个限制，这或许说明副词"得无"的形成与语用上的委婉有关。

六、其₁

"其"字在甲骨文中写作𝕌，在金文中有时候写作𝚷，本义是簸箕，后来在这个意思上出现分化字"箕"，而古字"其"用于记录指代词和副词。关于指代词"其"和副词"其"的关系，目前有两种观点：多数学者认为指代词"其"和副词"其"是两个毫不相干的词语，只是恰好都借用"其"的字形来记录，也有学者认为两者之间有历史发展的关系。认为指代词"其"和副词"其"有历史渊源的学者内部又分为两派，一派认为表示将来时间的副词"其"发展出指代词用法（黄盛璋，1983；方有国，2015：144），另一派认为殷商时代就有指代词"其"（Nivision，1968，1992），副词"其"是从指代词发展来的（Takashima，1996；骆锤炼、马贝加，2007；解惠全等，2008：485-507）。

本书遵从传统的观点，认为甲骨文中没有指代词"其"，指代词"其"和副词"其"有不同的来源，二者只是借用相同的字形记录，它们之间没有历史演变的关系。

罗端（2009）调查发现，"其"在甲骨文中共 14318 次，主要的句法作用有三种，全都带有未来（future）的含义。关于这些表示未来的"其"的语法性质，罗端（2009）认为是动词或助动词，马梅玉（2012：19）认为是时间副词或语气副词。

本书认为，应该根据语法分布判断"其"的词性，如果"其"在否定副词右侧、动词左侧出现，则"其"应该分析为助动词。例如：

(80)贞：弗其及今十月雨？（合集 12627）

(81)贞：不其受年？（合集 9861）

魏培泉（2015）指出甲骨文中大部分"其"都出现于否定副词右侧，所以"其"的助动词用法在当时是主流，同时，有少数"其"可以出现于否定副词左侧，这是虚化为副词的一个证明，本书同意这种看法。例如（引自魏培泉，2015）：

(82)王占曰：吉，惟有呼己其伐；其弗伐，不吉。（合集 6461反 4）

关于甲骨文中"其"的语用色彩，Serruys（1981）发现：在一对正反对贞卜辞中，含有"其"的卜辞往往说的是占卜者不希望发生的事，虽然存在一些反例和争议[参见张玉金（2000）]，但 Serruys 的观点仍然为甲骨学界普遍接受。不过，"其"在西周金文中出现显著的变化，它基本上出现于一段铭文的末尾，句子的内容是器主希望发生的事情。例如（引自魏培泉，2015）：

(83)子子孙孙<u>其</u>万年永宝用（卫姒簋盖，集成3836）

(84)<u>其</u>万年子孙永宝用（城虢遣生簋，集成3866）

(85)卫<u>其</u>子子孙孙永宝用（裘卫簋，集成4256）

(86)追<u>其</u>万年子子孙孙永宝用（追簋，集成4219）

(87)喜<u>其</u>万年子子孙孙<u>其</u>永宝用（伯喜簋，集成3997）

魏培泉对上述例句的"其"有如下分析：

第一，因为金文中基本见不到否定词搭配"其"的例子，所以无法准确判断"其"的词性；

第二，"子(子)孙(孙)"是"宝用"的主语；

第三，例(83)和例(84)是祈使句；

第四，例(85)和例(86)中，主语分别是器主"卫"和"追"，"其"是表示"希望"义的动词，例(87)中第一个"其"是表示"希望"义的动词，第二个"其"是道义情态助动词，近似于"要"。

本书同意第一条分析，不同意后三条分析。

对于第二条分析，郑刚(1996)曾经指出"子子孙孙"不是主语而是状语，"宝用"的主语是器主而不是子孙，因为有些铭文只说"器主某某宝用"，"子子孙孙"根本没有出现，足见"子子孙孙"是非必有的修饰成分，如"黄仲自乍(作)媵也(匜)，永宝用享"（黄仲匜）。

对于第三条分析，典型祈使句的主语是第二人称，然而上文已证明"子子孙孙"是状语，那么主语只可能是器主，在例(83)、例(84)中分别是"卫姒"和"城虢遣生"，这种表示祝愿作器者/器主如何如何的铭文，其主语可能是第一或第三人称，但绝对不可能是第二人称，所以相关的两个例句不会是祈使句。

对于第四条分析，如果金文中有两种不同意义的"其"，那么就意味着例(83)—例(87)对应于三种不同的格式：例(83)、例(84)是祈使句，"其"表示道义情态"要"（前文已证明该说法有误）；例(85)、例(86)是陈述句，"其"表示"希望"；例(87)是祈使句被陈述句包孕，表示"希望"的"其"是母句的动词，表示"要"的"其"出现于子句宾语。然而，金文资料的实际情况是，这五个例句的句义基本相等，"其"也并无二致，区别只是例(83)—例(84)句子成分有省略，其余三个句子的成分更加完备。

此外，如果认为"其"是动词或助动词，另一个难以回答的问题是，为什么状语成分"子子孙孙"可以出现在"其"的两侧？这并不符合与动词或助动词相关的分布规律，假如把"其"也看作副词，相关的难题就容易解决："其"和"子子孙孙"都是时间状语,两个时间状语的顺序可以调换。

总之,本书调查《商周青铜器铭文选》的西周铜器铭文之后,认为"其"的基本作用是表示未来时间,因为"其"绝大多数都出现于与祝祷、愿望有关的语句,所以过去认为"其"是表示"希望"的情态词,这种看法的实质是把句义赋予给词语,并不恰当。

在《诗经》和《今文尚书》中,表示未来时间的"其"在语法和语义上有如下变化:在语法分布上,"其"可以出现于特指问句,可以位于助动词左侧,如例(88)—例(89);在语义上,"其"可以出现于有假设义或比拟义的句子,"其"仍然要解释为"将",但它所处的语境不是单纯地叙述未来,而是多了一重假想和虚构,如例(90)—例(91):

(88)今汝其曰:"夏罪其如台?"(《尚书·汤誓》)(如台=如何)

(89)今不承于古,罔知天之断命,矧曰其克从先王之烈?(《尚书·盘庚上》)

(90)马牛其风,臣妾逋逃,勿敢越逐。(《尚书·费誓》)

(91)若火之燎于原,不可向迩,其犹可扑灭?(《尚书·盘庚上》)

语法分布的变化说明"其"由助动词进一步向副词发展,助动词前的"其"已经不可能再分析为助动词,只能分析为副词;语义环境的变化说明"其"由单纯的时间域开始向情态语气域延伸,像例(91)这种例句,讲述一种比喻的情况,完全没有谈及现实世界中具体的人物和地点,这种语境中的"其"还可以翻译为"将",因为整件事是未曾发生过的,但是严格意义上说,"其"表达的意思已经与纯粹的未来时间义有所不同。

春秋战国时期的《左传》《国语》《论语》《孟子》等语料中,"其"在语法分布和语义功能上有进一步的发展:在语法方面,"其"可以位于时间副词"将"左侧,如例(92),"将"是公认的表示未来时间的副词,它左侧的"其"不可能也表示时间,所以"其将"中的"其"可以分析为语气副词;在语义方面,"其"可以用于叙述泛时情况的句子,如例(93),甚至可以用于叙述当下或既往事情的句子,如例(94)。泛时句经常是讲道理,既然是道理,它在过去、现在和未来都可以成立。从这一点说,泛时句中的"其"与表示未来的副词"其"仍然可以建立联系,而对于叙述当下或过去的句子,"其"完全不再表示将来义,这时的"其"就是一个典型的语气副词。例如:

（92）吾闻姬姓唐叔之后，其后衰者也，<u>其将由晋公子乎</u>！（《左传·僖公二十三年》）

（93）有始有卒者，<u>其惟圣人乎</u>！（《论语·子张》）

（94）从者曰："君不命吾子，吾子请之，<u>其为选事乎</u>？"（《国语·鲁语上》）

姚振武（2015：181）认为表示拟测语气的"其₁"进一步引申为表示祈使语气的"其₂"，本书不同意这种观点，"其₂"修饰的 VP 都表示未然事件，但典型的"其₁"已经没有未然的含义，本书倾向于认为"其₂"来自时间副词"其"，后文会给出详细论证。

第三节　确定语气副词的来源与形成

一、必

《说文·八部》："必，分极也，从八、弋，弋亦声。"《古代汉语虚词词典》认为"必"字本义是房屋高处设置的判别标记[①]，杨琳（2012：41）认为这种解释依据的是已经发生讹变的小篆字形，是不准确的，他指出甲骨文中"必"字像立在地上的长柄戈，后来在这个意义上出现分化字"柲"，"柲"字就指器物的柄。因为柄固定在器物上，所以"必"最初可能表示"坚定、坚决"等意义。本书同意杨琳的观点。

巫雪如（2018：262-277）对于"必"的词性及其历史发展有如下认识：

第一，"必"在上古只有形容词和情态助动词用法，没有副词用法；［这是沿用了魏培泉（1982：36）的观点。］

第二，"必"可以表示"断然、决然""必然""必要/必须"等意义，表示后两种意义的"必"是情态助动词，它们最终来源于表示"断然、决然"的形容词"必"；

第三，形容词"必"最初作谓语，由形容词演变为情态助动词，在句法上是靠移位实现的，即［NPVP，必（也/矣）＞NP 必 VP］；

第四，"必"表示的若干种情态意义很可能是各自从表示"断然、决然"义的形容词直接引申而来。

---

① 参见中国社科院语言研究所古代汉语研究室编：《古代汉语虚词词典》，北京，商务印书馆，1999，第 23 页。

对于巫雪如的分析，本书认为部分内容（如关于语义引申的推导）有一定道理、可备一说，但是我们并不完全同意上述分析，理由如下：

首先，"必"在上古确实有形容词、情态助动词等语法功能，作为形容词的"必"可以作谓语，作为情态助动词的"必"位于否定词、疑问代词、时间副词"将"和"且"右侧，还可以出现于"所"字结构（参见本书第二章第二节第六部分的分析和举例），但是并不能就此否认"必"另有副词用法，证据除了"必"可以出现于时间副词"将"左侧以外，还有"必"可以出现于前置焦点成分的左侧，例如：

（95）其子曰："不筑，<u>必将有盗</u>。"（《韩非子·说难》）

（96）抑君臣日战，君曰"<u>余必臣是助</u>"，亦唯命。（《左传·昭公二十二年》）

例（96）的画线部分是由于焦点强调而产生的宾语前置句，根据已有研究，这种因强调而前置的宾语可以越过情态助动词和否定词，但不能越过时间副词和语气副词（魏培泉，1999；Aldridge，2010），既然"必"出现在"臣"左侧，显然它就不会是助动词，只可能是副词。

其次，虽然从"必"的字形和本义看，说"必"最初表示"断然、决然"义有一定的道理，但语料的实际情况与该说法有出入，"必"不见于西周金文，有观点认为金文的"弋"应该读为"必"，是语气副词，但已有多位学者否认这种看法（武振玉，2006：151），"必"在传世文献中最早见于《诗经》（小雅），"必"表示"必要"义，是道义情态，例如：

（97）维桑与梓，<u>必</u>恭敬止。（《诗经·小雅·小弁》）（毛传：父之所树，己尚不敢不恭敬）

《诗经》（国风）中"必"开始出现表示"必定"义的例子，但尚不能确定"必"的词性，《尚书》（商书）中出现一例表示"断然"义的"必"，也不能确定词性，有可能是副词，也可能是形容词用作方式状语，还有可能是助动词。这两种语料一般认为都是东周时期的作品（张玉金，2004：3-5），例如：

（98）何其处也？<u>必</u>有与也。（《诗经·邶风·旄丘》）

（99）夏德若兹，今朕<u>必</u>往。（《尚书·汤誓》）

但是表示"断然、决然"义并且作谓语的形容词"必"似乎是战国以后才出现于语料，例如《论语·子罕》的"毋意，毋必，毋固，毋我"，再如《韩非子·难二》的"刑重而必"。如果各种情态意义的"必"都来自形容词"必"，那么难以解释为什么这个作为词汇源头的形容词"必"在战国以前的语料里几乎见不到。

再次，类似地，如果想要证明上古汉语中情态词"必"是由移位而形成的，那么前提是"NPVP，必（也/矣）"在历史上早于"NP 必 VP"出现，但是恰恰相反，"NP 必 VP"至迟在春秋时期就出现了，而"NPVP，必（也/矣）"最早见于战国后期的语料。

最后，巫雪如（2018）想证明"必"所表达的意志义（动力情态）、"必要"义（道义情态）、"必然"义（认识情态）几乎同时产生，它们之间没有先后顺序和演变联系。不过，这种假设不符合情态语义发展的普遍规律，也不符合上古汉语语料的实际情况。英语等语言中存在"道义情态＞认识情态"的演变（Bybee et al.，1994：284），这个演变路径也能说明汉语情态助动词的演变现象（李明，2003；朱冠明，2008：129）。根据我们调查，在《今文尚书》，《诗经》（小雅、国风），《仪礼》等西周和春秋时期的语料中，表示道义情态的"必"占多数，有 23 例（占"必"在三种语料中出现总数的 88％），在《左传》（前八公）中，表示道义情态的"必"有 141 例（约占"必"出现总数的 69％）。以上虽然是个小范围调查，但也足以说明"必"的各种情态意义产生有先后顺序，它们之间甚至可能是此消彼长的关系。

"必"的语义发展历程可能是："必"最初表示"坚决、断然"，之后有"必要"义（道义情态）（但目前还不清楚这两个意思之间有什么联系），"必"从"必要"义可以发展出"必然"义（认识情态），表示"必要"义的"必"同时可以发展为在祈使句中加强语气的"必"[有学者把这种"必"的语义概括为"主观必要"，而认为陈述句中表示"必要"的"必"是"客观必要"（参见李明（2003）]。

在词性方面，表示客观必要的"必"是助动词，它只出现于"何""不"等词语右侧，表示"必然"义的"必"有助动词和语气副词两种词性，出现在"何""将"之后的"必"是助动词，出现在"将"前面的"必"是副词，下面只举助动词的例子：

(100)国之有是多矣，何必不反？（《左传·哀公元年》）
(101)将必越实有吴土。（《国语·吴语》）

表示主观必要的"必"有少数例子可见出现于否定词"无"或"勿"左侧，这些"必"可能是语气副词，例如：

(102)甲在门矣，子<u>必</u>无往。(《左传·昭公二十七年》)
(103)王<u>必</u>勿听也。(《战国策·魏三》)

至于祈使句中以肯定形式出现的"必"，则不容易判断其词性。

关于"必"的"必要"义和"必然"义的区分，巫雪如(2018：276)认为在具体的例句中经常无法做明确区分，例如下面例(104)—例(105)中"必"可以有两解：

(104)使者归，则<u>必</u>拜送于门外。若使人于君所，则<u>必</u>朝服而命之。使者反，则<u>必</u>下堂而受命。(《礼记·曲礼上》)
(105)子曰："如有王者，<u>必</u>世而后仁。"(《论语·子路》)

巫雪如认为上述"必"都可以做"必要"和"必然"两种解读，本书认为这些"必"只有"必要"义，不存在模棱两可的理解。例(104)出自《礼记》，古代"三礼"的性质是制度手册，大量篇幅都在讲述贵族阶层的行为规范，这种文体中"必"只可能是"必要"义；例(105)的句式是"X 而后 Y"，这种格式里 X 是 Y 的必要条件，"必"不能解释为"必定会"，而是表示"一定要"，邢昺《论语注疏》及其他许多《论语》注本都是这么解说的。①

我们分析语料并查阅相关的典籍故训之后，发现"必"的"必然"和"必要"两个意义的区分在大多数时候是清晰的，这印证了李明(2003)分析"道义情态＞认识情态"的语义发展时发现的一个现象，"必要"和"必然"两个意义没有共存、两可的阶段，这种现象往往说明相关的语义演变是隐喻诱发的。

二、诚₁、果₁、允、亶、信

上古汉语的语气副词"允""信""诚""果"可出现在陈述句中，表示说话者对命题为真的确认，相当于普通话的"真的、确实"。例如：

---

① 参见高尚榘主编：《论语歧解辑录》(下册)，北京，中华书局，2011，第717~718页。

（106）王犹<u>允</u>塞，徐方既来。（《诗经·大雅·常武》）（郑笺：允，信也）

（107）蔑也今而后知吾子之<u>信</u>可事也。（《左传·襄公三十一年》）

（108）挟太山以超北海，语人曰"我不能"，是<u>诚</u>不能也。（《孟子·梁惠王上》）

（109）孟尝君笑曰："客<u>果</u>有能也，吾负之，未尝见也。"（《战国策·齐四》）

（110）祈父！<u>亶</u>不聪。（《诗经·小雅·祈父》）

就副词功能而言，"诚""果"的共通点最多。其一，它们都能进入反复问句和特指问句，表示"到底、究竟"义（吕叔湘、徐仲华，1965；韩峥嵘，1984）。例如：

（111）故夫子胥争之以残其形，不争，名亦不成。<u>诚</u>有善无有哉？（《庄子·至乐》）

（112）郭君作色而怒曰："吾所以亡者<u>诚</u>何哉？"（《韩诗外传》卷六）

（113）吾观夫俗之所乐……亦未之不乐也。<u>果</u>有乐无有哉？（《庄子·至乐》）

（114）齐愍王亡居于卫，昼日步足，谓公玉丹曰："我已亡矣，而不知其故。吾所以亡者，<u>果</u>何故哉？我当已。"（《吕氏春秋·审己》）

（115）是究是图，<u>亶</u>其然乎？（《诗经·小雅·常棣》）

其二，"诚""果"还有关联副词的用法，见于条件句[①]。例如：

（116）<u>诚</u>如是也，民归之，由水之就下，沛然谁能御之？（《孟子·梁惠王上》）

（117）不行之谓临，有帅而不从，临孰甚焉？此之谓矣。<u>果</u>遇，必败。（《左传·宣公十二年》）（杜预注：遇敌）

---

① 条件句里"诚""果"的性质尚存在争议。韩峥嵘（1984）、刘景农（1994）认为是假设连词，李佐丰（2004）认为是语气副词，周法高（1961）、蒲立本（2006）认为是条件句标记。

共通功能多的词往往有相近演变脉络。郭锡良主编（1996）、张博（2003）、解惠全等（2008）都曾论及"诚""果"的演变，其结论大致相同，概括如下：

诚：形容词"真诚"＞语气副词"真的"＞关联副词

果：动词"实现"＞语气副词"真的"＞关联副词

这个构拟符合"主要范畴（名词、动词）＞中间范畴（形容词、副词）＞次要范畴（介词、连接词、指代词）"的语法化单向性斜坡（Hopper & Traugott，2003：107），可以成立。但学者们并没有详细分析这两个副词的产生和演变过程，这正是本节讨论的重点。

（一）"诚"

"诚"最初是形容词，表示心意真诚，描述人的道德品质，"诚"作宾语时受"其"修饰（"其"指代前文出现的某人），作谓语时带宾语"身""意"，作定语时修饰指人名词，作状语时搭配［＋意志］特征的主语（指人名词、身体器官名词"心"）。例如：

（118）物勒工名，以考其诚。（《礼记·月令》）（"其"指代"工"）

（119）诚身有道，不明乎善，不诚其身矣。（《孟子·离娄上》）

（120）欲修其身者，先正其心，欲正其心者，先诚其意。（《礼记·大学》）

（121）是故非诚贾不得食于贾，非诚工不得食于工。（《管子·乘马》）

（122）申伯还南，谢于诚归。（《诗经·大雅·崧高》）（孔颖达疏：言谢于诚归，正是诚心归于谢国）

（123）康诰曰"如保赤子"，心诚求之，虽不中不远矣。（《礼记·大学》）

"诚"或与表美好品质的形容词组成联合短语，或与"伪""诈"对举。例如：

（124）昔高阳氏有才子八人：苍舒、隤敳、梼戭、大临、尨降、庭坚、仲容、叔达，齐、圣、广、渊、明、允、笃、诚，天下之民谓之八恺。（《左传·文公十八年》）

（125）故曰："巧诈不如拙诚。"（《韩非子·说林上》）

（126）穷本知变，乐之情也。著诚去伪，礼之经也。（《礼记·乐记》）

　　形容词虚化为副词的条件是经常作状语（杨荣祥，2001）。有些学者相信"诚"是因为常处在状语位置才会虚化为副词（洪波，1998）。但是上古文献的事实不支持这种看法。因为：A. 形容词"诚"作状语不多（见表3-1）；B. 作状语的形容词"诚"和确定语气副词"诚"句法分布不同：形容词"诚"只修饰行为动词，搭配[＋意志]特征的施事主语，与"伪"对举，语气副词"诚"在早期多见于"也"字判断句，搭配名词谓语，主语是解说、认识的对象，"真诚"和"的确"二义不存在可作双重理解的例子。例如：

　　（127）彼以爱兄之道来，故诚信而喜之，奚伪焉？（《孟子·万章上》）

　　（128）以德服人者，中心悦而诚服也，如七十子之服孔子也。（《孟子·公孙丑上》）

　　（129）知者明于事，达于数，不可以不诚事也。（《荀子·大略》）

表 3-1　形容词"诚"的语法功能

	诗经	周易	左传	国语	论语	孟子	庄子	墨子	荀子	韩非	总计
主宾语	0	2	0	1	0	2	4	3	8	9	29
谓语	0	0	1	1	1	5	2	0	11	2	23
定语	0	0	0	0	0	0	0	0	2	3	5
状语	1	0	0	0	0	2	0	6	10	1	20

　　我们认为，形容词"诚"演变为确定语气副词至少要经过两个阶段：首先是"诚"的词义泛化，其次是语法属性的改变。演变过程详述如下：

　　形容词"诚"包含两个义素：[心意]＋[真实]，词义泛化就是失去限定性义素[心意]，表现为"诚"搭配名词的范围扩大。"诚"最初搭配指人名词，《论语》中有一例作谓语的"诚"搭配的主语是"言"，这是词义泛化的开始。例如：

　　（130）"善人为邦百年，亦可以胜残去杀矣。"诚哉是言也！（《论语·子路》）

　　战国时期，"诚"既可搭配无生名词，也可搭配指称化了的动词，"诚"已经和"真诚"义相去甚远，产生出"真正、真实"义，这样的"诚"仍是形容词。例如：

(131)吾与之乘天地之诚，而不以物与之相撄。(《庄子·徐无鬼》)(成玄英疏：诚，实也。乘二仪之实道)

(132)刑罚不怒罪，爵赏不逾德，分然各以其诚通。是以为善者劝，为不善者沮。(《荀子·君子》)("其"指代前文的"罪"与"德")

(133)孔子、墨子俱道尧、舜，而取舍不同，皆自谓真尧、舜，尧、舜不复生，将谁使定儒、墨之诚乎？(《韩非子·显学》)

(134)且虞庆诎匠也而屋坏，范且穷工而弓折。是故求其诚者，非归饷也不可。(《韩非子·外储说左上》)

(135)人主胡不广焉，无恤亲疏，无偏贵贱，惟诚能之求？(《荀子·王霸》)(能：有才能)

上述各个"诚"根据上下文语境可以有灵活的语义理解，如例(131)的"诚"指原本的规律，例(132)的"诚"指实际情况，例(133)的"诚"指的是真面目，例(134)"求其诚"即"责求实效"。理解的多样化反映出"诚"的泛化程度，但是[真实]这个义素没有改变。进而，"诚"修饰指人名词或指称化的动词时，可以和中心语一起作"谓"的宾语。例如：

(136)人不忘其所忘而忘其所不忘，此谓诚忘。(《庄子·德充符》)

(137)率道而行，端然正己，不为物倾侧，夫是之谓诚君子。(《荀子·非十二子》)

"A，此/是谓 B""A，是之谓 B""A，B 之谓也"等格式在功能上与判断句有相通之处，它们都表示 A 和 B 具有同一、类属关系。所以"诚＋指人名词"也可以出现在判断句"A，B 也"或感叹兼判断句"A 岂不 B 哉"的 B 位置上。例如：

(138)尹士闻之曰："士诚小人也。"(《孟子·公孙丑下》)
(139)公孙衍、张仪岂不诚大丈夫哉！(《孟子·滕文公下》)

这两例"诚"反映了演变的临界状态，"诚小人也"既可理解为"真的是小人"，也可理解为"是真正的小人"，作后一种理解时，"非"置于"诚"前。例如：

(140)法先王，顺礼义，党学者，然而不好言，不乐言，则必<u>非诚</u>士也。(《荀子·非相》)

当"A，诚B也"中A、B两个位置出现的NP不限于指人，而且B本身是定中结构时，"诚"只能解读为副词，"非"必须出现在"诚"之后。例如：

(141)叔术觉焉，曰："嘻！<u>此诚尔国也</u>夫！"(《公羊传·昭公三十一年》)

(142)黄帝曰："夫为天下者，则<u>诚非吾子</u>之事。虽然，请问为天下。"(《庄子·徐无鬼》)

战国中晚期，形容词、存在动词、助动词短语、行为动词陆续进入"A，诚B也"，"诚"搭配这些述谓性强的成分，表明它已实现了从形容词向副词的转变。例如：

(143)今谓宰相曰"子行如仲尼、墨翟"，则变容易色称不足者，<u>士诚贵</u>也。(《庄子·盗跖》)

(144)虽隐于穷阎漏屋，人莫不贵之，<u>道诚存</u>也。(《荀子·儒效》)

(145)是何也？曰：然！<u>彼诚可羞</u>称也。(《荀子·仲尼》)

(146)襄者闻季之不为文也，故欲杀之；今<u>诚为文</u>也，岂忘季哉？(《韩非子·外储说右上》)

(二)果

"果"的本义是树的果实(《说文·木部》："果，木实也。从木，象果形，在木之上。")，这个意思的"果"在上古早期作主语、宾语、定语。例如：

(147)<u>果</u>赢之实，亦施于宇。(《诗经·豳风·东山》)

(148)既练，舍外寝，始食<u>菜果</u>，饭素食，哭无时。(《仪礼·丧服》)

(149)<u>硕果</u>不食，君子得舆，小人剥庐。(《周易·剥卦》)

引申为名词"结果"义,在先秦文献中多指战果。例如:

(150)大军之后,必有凶年。善有果而已,不敢以取强。(《老子》第三十章)

后引申为"实现"义,是不及物动词,经籍旧注以"成"释"果"。例如:

(151)以邦事作龟之八命:一曰征,二曰象,三曰与,四曰谋,五曰果。(《周礼·春官·大卜》)(郑玄注引郑司农云:果谓成事与不也)

(152)言必信,行必果。(《论语·子路》)(皇侃义疏:果,成也)

典型的不及物动词"果"常出现在两种格式中:"NP+(Adv)+果"和"(Adv+)果+VP",其中 NP 是受事(或当事)主语,VP 是使动宾语。例如:

(153)若是道也果,可以教训,何败国之有!(《国语·晋语八》)

(154)克告于君,君为来见也。嬖人有臧仓者沮君,君是以不果来也。(《孟子·梁惠王下》)

(155)卫献公出奔,反于卫,及郊,将班邑于从者而后入。柳庄曰:"如皆守社稷,则孰执羁靮而从?如皆从,则孰守社稷?君反其国而有私也,毋乃不可乎?"弗果班。(《礼记·檀弓下》)

(156)延州来季子其果立乎?巢陨诸樊,阍戕戴吴,天似启之,何如?(《左传·襄公三十一年》)

(157)以其五贤陵人,而以不仁行之,其谁能待之?若果立瑶也,智宗必灭。(《国语·晋语九》)

上举各例谈论的主题都是结果实现与否,画线部分都是非现实句(假设、否定、拟测),"果"搭配的 NP、VP 是未实现的,VP 是主使者有意实施的自主行为,"果"的"(使……)实现"义很强,是句子的核心动词,证据就是"果+VP"中 VP 能承前省略,"果"不能省略。例如:

(158)郑公孙黑将作乱,欲去游氏而代其位,伤疾作而不果。(《左传·昭公二年》)

（159）归告褚师比，<u>欲与之伐公</u>，<u>不果</u>。（《左传·哀公十五年》）

（160）<u>固将朝也</u>，闻王命而遂<u>不果</u>，宜与夫礼若不相似然。（《孟子·公孙丑下》）

值得注意的是下面一例：

（161）越王勾践即位三年而<u>欲伐吴</u>。……王曰："无是贰言也，吾已断之矣！"<u>果兴师而伐吴</u>，战于五湖，不胜，栖于会稽。（《国语·越语下》）

例（161）的画线部分在形式上和前文列举的［果＋使动宾语］没有不同，"伐吴"是勾践有意实施自主行为，但此例的特殊之处在于整段话是追忆往事，"兴师而伐吴"已经实现，这时候"果"的意义开始虚化。"果"用于已然语境的例子又如：

（162）<u>晋侯在外</u>，十九年矣，<u>而果得晋国</u>。（《左传·僖公二十八年》）

（163）<u>佞之见佞</u>，<u>果丧其田</u>。诈之见诈，果丧其赂。（《国语·晋语三》）

这两例"果"偏离动词用法更远，"得晋国""丧其田"都是非自主的终结性事件，"丧"还是非意愿性的，此时"果"只起确认 VP 实现的作用，在"果＋VP"中降位为附加语，VP 成为表述重心，提升为主要动词。春秋战国时，"果"修饰的 VP 约有半数是动态性的事件，这些"果"还保有"实现"义的痕迹。例如：

（164）（晋师）退三舍避楚。楚众欲止，子玉不肯，至于城濮，<u>果战</u>，楚众大败。（《国语·晋语四》）

（165）郑人有一子，将宦，谓其家曰："必筑坏墙，<u>是不善人将窃</u>。"其巷人亦云。不时筑，<u>而人果窃之</u>。（《韩非子·说林下》）

（166）文子曰："吾尝好音，此人遗我鸣琴；吾好佩，此人遗我玉环；是振我过者也。以求容于我者，<u>吾恐其以我求容于人也</u>。"乃去之。<u>果收文子后车二乘而献之其君矣</u>。（《韩非子·说林下》）

（167）子韦还走，北面载拜曰："臣敢贺君。天之处高而听卑。

君有至德之言三，天必三赏君。今夕荧惑其徙三舍，君延年二十一岁。"……是夕荧惑果徙三舍。(《吕氏春秋·制乐》)

例(164)的"果"可理解成"终于"，例(165)—例(167)还有所说、所料与事实符合的含义，"果"理解为"果真、果然"，这种用法在战国时期占主流，但是，因为这些例句的 VP 都有[＋动态]的特征，所以"果"和时间范畴还存在联系。实质性的变化见于以下各例：

(168)卫有恶人焉，曰哀骀它。……寡人召而观之，果以恶骇天下。(《庄子·德充符》)

(169)王令人发平府而视之，于故记果有，乃厚赏之。(《吕氏春秋·至忠》)

以上各例虽然是已然语境，但形容词"恶"、存在动词"有"等是静态情状，它们不随时间而改变，也就无所谓实现结果，与这些谓词搭配时"果"的时间义退隐，语气层面上的确认义越来越明显，当"果"出现在判断、推论等与时间无关的语境时，就是一个典型的语气副词了，例如《庄子·人间世》："此果不材之木也，以至于此其大也。"

(三)允

在西周和春秋战国语料中，"允"既有确定语气副词用法(见本节例(106))，也有形容词用法，表示"真实、诚信"等意思，例如(引自姚振武，2015：40)：

(170)彝昧天令，故亡，允哉显！(班簋)

(171)允矣君子，展也大成。(《诗经·小雅·车攻》)

(172)命汝作纳言，夙夜出纳朕命，惟允。(《尚书·尧典》)

根据语法化理论关于词类范畴演变的假设，"允"的语气副词用法应当脱胎于形容词用法，但是姚振武(2015：41)提出不同的意见，他认为"允"先有语气副词用法，而后出现形容词用法，两者在语义上有联系，演变方向应该是"语气副词＞形容词"，这与语法化单向性规律相反，是一种"逆演变"。姚振武得出此结论的理由是：甲骨文中的"允"只能作状语，通常被分析为语气副词，西周以后"允"才能作谓语，所以"允"的发展与常见的语法化方向相反。

本书不同意这种看法，虽然甲骨文中许多"允"可以翻译为"真的、确实"，但不能证明"允"的语法性质就是语气副词，陈梦家（1956/1988）发现甲骨文有"弗允出"和"不允出"的说法，既然"允"可以出现于否定词和行为动词之间，那么这样的"允"一定不是语气副词，姚萱（2005）发现甲骨卜辞中有"不允水"的说法，与"允其水""不其水"等相对照，我们推断"允"和"其"一样，在甲骨文中尚有助动词的性质，但也有开始向副词发展的痕迹。因此，我们认为西周以后出现的语气副词"允"，或者直接来自助动词"允"，或者是由助动词先发展为形容词，再变成语气副词，由于目前上古早期资料有限，还不能完全确定"允"的演变路径，但可以肯定的是，"允"的演变不构成语法化单向性假设的反例。

（四）亶

《说文·亶部》："亶，多谷也。从亶旦声。""亶"字的本义是粮食丰足，段玉裁《说文解字注》认为"亶"由该本义引申出"厚也，信也，诚也"等意义①，成为形容词。"亶"在上古确实有形容词用法，表示"真实、诚实"，最早见于《诗经》（大雅），例如：

（173）靡圣管管，不实于亶。（《诗经·大雅·板》）（郑笺：不能用实于诚信之言）

《今文尚书》有两处"亶"，伪孔《传》等注疏资料都训释为"诚"，但顾颉刚、刘起釪《尚书校释译论》认为《尚书》的"亶"本字都应该是"殫"，表示"尽"的意思②，所以本书姑且不把这两处作为形容词"亶"的例证，例如：

（174）乃话民之弗率，诞告用亶。（《尚书·盘庚中》）
（175）汝明勖偶王在（哉）！亶乘兹大命。（《尚书·君奭》）

在《诗经》（二雅）中，有些"亶"可以作语气副词"真的、确实"理解，它修饰形容词或系动词"侯"（"侯"有"维"的意思，可以看作系动词），例如：

---

① 参见宗福邦、陈世铙、萧海波主编：《故训汇纂》，北京，商务印书馆，2003，第76页。
② 参见顾颉刚、刘起釪：《尚书校释译论》（第二、三册），北京，中华书局，2005，第902页、第1586页。

(176)上帝居歆，胡臭亶时。（《诗经·大雅·生民》）（王先谦集疏："亶时"犹云"诚善"也，郑笺失之）

(177)择三有事，亶侯多藏。（《诗经·小雅·十月之交》）（毛传：信维贪淫多藏之人）

"亶"不见于西周金文，在传世语料中出现时也不表示"多谷"义，所以形容词"亶"是否来自表示"多谷"义的"亶"目前尚无法求证，但是根据现有的语法化规律，以及本节对于"诚"的语义演变过程的梳理，可以肯定表示确定语气副词的"亶"来自其形容词用法。

春秋时期的语料《仪礼》中有一例"亶"，其例句与(176)相似，"亶"修饰"时"，可见"亶"的搭配范围并没有继续发展，例如：

(178)旨酒既清，嘉荐亶时。（《仪礼·士冠礼》）

《左传》《论语》等战国早期的语料中没有副词"亶"的用例，战国后期的《荀子》中有一例，不过该例中"亶"有两种解释，一种认为是"擅"的借字，另一种认为是确定语气副词，相当于"诚"，例如：

(179)相国之于胜人之执，亶有之矣。（《荀子·强国》）（杨倞注：亶读为擅，本亦或作擅，或曰：亶，诚也）

西汉时期的语料里没有语气副词"亶"。

（五）信

《说文·人部》："信，诚也。从人从言。"陈初生（1987：249）说"信"字在金文中"或从口人声，或从言千声，或从言身声"。在《诗经》和《今文尚书》中，"信"有形容词和动词两种用法，分别表示"真诚、诚实"义和"相信"义，例如：

(180)谓予不信，有如皦日。（《诗经·王风·大车》）

(181)曰："小人怨汝詈汝。"则信之。（《尚书·无逸》）

本书认为形容词用法产生在先，动词是在形容词"信"的意动用法基础上形成的，因为用作动词的"信"是及物动词，需要带宾语，所以动词"信"与后来的语气副词用法没有关系，语气副词"信"应该脱胎于形容词。

根据前文分析，形容词发展为副词的句法基础是作状语，《诗经》(大雅)有一例：

(182)申伯信迈，王饯于郿，申伯还南，谢于诚归。(《诗经·大雅·崧高》)

对于"申伯信迈"，以往有两种解释：孔颖达《正义》说"心开意解，申伯于是信实欲行"①，这是把"信"理解为确定语气副词；朝鲜王朝时期(14—19世纪)的《诗义》的解说是"必迈而无疑回不决之意，则申伯之仁信乎其屏翰，而岂不信于其迈乎？"②似乎把"信"解释为描述心理状态的形容词，意思相当于"真诚、决定不疑"。两种解说各有道理，此例中"信"是否是语气副词尚不能十分肯定。

《左传》《论语》等战国初期的语料中，有确凿无疑的例句证明"信"是表示确定语气的副词，它可以修饰形容词谓语、动词谓语和名词谓语，例如：

(183)古也有志："克己复礼，仁也。"信善哉！(《左传·昭公十二年》)

(184)公使视之，则信有焉。(《左传·襄公二十六年》)

(185)信吾过也，季子之言不可不法也。(《国语·鲁语上》)

《论语》和《孟子》中，"信"可以出现于条件句，但因为条件句的内容对上文有重复，所以这种句子的"信"仍然是语气副词，不能视为连词，这种用法的"信"在战国后期和西汉语料中基本消失，例如：

(186)信能行此五者，则邻国之民仰之若父母矣。(《孟子·公孙丑上》)

《孟子》以后，"信"出现于是非问句，但是它的基本意义也没有变化，直到西汉语料中，还能够发现零星的"信"出现于是非问句的例子，但是

① 参见(唐)孔颖达疏、龚抗云等整理：《毛诗正义》(下册)，北京，北京大学出版社，1999，第1215页。

② 资料来自成均馆大学"韩国经学资料系统"(http://koco.skku.edu/CHN/content/bun-main.jsp? btype=2)。

这些例子所记录的都是先秦故事，想必这是一种仿古现象，在西汉的实际语言中已经消失，例如：

(187)夫夷子，信以为人之亲其兄之子为若亲其邻之赤子乎？（《孟子·滕文公上》）

(188)纣怒曰："吾闻圣人之心有七窍，信有诸乎？"（《史记·宋微子世家》）

(189)哀公问于孔子曰："寡人闻之，东益宅不祥，信有之乎？"（《新序·杂事》）

三、实、真、慎、审

（一）实

《说文·宀部》："富也，从宀从贯。贯，货贝也。"段玉裁《说文解字注》认为从字形看，"实"字的本义是"以货物充于屋下"，春秋时期的语料《仪礼》中，"实"用作动词，表示"填充、放置"，这个意思也许直接脱胎于"实"的本义，例如：

(190)若杀，则特豚，载合升，离肺实于鼎。（《仪礼·士冠礼》）
(191)主人坐取爵，实之，宾之席前，西北面献宾。（《仪礼·乡饮酒礼》）

在《诗经》(小雅、国风)中，"实"可以用作名词，表示"果实"义，段玉裁《说文解字注》认为是"实"字本义的进一步引申，例如：

(192)有杕之杜，有睍其实。（《诗经·小雅·杕杜》）
(193)果臝之实，亦施于宇。（《诗经·豳风·东山》）

在《国语》中，表示"果实"义的"实"开始出现比喻的用法，例如：

(194)中不胜貌，耻也；华而不实，耻也。（《国语·晋语四》）
(195)阳子华而不实，主言而无谋，是以难及其身。（《国语·晋语五》）

例(194)用"华"(花色)比喻"貌"外表，用"实"(果实)比喻衷情，由此引申出"实际、实效、真实情况"等意思，这些意思的"实"是名词，例如：

(196)夫越非实忠心好吴也。(《国语·吴语》)

(197)夏后氏五十而贡，殷人七十而助，周人百亩而彻，其实皆什一也。(《孟子·滕文公上》)

"实"可以出现于状语位置，表示"真实、实际"，例如：

(198)郑贾人有将置诸褚中以出。既谋之，未行，而楚人归之。贾人如晋，荀䓨善视之，如实出己。(《左传·成公三年》)

"实"在这里不是语气副词，因为"实出己"作动词"如"的宾语，语气副词不出现于"如"的宾语中(参见本书第二章第二节第八部分分析)。虽然如此，后来的语气副词"实"脱胎于这种作状语的"实"，表示确定语气的副词"实"出现于战国后期的《吕氏春秋》，例如：

(199)妇人曰："公虽亡缁衣，此实吾所自为也。"(《吕氏春秋·淫辞》)

(200)今寡人实不若先生，愿得传国。(《吕氏春秋·不屈》)

(201)贯高至，对狱，曰："独吾属为之，王实不知。"(《史记·张耳陈馀列传》)

在《荀子》等战国中后期语料中，"实"出现一种用法："(其)实"出现于动词之前，上下文中有"名""号""言""绐"等名词与之相对。本书认为这样的"实"无疑是名词，而且至少在上古汉语中，这种语境中的"实"并没有演变为副词，例如：

(202)然则主有人主之名，而实托于群臣之家也。(《韩非子·有度》)

(203)号有百乘之守，而实无尺壤之用，故谓托食之君。(《管子·国蓄》)

(204)甘茂与昭献遇于境，其言曰收玺，其实犹有约也。(《战国策·韩二》)

(205)高祖为亭长,素易诸吏,乃绐为谒曰"贺钱万",<u>实</u>不持一钱。(《史记·高祖本纪》)

(二)真、慎

《说文·匕部》:"真,仙人变形而登天也。"这个意思的"真"几乎不见于上古语料,"真"最早出现于《庄子》,用作名词时表示"自然、本真",在具体语境中也转指人的身体、性命等概念,例如:

(206)人特以有君为愈乎已,而身犹死之,而况其<u>真</u>乎!(《庄子·大宗师》)(郭象注:夫真者,不假于物而自然也)
(207)见利而忘其<u>真</u>。(《庄子·山木》)(成玄英疏:真,性命也)

用作形容词的"真"表示"真实、真诚"等意思,例如:

(208)其知情信,其德甚<u>真</u>。(《庄子·应帝王》)
(209)其为人也<u>真</u>。(《庄子·田子方》)

在《庄子》《荀子》《韩非子》《吕氏春秋》等战国中后期语料中,"真"已经开始有语气副词的用法,在战国语料中,"真"作为语气副词基本上只搭配名词谓语,例如:

(210)此<u>真</u>先君子之言也。(《荀子·非十二子》)
(211)是<u>真</u>吾守法之臣也。(《韩非子·外储说右上》)
(212)齐王曰:"此<u>真</u>所谓士已。"(《吕氏春秋·正名》)

根据这个分布特点,本书认为"真"的来源和形成渠道与"诚"类似,最初是表示"真实不伪"的形容词,后来作为定语修饰名词词组,即"真+NP",在这种语境中发生重新分析,由"真正的NP"重新理解为"真NP"。

在西汉时期,修饰名词谓语仍然是副词"真"的主流分布,不过这时出现了"真"修饰系动词、情态助动词的例子,例如:

(213)此<u>真可以</u>说当世之君矣!(《战国策·秦一》)
(214)子<u>真为</u>勇悍矣。(《说苑·善说》)

"慎"只在《诗经》(小雅)中出现过两次，毛《传》翻译为"诚也"，朱熹《诗集传》翻译为"审"①，基本可以肯定它是表示确定语气的副词，但其来源尚不明确，例如：

(215)昊天已威，予慎无罪；昊天大幠，予慎无辜。(《诗经·小雅·巧言》)

(三)审

"审"作为确定语气副词最早见于西汉，可以出现于是非问句、条件句，例如：

(216)贯高喜曰："吾王审出乎？"(《史记·张耳陈馀列传》)

(217)若吾子之语审茂，则一诸侯之相也，亦未逢明君也。(《大戴礼记·卫将军文子》)(孔广森补注：审茂，信美也)

"审"的分布类似于"诚"和"信"，所以解惠全等(2008：617)认为副词"审"也来自表示"真实"的形容词，这种观点有一定道理，近义词经常具有相同的演变模式，反过来说，几个分布和语义上接近的虚词，也很可能具有相同的语义来源。然而，"审"的形容词用法在上古语料中未能坐实，上古汉语的"审"究竟有没有形容词"真实"义，这个意义来自哪里，这些问题目前还不清楚。

第四节　非预期副词的来源与形成

一、曾、憯、宁

(一)"曾""憯""宁"的来源

上古汉语的"曾""憯(憯、朁)""宁"最早都出现于《诗经》(二雅)，这三个词语法、意义和读音上都有相通点。在语法分布方面，它们都主要见于否定句和特指问句，位置在否定词前、疑问词后；在读音方面，"憯(憯、朁)"(*tshəm)与"曾"(*tsəŋ)从清旁纽、蒸侵通转，王力(1982：

---

① (宋)朱熹注、赵长征校：《诗集传》，北京，中华书局，2011，第187页。

317)认为是同源词，"宁"(* nyeŋ)被认为是"而曾"的合音词(俞敏，1985)①；在语义方面，它们表示偏离预期，在典籍故训中互训，都可用"竟然"对译。例如：

(218)胡宁瘨我以旱？憯不知其故。(《诗经·大雅·云汉》)(郑笺：天何曾病我以旱？曾不知为政所失而致此害)

(219)民言无嘉，憯莫惩嗟！(《诗经·小雅·节南山》)(毛传：憯，曾也)

(220)心之忧矣，宁莫之知！(《诗经·小雅·小弁》)(郑笺：宁，犹曾也)

(221)先祖匪人，胡宁忍予！(《诗经·小雅·四月》)(郑笺：宁，犹曾也)

"宁"和"憯"不见于战国和西汉语料，而"曾"最初与"宁"和"憯"一样，单纯表示偏离预期，但它后来发展出焦点强调用法。通过比较"曾""憯""宁"可以看出"曾"的强调用法是后起的，具体表现在对宾语前置类型的选择上。上古汉语的宾语前置有两种：A. 否定句代词宾语前置，宾语移至否定词和动词之间，宾语和动词之间不添加标记，这种前置受句法驱动，可能是为了满足宾格赋值的要求(valuing structural case)(Aldridge，2015)。B. 名词(组)、动词(组)、各种代词作宾语前置，宾语总是移至否定词左侧，宾语前可以有"唯(惟)"强调，宾语后往往加"是""之""斯""于""云"呼应(殷国光，1985)，这种前置受语用促动，前置宾语是被强调的焦点(Aldridge，2010)。例如：

(222)不患人之不己知，患不知人也。(《论语·学而》)

(223)栾黡曰："晋国之命，未是有也。余马首欲东。"(《左传·襄公十四年》)

(224)君惟人肉未尝。(《韩非子·难一》)

(225)吾斯之未能信。(《论语·公冶长》)

"曾"只选择第二种宾语前置(焦点移位句)，例如：

---

① "宁""曾"可能是同源词，上古的精母、清母偶尔与泥母相谐(吴安其，2005)，它们是耕蒸旁转。

(226)终逾绝险，<u>曾是不意</u>！(《诗经·小雅·正月》)

"憯"字句没有宾语前置，"宁"只选择第一种宾语前置。例如：

(227)胡能有定？<u>宁</u>不我顾。(《诗经·邶风·日月》)

上文说过，"憯""宁"只见于《诗经》，不见于其后的文献，"曾"出现于焦点强调句最早见于《诗经》，仅有 2 例，战国和西汉文献有 7 例，看来在这三个语源关系密切的词语中，强调用法为"曾"所独创，并随着时间推移而扩散传播。

关于语气副词"曾"的来源，目前有两种观点：

第一，认为表示语气的"曾"(竟然)与表示时间的"曾"(曾经)本来是一个词。袁仁林《虚字说》："'曾'字有正反二用：正用言其向曾如此(与'尝'字同)，反用带有诘问意。"[1]受这种观点影响，俞敏(1987：143)认为《诗经》里的"曾不容刀"意思就是"不曾容刀"；

第二，认为副词"曾"来自于疑问词。西汉扬雄《方言》卷十："'曾''訾'，何也。湘潭之原、荆之南鄙谓'何'为'曾'，或谓之'訾'，若中夏言'何为'也"。杨树达批：此今"怎"字之始)，钱绎《方言笺疏》、章炳麟《新方言》、黄侃《蕲春语》都赞同"曾"与"何"同义[2]。受这些观点影响，解惠全等(2008：49)认为"曾"作"何"解是方言现象，进入通语以后主要作语气副词用。

对于第一种看法，本书认为表示时间的"曾"和表示语气的"曾"既不是一个词语的两种语境变体，又没有历时的源流关系。因为它们的分布完全没有交叠，不存在演变的沟通管道：1. 时间义的"曾"主要见于肯定陈述句，语气义的"曾"基本只见于否定陈述句和疑问句；2. 在与否定词连用时，时间义的"曾"只在否定词右侧，语气义的"曾"只在否定词左侧；3. 时间义的"曾"可出现于定语小句，语气义的"曾"不可以；4. 时间义的"曾"与"曷"搭配时句子表示反问，语气义的"曾"与"何"搭配时句子表示惊异。在否定词右侧、出现于定语小句是句法层次低的表现，时间义句法层次低于语气义。根据 Cinque(1997)，副词演变是一个爬升过程，演变后的副词应当占据更高的句法层次，"语气义＞时间义"有悖于副词演

---

[1] 参见(清)袁仁林著、解惠全译注：《虚字说》，北京，中华书局，1989，第 100 页。

[2] 参见(汉)杨雄撰，华学诚汇证：《扬雄方言校释汇证》，北京，中华书局，2006，第 642 页。

变的规律。

(228)失民心而立功名者，未之曾有也。(《吕氏春秋·顺民》)

(229)梁王以此怨盎，曾使人刺盎。(《史记·袁盎晁错列传》)

(230)舍此而按之彼者，曷曾可得也？(《鹖冠子·天则》)

(231)今引未曾有之祸，以自誓于子路，子路安肯解而信之？(《论衡·问孔》)

表3-2 上古和中古部分语料中表示已然时间的"曾"的分布

	吕氏春秋	公羊传	说苑	史记	论衡	东观汉纪	吴越春秋	抱朴子	搜神记
肯定∶否定	0∶1	1∶0	1∶1	7∶1	4∶3	1∶3	1∶0	16∶1	6∶0
陈述∶疑问	1∶0	1∶0	1∶1	8∶0	7∶0	4∶0	1∶0	17∶0	6∶0
定语小句	0	0	0	0	2	1	0	2	0

对于第二种看法，本书认为"曾"与疑问词没有关联，理由是：1. 读音。上古时代功能近似的疑问词其读音(主要是声母)也接近，指人的"谁""孰"是ȥ系，指物的"何""胡""曷""奚"是ɣ系，指处所的"恶""安""焉"是Ø系(王力，1980：286—291；松江崇，2006)，"曾"是精母字(ts-)，与指物的"何""胡"读音相隔太远；2. 疑问词并列连用。"何""曾"(包括"胡""宁")在一句话内同现，如果"曾""宁"是疑问词，那么"何曾""胡宁"就成了疑问词并列连用，这不符合上古汉语疑问词的分布规律，上古时期除了战国以后的语料里有7例指人的"谁何、何谁、孰谁"外(王海棻，1982)，再也见不到其他疑问词连用的例子。有些"谁何"是从"问……谁，问……何"结构省缩来的惯用语(李明，2004)，看来，就连"谁孰、谁何"都不一定是真的并列连用。例如：

(232)良将劲弩，守要害之处；信臣精卒，陈利兵而谁何。(《史记·秦始皇本纪》)

(233)秦王闻而走之，冠带不相及，左奉其首，右濡其口，勃苏乃苏。秦王身问之："子孰谁也？"(《战国策·楚一》)

(234)(吴王)笑而应曰："我已为东帝，尚何谁拜？"(《史记·吴王濞列传》)

对于解惠全等(2008：49)说"曾"有"何"义是方言现象的观点，本书也不同意，因为：首先，从《诗经》《论语》《孟子》等早期语料看，"曾"的出现没有明显的地域倾向。其次，"方言现象"说可能把历史线索弄反了，真实情况也许是"曾"最初是语气副词，后来发展出反问的语用意义，某些地域的人将其误解为表示疑问，并被扬雄记录下来，"曾"训"何"反映的是汉代方言的创新而非先秦方言遗存。最后，"方言现象"说也不能解释"曾"与典型疑问词系列读音的隔阂。

综上所述，目前语气副词"曾""憯""宁"的来源仍不清楚。

(二)"曾"发展为强调词

最早出现的"曾"有些没有强调用法，战国西汉时期的"曾"强调、非预期两种用法经常并存于一句话，例如：

(235)吾所以待侯生者备矣，天下莫不闻，今吾且死而侯生曾无一言半辞送我，我岂有所失哉？(《史记·魏公子列传》)

(236)傍偟乎海外，吞若云梦者八九，其于胸中曾不蒂芥。(《史记·司马相如列传》)

(237)夫是之谓上愚，曾不如相鸡狗之可以为名也。(《荀子·儒效》)

(238)由是观之，生王之头，曾不若死士之垄也。(《战国策·齐四》)

而魏晋时期有些"曾"只强调极端，基本不带有意外语气。可以对照下面两例，它们文辞相近，但例(239)的"曾"有意外语气，而例(240)"曾"字句和前面的"以君之力"是顺承关系，这是魏晋时期的新发展[1]，例如：

(239)犄鲁国化而为一心，曾无与二，其何暇有三？(《晏子春秋·内篇问下》)

(240)其妻献疑曰："以君之力，曾不能损魁父之丘，如太形、王屋何？且焉置土石？(《列子·汤问》)(张湛注：魁父，小山也｜杨伯峻集释：《太平御览》引《淮南子》云：牛蹄之涔，无经尺之鲤；魁父之山，无营宇之材：皆其狭小而不能容巨大)

---

[1] 《列子》是出于晋人之手的伪书(张永言，1991)。

（三）"曾"发展为负极词（NPI）

多数副词"曾"出现的语境有以下特点：A. 上下文义、前后句义有逆反转折；B. "曾"标引极端数量、程度或事例；C. 句子传达负面消极情绪。至少要满足有 A、B、C 中的两点，"曾"才是比较地道的非预期副词。上古汉语中有些句子同时满足上述三点，见例（241），有些句子只具备其中一、两点，见例（242）。例如：

（241）今寡人之邦，居诸侯之间，曾不如秋毫。举事不当，又安亡逃！（《史记·龟策列传》）

（242）随侯之珠，国宝也，然用之弹，曾不如泥丸。（《说苑·杂言》）

按照上述标准衡量，下面两段话的"曾"不适合翻译或理解成"竟然、却"。例（243）是假设情境、前后文是顺承关系、"曾"引入的不是极端情况、语段表示中性的情绪；例（244）前后文也是顺承关系，"疾走"不是极端情况。例如：

（243）比三君死，旷年无君，设以齐取鲁，曾不兴师，徒以言而已矣。（《公羊传·闵公二年》）[比较：对吏曰："殊不见人，徒见金耳。"（《吕氏春秋·去宥》）]

（244）老臣病足，曾不能疾走，不得见久矣。（《战国策·赵四》）[比较：靖郭君之于寡人一至此乎！寡人少，殊不知此。（《战国策·齐一》）]

"曾不兴师"是说根本不用兴师，"曾不能疾走"相当于说完全不能快跑。"曾"的分布和诠释很像"殊"（意思接近于"根本、完全"），它作用是加强否定，类似于 at all、ever、"从来""丝毫"等负极词（Negative Polarity Item）。这种加强否定的"曾"是从表示非预期的"曾"发展来的，因为：1. 加强否定的"曾"在战国晚期才出现，晚于表示非预期的"曾"；2. 这两种"曾"都搭配否定词，而且都有全称意义（universal）。但是加强否定的"曾"有全称意义是词义，表示非预期的"曾"有全称意义可以用衍推（entailment）解释：

（245）不用礼宜（仪），不顾逆顺，故邦亡身死，曾亡（无）一夫之

救。（中山王<u>嚳</u>壶，集成 9735）

(246)徒见问耳，且犹羞之，况设诈而伐吴乎？由是言之，越<u>曾无一仁</u>矣。（《前汉纪·孝武皇帝纪》）［比较：但见问而尚羞之，而况乃与为诈以伐吴乎？其不宜明矣。以此观之，越<u>本无一仁</u>，而安得三仁！（《春秋繁露·对胶西王越大夫不得为仁》）］

(247)罢民力以极欲，坏圣制，废井田，是以兼并起，贪鄙生，强者规田以千数，弱者<u>曾无立锥之居</u>。（《汉书·王莽传》）

"一"是最小的自然数，"锥"是细微的物品，"一夫""一仁""锥"是表示极小量的词，对它们的否定就蕴含着对全体数值的否定（郭锐，2006）。由于衍推的作用，"无一夫之救"与"全无救之者"等值，"无立锥之居"与"了无居所"等值，"曾无一仁"与"本无仁、毫无仁"等值，"曾"偶尔可与"本"交替，说明其意义已经起了变化。前面说过，表示非预期的"曾"多见于数量对比语境、转折语境，而"非预期＞全称否定"的演变最终完成后，"曾"不出现于转折语境和数量对比语境，可以出现于叙述语体。例如：

(248)晋安帝元兴中，一人年出二十，未婚对，然目不干色，<u>曾无秽行</u>。（《幽明录》）

(249)时谓谢曰："王宁异谋，云是卿为其计。"<u>谢曾无惧色</u>，敛笏对曰："乐彦辅有言'岂以五男易一女？'"（《世说新语·言语》）

（四）"曾"发展为（反问句中的）强调语气副词

许多学者把是非问句的"曾"解释为"岂、难道"（陈霞村，1992：372；华学诚，2006：642；高尚榘，2011：53），例如：

(250)子夏问孝。子曰："色难。有事弟子服其劳，有酒食先生馔，<u>曾是以为孝乎</u>？"（《论语·为政》）

(251)弊邑之师过大国之郊，<u>曾无一介之使以存之乎</u>？（《战国策·宋卫》）

这些"曾"勉强可以理解为"岂"，原因是非预期与反问之间有语义相通点，所以会有沟通，例如"竟然 X？"表示"不愿相信 X 但 X 发生了"，"难道 X？"表示"不承认 X 且承认非 X"。在闽南语中，"煞"兼有非预期、反问两种意思。例如：

台湾地区闽南语（郑良伟 1997；连金发私人交流）

(252)彼八个囝仔<u>煞</u>死三个去。（那八个孩子竟死了三个）

(253)我<u>煞</u>知？（我哪里知道？）

虽然如此，但由于核心功能不同，"岂""曾"在分布上有许多差异，主要有：

第一，"岂"与"渠"并用，"曾"不与之并用；

第二，"岂"经常搭配表示确定或决断的"也""矣""焉"以及表示感叹的"哉"，较少搭配表示疑惑的"乎""邪"，"曾"几乎只搭配表示疑问的"乎"；

第三，"岂"搭配"必""能""可（以）""足（以）""得"等各种情态词，例子很多，"曾"只搭配"能""可（以）""足（以）"，例子很少；

第四，"岂"与"唯（惟）""但""直""独""适"等排他小词（exclusive particle）连用，"曾"不与这些词连用。例如：

(254)行者甚众，<u>岂唯</u>刑臣？（《左传·僖公二十四年》）

(255)<u>岂渠</u>得免夫累乎？（《荀子·王制》）

(256)不然，夫<u>岂</u>不知楚师之尽行<u>也</u>？（《左传·桓公十三年》）

(257)以秦人从情性，安恣睢，慢于礼义故也，<u>岂</u>其性异<u>矣</u>哉！（《荀子·性恶》）

(258)且君尝在外矣，<u>岂必</u>不反？（《左传·哀公二十五年》）

(259)学<u>岂可</u>以已<u>哉</u>？（《吕氏春秋·开春》）

(260)南国虽无危，则魏国<u>岂得</u>安<u>哉</u>？（《战国策·魏三》）

(261)<u>岂惟</u>口腹有饥渴之害？人心亦皆有害。（《孟子·尽心上》）

对上述区别的解释是：1."岂"加强反问语气，"曾"表示意外语气，二者意义相隔，在副词并用方面有区分；2."岂"重在传信[①]，"曾"重在

---

① 反问在构造上与一般疑问区别不大，但反问的作用是断言（assertion）而不是求索信息（Sadock，1971），因此反问句在句法上有偏离典型疑问的地方。羌语反问句末用表确定的语气词-ja，德语里表示确定语气的小品词 schon 不仅用于陈述句，而且能用于反问句（LaPolla & Huang，2003：181；König & Siemund，2007）。

传疑，它们对语气词各有选择①；3.“岂”字句表示人的主观认识，它不是现实，所以“岂”经常修饰表示虚拟口气的情态词，“曾”字句叙述事实并表示人的情绪，不常搭配情态词；4.“岂”给句子增加一重否定义，相当于否定词，否定词可以与“唯”“但”“独”“直”等连用，所以“岂”也可以与这些副词连用，“曾”不表示否定的意思，所以不搭配“唯”“但”“独”“直”。

东汉时期，“曾”搭配语气词“哉”、副词“但”，这时“曾”接近于反问。例如：

（262）唯唯。愿复问一疑，天师今是吉凶，<u>曾但</u>其时运然耶？（《太平经·丙部之八·四行本末诀》）

（263）夫寇盗贼亦专以此胜服人，君子以何自分别，自明殊异乎？而真人言当以此，<u>曾</u>不愚<u>哉</u>？（《太平经·丙部之十三·服人以道不以威诀》）

（264）今天师书文，悉使小大，下及奴婢，皆集议共上书道灾异善恶，<u>曾</u>不太繁耶<u>哉</u>？（《太平经·己部之一·来善集三道文书诀》）

二、独

（一）“独”最初是方式副词

“独”不见于西周金文，最早见于西周的传世语料《诗经》（二雅），表示“独自”，在《小雅》中有“独”作谓语的例子，例如：

（265）之子之远，俾我<u>独</u>兮。（《诗经·小雅·白华》）

“独”作谓语的例子很少，《诗经》中“独”绝大多数时候都是作状语，描述行为的方式，如果谓语动词是动作动词，则“独”的方式意义尤为明显，例如：

（266）予美亡此，谁与？<u>独</u>处！（《诗经·唐风·葛生》）

表示“独自”的方式义副词在句子中占据比较低的位置，出现于助动

---

① “传信”“传疑”是吕叔湘（2002：282）提出的概念。“乎”“邪”与表示怀疑，“也”“矣”“焉”表示确信，“夫”表示强烈相信（华建光，2013：120），副词搭配哪些语气词也反映它自身的确信度。

词"将"、疑问词"何"、反身词"自"等成分的右侧，有些相关的佐证不见于《诗经》，出现在《左传》《论语》《孟子》等语料中，例如：

（267）我不知谋，将独出。（《左传·文公十二年》）
（268）富，人之所欲也。何独弗欲？（《左传·襄公二十八年》）
（269）维彼不顺，自独俾臧。（《诗经·大雅·桑柔》）

典型的方式副词"独"在语义上一定指向主语，先看下面的例句：

（270）民莫不逸，我独不敢休。（《诗经·小雅·十月之交》）
（271）大夫不均，我从事独贤。（《诗经·小雅·北山》）

所谓"独自"，一定是从集体中挑出某个个体加以限定，同时排除其他成员。受这种语义驱动，"独"的主语几乎都跟上下文中的另一个名词构成对比，比如上面两例中"我"和"民"、"大夫"对比，而"民""大夫"这两个名词在场景中代表主流、代表多数成员，这时候"我独VP"就会衍推出"只有我VP"这样的意思，但是这并不代表"独"在这样的语境中已经固化为范围副词，表示"只（有）"义，它们仍然是方式副词，两者的区别是：1. 范围副词的语义指向它后面的成分，例如，"我只吃苹果"和"只有我是学生"中"只"分别指向"苹果"和"我"，然而方式副词"独"只指向主语；2. 范围副词所限定的成分是语用上的对比焦点，这个成分在语句中不能省略，但是方式副词"独"即使是在对比语境中，其主语也时常省略，例如：

（272）独行踽踽。岂无他人？不如我同父。（《诗经·唐风·杕杜》）

（二）"独"发展为范围副词和焦点副词

在有对比义的语境中，"NP独VP"的句义可以和"只NPVP"等值，然而作为方式副词的"独"语义左指，范围副词语义只能右指，所以能够说明范围副词"独"形成的例句应该是"独"指向宾语，或"独"出现于主语前的例子。"独"指向宾语的例子出现于《左传》，出现于主语前的例子见于《史记》，例如：

(273)今三臣始祸，而独逐鞅，刑已不钧矣。(《左传·定公十年》)

(274)人莫知其处，独籍知之耳。(《史记·项羽本纪》)

除范围副词外，"独"的另一个发展方向是焦点副词，比较下面三例：

(275)诸侯、县公皆庆寡人，女独不庆寡人。(《左传·宣公十一年》)

(276)尔有母遗，繄我独无！(《左传·隐公元年》)

(277)我斗，龙不我觌也；龙斗，我独何觌焉？(《左传·昭公十九年》)

方式副词"独"在使用时的一个语义限制是"独"的主语指称单个人，而与之对比的名词指称多人或集体，例(275)就代表这样的语境，其中"独"是方式副词；在例(276)中，构成对比的"尔"和"我"都指称单个人（分别指颍考叔和郑庄公），这在一定程度上偏离了"独"的典型语境，但"独"还可以勉强分析为方式副词，表示"独自、单单"；在例(277)中，"龙"和"我"在语义上都是复数，"独"的方式义有所淡化，对比的意味有所突出。

这种表示对比的"独"，其内部性质也有差异，在《孟子》《墨子》等战国前期语料中，"独"在疑问词"何"右侧出现，其句法表现接近方式副词，例如：

(278)古之贤王好善而忘势，古之贤士何独不然？(《孟子·尽心上》)

(279)子然，我奚独不可以然也？(《墨子·小取》)

在战国晚期的《吕氏春秋》中，同样是表示对比的"独"出现在疑问词"焉"左侧，这是在句法上与方式副词相分离的一个表现，例如：

(280)夫介子推苟不欲见而欲隐，吾独焉知之？(《吕氏春秋·介立》)

(三)"独"发展为提示非预期信息的语气副词

因为"独"最初的意思是"独自"，突出个体/少数，同时与集体/多数相对比，按照一般常理，集体/多数的行为或特征通常体现社会常规，而少数/个体如果与多数/集体有不同的表现，就总会被认为是偏离常规、偏离预期的。根据这个道理，作为方式副词、范围副词的"独"出现的句子都会带有"偏离预期"的意思，例如：

(281)孔与据皆从寡人而涕泣，子之独笑，何也？（《晏子春秋·内篇谏上》）

(282)《书》曰"高宗谅暗，三年不言"，善之也；王者莫不行此礼。何以独善之也？（《礼记·丧服四制》）

焦点副词"独"出现的句子通常不带有"偏离预期"的含义，例如：

(283)景帝曰："都忠臣。"欲释之。窦太后曰："临江王独非忠臣邪？"（《史记·酷吏列传》）

根据调查，方式副词"独"出现的句子基本都带有"偏离预期"的含义，其他意义的"独"不常出现在"偏离预期"的语境中，所以本书认为非预期副词"独"的词汇源头是方式副词"独"，演变的实质就是"独"进一步主观化，描述动作方式、指向主语、突出对比等语义特征消退。在战国和西汉语料中，确凿无疑的、可以理解为非预期副词"独"的例句通常都是疑问句，所以疑问句应该是"独"发生演变的初始语境，至于演变过程，可以对比下面两例：

(284)平贫不事事，一县中尽笑其所为，独奈何予女乎？（《史记·陈丞相世家》）

(285)长卿故倦游，虽贫，其人材足依也，且又令客，独奈何相辱如此！（《史记·司马相如列传》）

这两例的画线部分句式类似，前一例"独奈何……"的主语是张负，后一句的主语是卓王孙，前一句的"张负"可以认为与"一县中(之人)"对比，"独"表示"单单、独自"，不是语气副词；后一句中"独"的主语未见与语境中任何名词对比，所以不再适宜分析为方式副词，"独奈何……"前面的部分叙述司马相如的种种优点，与"相辱如此"在语义上有逆转关系，"独"应该就是在这样的语境中发展为语气副词的。

《庄子》以后的语料中，有许多表示非预期的副词"独"见于"第二人称＋独不知/闻/见……"格式中，"知""闻""见"后面引出一个常识，包括历史典故和自然现象。例如：

(286)子独不见狸狌乎？卑身而伏，以候敖者；东西跳梁，不辟高下；中于机辟，死于罔罟。（《庄子·逍遥游》）

(287)且子独不闻夫寿陵余子之学行于邯郸与？未得国能，又失其故行矣，直匍匐而归耳。（《庄子·秋水》）

(288)且陛下独不见赵高之事乎？（《史记·樊郦滕灌列传》）

(289)王独不见夫服牛骖骥乎？不可以行百步。（《战国策·魏一》）

三、一(壹)

(一)问题的提出

跨语言研究显示，数词"一(壹)"[记作"一(壹)NUM"]有 10 种语法化模式(Heine & Kuteva，2002：219-226；梅祖麟，2010)。本书考察发现，上古汉语数词"一(壹)"的演变能佐证其中的 3 种模式。

模式 A：数词"一(壹)"＞形容词"一样"。例如：

(290)先圣后圣，其揆一也。（《孟子·离娄下》）

模式 B：数词"一(壹)"＞"几、若干"。例如：

(291)以吾一日长乎尔，毋吾以也。（《论语·先进》）（王熙元通释：一日，犹如一点、一些）

句中的"一日长乎尔"等于说"比你们大一些"。

模式 C：数词"一(壹)"＞条件连词"一旦～就～"。

(292)壹引其纲，万目皆张。（《吕氏春秋·用民》）

句中的"一(壹)"相当于英语的 once(蒲立本，2006：114)。

此外，上古汉语的"一(壹)"还可用作语气副词，标示非预期信息

(unexpected information)，表示出乎意料，可译为"竟然"（记作"一（壹）UNEXP"）（李佐丰，2003：215）。例如：

(293)靖郭君之于寡人<u>一</u>至此乎！（《吕氏春秋·知士》）

考察发现，"一（壹）UNEXP"始见于战国晚期，它在上古语料中的出现情况如下：

表 3-3　上古语料中"一（壹）UNEXP"的出现情况

吕氏春秋	战国策	礼记	公羊传	谷梁传	史记	春秋繁露	淮南子	韩诗外传	说苑	新序	竹简文子	法言
2	2	0	0	0	5	2	1	0	1	1	1	0

目前，关于"一（壹）UNEXP"的来源、形成途径尚不清楚（魏培泉，2004：268），所以多数学者虽然例举"一（壹）UNEXP"的用法，但都不谈它的发展演变。俞敏、解惠全等认为"一（壹）UNEXP"是从数词引申来的（俞敏，1987：52；解惠全等，2008：266），但想要在"一（壹）"的数量义和语气义之间建立联系很困难，因为：1."一（壹）NUM"用于计数，"一（壹）UNEXP"表达言者的主观态度，这两种功能看上去相隔甚远；2."一（壹）NUM＞一（壹）UNEXP"目前得不到跨语言证据的支持，我们还没有发现哪一种语言的同一个语素既能表示数量"一"义，又能表示语气副词"竟然"义。有鉴于此，有些学者宁愿相信"一（壹）UNEXP"是"亦"的假借（王叔岷，2007：109）。

本书分析认为，"一（壹）UNEXP"是从数词语法化来的。下面先分析"一（壹）UNEXP"的句法语用功能，再结合"一（壹）UNEXP"的分布环境推导它的来源，最后讨论"一（壹）UNEXP"形成过程。

(二)"一（壹）UNEXP"的句法表现和话语功能

除"一（壹）UNEXP"之外，"乃"也是表偏离预期的副词，所以旧注中"一（壹）""乃"经常互训①，但上古语料也显示，它们的用法是有差异的，下面通过与"乃"的比较来描写"一（壹）UNEXP"的功能特征。

1. 句法表现

(1)谓语的类型

我们在《吕氏春秋》《战国策》《史记》《春秋繁露》《淮南子》《说苑》《新

---

① 《吕氏春秋·知士》高诱注将"一至此乎"的"一"解为"乃"，王引之《经传释词》（卷三）和吴昌莹《经词衍释》因循高注，都说"'一'，犹'乃'也"。

序》、竹简《文子》等语料里找到 15 个带"一（壹）$_{UNEXP}$"的句子，其中 5 个句子谓语部分含有形容词"速、寒、大、悲、大甚"等，10 个句子的谓语是动词短语"若此、如此、至（于）此"。例如：

（294）简子投桴而叹曰："呜呼！士之速弊一若此乎！"（《吕氏春秋·贵直》）

（295）（宁越）对曰："有。穷者达之，亡者存之，废者起之，四方之士则四面而至矣。穷者不达，亡者不存，废者不起，四方之士则四面而畔矣。夫城固不能自守，兵利不能自保，得士而失之，必有其间。夫士存则君尊，士亡则君卑。"周威公曰："士一至如此乎！"（《说苑·尊贤》）

（296）美壹至于此之大耶？（西汉中山怀王墓竹简《文子》）

（297）一何不率由旧章之大甚也！（《春秋繁露·郊语》）

形容词和"若此、如此、至（于）此"在意义特征上有共同点：它们都具有程度性。形容词具有程度义，这是学界的共识（张国宪，2006：384）。"若此、如此、至（于）此"表程度义，我们可以从例（294）—例（296）揣摩出来，如例（295）"士一至如此"是说士人对国家的兴衰、君主的荣辱的影响竟然到了宁越所说的"夫士存则君尊，士亡则君卑"的程度。综上所述，"一（壹）$_{UNEXP}$"修饰表程度义的谓语。

"乃"极少修饰形容词，多数修饰动词短语。"乃"修饰的动词短语在意义上一般表述一个事件，而不表程度，根据我们对《诗经》《左传》《论语》《孟子》《国语》《庄子》《荀子》《韩非子》《吕氏春秋》《管子》《晏子春秋》《战国策》《礼记》《史记》《说苑》《新序》《春秋繁露》《淮南子》18 种上古语料的考察，"乃"很少搭配"若此、如此、至（于）此"，只在《史记》中见到 2 例。例如：

（298）足下以爱之故与，则何不与爱子与诸舅、叔父、负床之孙，不得，而乃以与无能之臣，何也？（《战国策·燕一》）

（299）孔子闻之，使子贡往覆其饭，击毁其器，曰："鲁君有民，子奚为乃餐之？"（《韩非子·外储说右上》）

（300）黄帝曰："异哉！象罔乃可以得之乎？"（《庄子·天地》）

(2) 句类分布

"一（壹）$_{UNEXP}$"一般出现在感叹句中，所在的句子都负载着说话者强烈的感叹语气。"乃"只出现在陈述句、疑问句中，很少出现于有感叹语气的句子里。例如：

(301)简子投桴而叹曰："呜呼！<u>士之速弊一若此乎</u>！"(《吕氏春秋·贵直》)

(302)齐王桉戈而却，曰："<u>此一何庆吊相随之速也</u>！"(《战国策·燕一》)

(303)怨聚于百姓，而权轻于诸侯，<u>而乃以为细物</u>，君其图之。(《晏子春秋·内篇谏下》)

(304)先生不羞，<u>乃有意欲为收责于薛乎</u>？(《战国策·齐四》)

(305)天下何故不谓子为盗丘，<u>而乃谓我为盗跖</u>？(《庄子·盗跖》)

2. 话语功能

(1)对比功能

在上古语料中，"一(壹)"不出现于对比含义强烈的语境。"乃"恰好相反，它标示对比焦点，引出一个和语境相关的量级序列，"乃"约束的是一个极端的、最不可能的情况。例如：

(306)万民、室屋、六畜、树木，且不可得藉，<u>鬼神乃可得而藉夫</u>？(《管子·轻重甲》)

例(306)引出了一个与征税资格有关的序列："万民→室屋→六畜→树木→鬼神"，"乃"强调的焦点是"鬼神"，鬼神看不见摸不着，最不可能成为征税的对象，向鬼神征税有悖于科学常理，例中加下画线的句子传递了一种反预期信息，"乃"所引导的焦点信息和常规情形构成对比，"乃"正是通过不同情形的对比来表现出乎说话者的意料。再如：

(307)不见子都，<u>乃见狂且</u>。(《诗经·郑风·山有扶苏》)

(308)(田鸠)留秦三年而弗得见。客有言之于楚王者，往见楚王。楚王说之，与将军之节以如秦。至，因见惠王，告人曰："之秦之道，<u>乃之楚乎</u>？"(《吕氏春秋·首时》)

(2)连接功能的有无

从上古语料看，"一(壹)"没有连接功能，"一(壹)"字句可以独立成句。"乃"有连接功能，它总是出现在句群中，而且这个句群包含有四层意思：1)情况 P 出现；2)按说条件 P 应该引起情况 Q 出现；3)事实上 Q 没出现；4)出现了与 Q 不同的情况 R[①]。"乃"出现于说明第 4 层意义的句子。例如：

(309)夫以楚之强与大王之贤(P)，天下莫能当也(Q)。今乃欲西面而事秦(R)，则诸侯莫不南面而朝于章台之下矣。(《战国策·楚一》)

例(309)按理说在"楚之强与大王之贤"的条件下应该有"天下莫能当"的局面，却有"西面而事秦"这样自轻自贱的想法，这是出乎意料的。

通过上文分析可知，同样表偏离预期，"一(壹)"和"乃"在用法上有三点差异。

A. 修饰对象不同："乃"只修饰动词短语，"一(壹)"可修饰动词短语和形容词。从意义上看，"乃"修饰的谓语都表述一个事件，而"一(壹)"修饰的谓语总表程度义；

B. "一(壹)"出现的语境没有对比含义，但总负载说话者强烈的感叹；"乃"出现的语境对比含义强烈，但"乃"字句不负载感叹语气；

C. "一(壹)"没有连接功能，"乃"有连接功能。

(三)从分布环境看"一$_{\text{UNEXP}}$"的历史来源

Hopper(1991：22)指出，实词虚化为语法成分后，实词的词汇义在一定程度上会有所保留，这或多或少影响到语法成分的分布特征。Bybee 等人(1994：9)认为，语法化源头的差异会让两个词走向不同的演变路径，最终发展出不同的语法意义。基于这种认识，我们可以反其道而行之，利用"一(壹)$_{\text{UNEXP}}$"的分布限制推导它的来源和形成途径。在上文(二)中提到，"一(壹)$_{\text{UNEXP}}$"所修饰的谓语都表示程度义，按照 Hopper、Bybee 等人的上述观点，这个分布限制必定是由其源意义造成的。因此，我们对"一(壹)$_{\text{UNEXP}}$"的来源进行了分析。分析发现，从量性特征上看，性质形容词和"若此、如此、至(于)此"所表述的程度是一种静态量，而"一(壹)$_{\text{UNEXP}}$"只和表静态量的成分同现，这就说明，"一(壹)$_{\text{UNEXP}}$"的源意义肯定与静态量密切相关。另外，除程度外，数值也是一种静态量，而且是更具体的量，"一(壹)"在汉语中又是一个非常具体的量，据此推

---

　①　这里参考了马真(1983)对"反而"的分析。

测，"一（壹）UNEXP"来源于数词，从"一（壹）NUM"到"一（壹）UNEXP"的演变也可以看作具体概念抽象化的过程。

语法化的发生要依托于特定的语境，就副词而言，其他词类向它演变的必备条件是作状语（张谊生，2000：346）。我们对 425 篇西周青铜器铭文、《尚书·西周书》、《诗经》（二雅）进行了考察，数词"一（壹）"共出现 67 例，除去 9 例惯用语"余一人"外，有 39 例见于"名＋数"和"名＋数＋量"结构，有 17 例见于"数＋名"结构，还有 2 例"一（壹）"与"者"结合作定语修饰指称化了的动词"来"。例如：

（310）易（赐）豕鼎一，爵一，觞一。（史獸鼎，集成 2778）
（311）越翼日戊午，乃社于新邑，牛一、羊一、豕一。（《尚书·召诰》）
（312）易（赐）女（汝）毞一卤（大盂鼎，集成 2837）
（313）时则勿有间之，自一话一言。（《尚书·立政》）
（314）不慭遗一老，俾守我王。（《诗经·小雅·十月之交》）
（315）壹者之来，俾我祇也。（《诗经·小雅·何人斯》）（朱熹集传：何不一来见我，而使我心安乎？）

由此可见，西周时期"一（壹）"尚不具备演变为副词的条件。

"一"作状语在春秋时代方始出现，但数量不少，《仪礼》7 例，《诗经》（风）4 例，《论语》2 例，《左传》25 例。这些作状语的"一"有 4 种情形：

第一，"一（壹）"是数词，表示"一次"，"一 V"只见于两种语境：一种是数量对比句；另一种是偏正复句的前一分句。此共 28 例。例如：

（316）彼茁者葭，壹发五豝，于嗟乎驺虞！（《诗经·召南·驺虞》）（郑笺：君射一发而翼五猪者，战禽兽之命。）
（317）今一会而虐二国之君，又用诸淫昏之鬼。（《左传·僖公十九年》）
（318）齐一变，至于鲁；鲁一变，至于道。（《论语·雍也》）
（319）蔡、许之君，一失其位，不得列于诸侯，况其下乎？（《左传·成公二年》）

第二，"一"是时间副词（记为"一TIME"），参与构成紧缩复句"一 V1

一 V_2"，表示不同事件的交替，可以理解为"时而 V_1 时而 V_2"。此共 6 例。例如：

(320) 七年之中，<u>一与一夺</u>，二三孰甚焉？（《左传·成公八年》）

(321) 夫大国之人令于小国，而皆获其求，将何以给之？<u>一共一否</u>，为罪滋大。（《左传·昭公十六年》）

第三，"一（壹）"是总括副词（记为"一$_{UNIV}$"），作"一概、全部"理解。此共 2 例。例如：

(322) 王事适我，<u>政事一埤益我</u>。（《诗经·邶风·北门》）（王先谦集解：皆以增益于我也）

(323) 王事适我，<u>政事一埤益我</u>。（同上）（朱熹集传：一犹皆也）

第四，"一（壹）"是情状方式副词（记为"一$_{MAN}$"），作"同等""专一"理解。共 2 例。例如：

(324) 佻之谓甚矣，<u>而壹用之</u>，将谁福哉？（《左传·昭公十年》）（杜预注：壹，同也，同人于畜牲）

(325) 今王室乱，单旗、刘狄剥乱天下，<u>壹行不若</u>。（《左传·昭公二十六年》）（杜预注：壹，专也）

上述 4 种情形都比"一（壹）$_{UNEXP}$"出现得早，说明其中必有一个是"一（壹）$_{UNEXP}$"的前身。究竟哪一个是其前身呢？我们分析后发现，首先可以排除掉第二和第四类是其前身的可能性。理由是：

第一，从分布情况看，"一（壹）$_{TIME}$"和"一（壹）$_{UNEXP}$"的分布特征是相抵牾的，"一（壹）$_{TIME}$"可以出现在紧缩复句里，具有连接功能，而"一（壹）$_{UNEXP}$"只出现在单谓语句里，没有连接功能；

第二，从意义角度看，表"同等""专一"的"一（壹）"描述的是人的做事态度，跟程度无关，而"一（壹）$_{UNEXP}$"却与程度密切相关；

第三，从搭配情况看，表"同等""专一"的"一（壹）"只搭配动作动词，而"一（壹）$_{UNEXP}$"却排斥动作动词。例如：

(326) 非父不生，非食不长，非教不知生之族也，<u>故壹事之</u>。（《国语·晋语一》）（韦昭注：壹事之，事之如一也）

（327）至圣人不然：一建其趋舍，虽见所好之物不能引。（《韩非子·解老》）

第一类中的"一（壹）$_{NUM}$"用于计动量，第三类中的"一（壹）$_{UNIV}$"是全称量化词，它们都与量有关。"一（壹）$_{UNEXP}$"究竟与它们二者中哪一个在历时演变中的关系最近？回答此问题前，我们先来对比它们出现的语境（见表 3-4）。

表 3-4　状语位置上"一"的各种意义及其分布环境

使用环境　　　"一"的意义	谓语类型		谓语个数		单句	复句	感叹语气	语境	
	事件	程度	单	双				对比	非对比
语气副词"竟然"义	－	＋	＋	－	＋	－	＋	－	＋
数词"一次"义	＋	－	＋	＋	＋	＋	－	＋	－
总括副词"一概"义	＋	－	＋	－	＋	－	－	－	＋

语法化理论认为，如果 X 和 Y 来源相同并且在语法化链上紧密相承，则 X 和 Y 在分布环境上的共性就多；反之，如果来源相同的 X 和 Y 在分布环境上判然有别，则 X 和 Y 或者是在语法化链上距离很远，或者是走在两条不同的语法化路径上（Heine et al.，1991：228；Heine&Kuteva，2002：7）。根据这种认识，我们判断"一（壹）$_{UNEXP}$"和第三类中的"一（壹）$_{UNIV}$"的历时关系最近，因为表 3-4 中"一（壹）$_{UNEXP}$"和"一（壹）$_{UNIV}$"在分布环境上最接近，而计动量的"一（壹）$_{NUM}$"出现于数量对比句或复句的前一分句，这与"一$_{UNEXP}$"分布在简单句、非对比语境的特征相抵牾[1]，所以计动量的"一（壹）$_{NUM}$"不太可能发展成语气副词"一（壹）$_{UNEXP}$"。

确定了"一（壹）$_{UNEXP}$"的来源后，新的问题随之产生："一（壹）"是怎么由数量义转化为"一概、全部"义的？后者又是怎么引申出"竟然"义的？

（四）从"一$_{NUM}$"到"一$_{UNEXP}$"的演变过程

一个完整的语法化过程涉及语义变化和句法环境变化两个侧面，具体到"一（壹）"来说，它从数词向语气副词的演变包括：A. 客观数量义的淡化和主观情感色彩的增强；B. 句法位置、搭配成分和句类分布的变化。下面就围绕这两方面内容展开论述。

---

[1]　陈克炯认为《左传·襄公二十一年》"今一不免其身，以弃社稷，不亦惑乎？"的"一"是表出乎意料语气（陈克炯，2004：391），根据"一$_{UNEXP}$"只见于简单句的规则，可知这个看法有失妥当。

西周至春秋早期，"一(壹)_{NUM}"可以出现在"名＋数"这种主谓结构当中，"一(壹)"作谓语，它所描述的名词多指称单个、有形的物体。例如：

(328)王在新邑烝祭，岁。文王骍牛一，武王骍牛一。(《尚书·洛诰》)

(329)佐食设俎：牢脾、横脊一、短胁一，肠一，胃一，肤三。(《仪礼·少牢馈食礼》)

此外，"一(壹)_{NUM}"所描述的名词也可以指称一组性质相同的个体，其句子的主语都是表示类别的名词，"一"有"一种、一类"的含义。例如：

(330)辨六马之属：种马一物，戎马一物，齐马一物，道马一物……(《周礼·夏官·校人》)

(331)国有六职，百工与居一焉。(《周礼·冬官·考工记》)

有时候，在说话者看来，如果若干个不同的事物具备了某个共同的特征，也可以用"一(壹)"来描述，"一(壹)"有"一个样子"的意思。例如：

(332)舆人为车，轮崇、车广、衡长，参如一，谓之参称。(《周礼·冬官·考工记》)(贾公彦疏：谓俱六尺六寸也)

(333)乐正东面命大师，曰："奏《驺虞》，间若一。"(《仪礼·乡射礼》)(贾公彦疏：谓五节之间，长短希数皆如一)

(334)庶见素韠兮，我心蕴结兮，聊与子如一兮。(《诗经·桧风·素冠》)(王先谦集解：愿与有礼之人用心如一)

例(332)轮、车舆、衡是车子的三个不同部分，但三者在长度上是一样的；例(333)是说演奏《驺虞》时，每个乐段休止的时间要一样；例(334)是说自己希望在意志、操守上和对方一样。客观物理世界中有差异的事物被看作同一类，这是说话者在主观意念上的处理，具体地说就是基于特征相同而加以比拟，所以"一(壹)"在例(332)—例(334)中作比拟动词"若、如"的宾语。

表"一类、一个样子"的"一"直接作谓语时，主语多是表示抽象概念的名词或指称化的动词，不再是指称有形物体的名词。春秋末期至战国初期，"一（壹）"已演变为表"一致、同样"义的形容词（记为"一（壹）ADJ"），"一（壹）ADJ"可以前接否定词和助动词、后带使动宾语、与"同"连用。例如：

(335)鸤鸠在桑，其子七兮。淑人君子，其仪一兮。（《诗经·曹风·鸤鸠》）

(336)天下之恶一也，恶于宋而保于我，保之何补？（《左传·庄公十二年》）

(337)过我而不假道，鄙我也。鄙我，亡也，杀其使者，必伐我，伐我亦亡也，亡一也。（《左传·宣公十四年》）

(338)六物不同，民心不一，事序不类，官职不则。（《左传·昭公七年》）

(339)民众而可一，则有以牧之也。（《管子·权修》）

(340)是故里长顺天子政，而一同其里之义。（《墨子·尚同中》）

上古汉语的许多形容词可以直接置于动词前作方式状语，"一（壹）ADJ"也不例外，作状语的"一（壹）ADJ"可理解为"一致地、同样地"。例如：

(341)乃卜三龟，一习吉。启籥见书，乃并是吉。（《尚书·金縢》）〔比较《史记·鲁周公世家》：于是乃即三王而卜，卜人皆曰吉。〕

(342)凡上之患，必同其端。信而勿同，万民一从。（《韩非子·扬权》）

"一习吉"是说"（三次占卜）同样呈现吉兆"，"万民一从"是说"民众一致信从（君主）"。"X_1、X_2……X_n 同样地 VP"和"X_1、X_2……X_n 全部 VP"这两种说法在意义上等值，所以例句中的"一"可以重新理解为"一概、全部"。再如：

(343)若是，则东周之民可令一仰西周，而受命于君矣。（《战国策·东周》）

"一（壹）"的语义诠释和它所约束的 NP 的语义角色有关。例(343)中"一（壹）"约束的"东周之民"有双重角色：既是"仰"的施事论元又是"令"

的受事论元，所以句中的"一（壹）"有"一致"和"全部"两可理解。但是如果"一（壹）"约束的对象不再是动作的主体，而是动作的受事，"一（壹）"就只能理解为"全部"，即总括副词"一（壹）$_{UNIV}$"①。例如：

（344）及寡人之身，<u>东败于齐</u>，长子死焉；<u>西丧地于秦七百里</u>；<u>南辱于楚</u>，寡人耻之，愿比死者壹洒之，如之何则可？（《孟子·梁惠王上》）（焦循正义：三者俱宜洗雪）

（345）令有徐疾，物有轻重，然后<u>天下之宝</u>壹为我用。（《管子·地数》）

例（344）"壹"约束的"东败于齐""西丧地于秦""南辱于楚"是"洒"的受事；例（345）是被动句，"天下之宝"是"用"的受事。这两例的"壹"不能再解释为"一致"。

受词汇来源的制约，"一（壹）$_{UNIV}$"约束的对象大都在其左侧，如例（344）—例（345），不过后来"一（壹）$_{UNIV}$"约束的对象偶尔也可以出现在右侧，作动词宾语。例如：

（346）晏子至，公一归<u>七年之禄</u>，而家无藏。（《晏子春秋·外篇上》）

（347）彼其乎归居，而一闲<u>其所施</u>。其于人心者，<u>若是其远</u>也。（《庄子·则阳》）（成玄英疏：所有施惠，与四时合叙，未尝不闲暇从容）

"一（壹）$_{UNIV}$"表示其所约束的对象全部参与了谓语陈述的行为，这暗含着行为对其作用对象的影响力达到了百分百的程度，当"一（壹）$_{UNIV}$"的约束对象居左时，这种程度义不明显，当"一（壹）$_{UNIV}$"的约束对象居右时，程度义就浮现出来，如例（347）中有指示程度的结构"若是其 X"。再如：

---

①　张亚茹（1998）认为总括副词"一"是从"一国之人皆若狂"中表"全、满"义"一"演变来的。我们不同意这种看法，因为：1）总括副词"一"在《诗经·风》中已见，而"一 NP 皆 VP"始见于《孟子》，在战国语料里仅 6 例（《孟子》1 例，《韩非子》3 例，《吕氏春秋》1 例，《商君书》1 例）；2）"一"表"全、满"义依赖"一 NP 皆 VP"结构，并且 NP 仅限于有空间义的"国、家、乡"。可见，"一"有"全、满"义对特定语境依赖性强，是临时意义。我们很怀疑这种出现时代晚、使用频率低、尚未固化的意义怎么会成为总括副词的来源。

（348）能一尽其民力，破国杀身者，尚皆贤主也。（《韩非子·说疑》）

（349）美恶皆在其心，不见其色也。欲一以穷之，舍礼何以哉？（《礼记·礼运》）

典型的总括副词约束的对象是一个离散性的复数成分（董正存，2011），例（348）的"民力"不能够离散为｛X₁ 之力，X₂ 之力，X₃ 之力……｝，例（349）"一（壹）"约束的宾语"之"指代"美恶"，"美恶"转指人的价值取向，它是一个抽象概念，不能离散分解。这时"一（壹）"开始向程度副词转化。当句中没有表示复数意义的名词并且"一（壹）"修饰心理动词、属性动词、形容词时，就表明它已是一个典型的程度副词，义为"完全、十分"，记作"一（壹）DEG"。例如：

（350）孟孙才，其母死，哭泣无涕，中心不戚，居丧不哀。无是三者，以善处丧盖鲁国。固有无其实而得其名者乎？回壹怪之。（《庄子·大宗师》）（刘淇《助字辨略》卷五：壹，专一，犹言诚也，实也）

（351）晏子曰："驾御之事，臣无职焉。"公曰："寡人一乐之，是欲禄之以万钟，其足乎？"（《晏子春秋·内篇谏上》）

（352）爱尚世与爱后世，一若今之世人也。（《墨子·大取》）

战国晚期、秦汉之交，"一（壹）"可以跟"者""也""矣"共现，表达高度肯定的语气［记为"一（壹）AFF"］，根据上下文语境可以灵活理解为"肯定、完全、确实、实在"等意义（李佐丰，2003：215）。例如：

（353）孔子过泰山侧，有妇人哭于墓者而哀，夫子式而听之。使子路问之曰："子之哭也，壹似重有忧者。"（《礼记·檀弓下》）（孔颖达疏：壹者，决定之辞）

（354）有子与子游立，见孺子慕者，有子谓子游曰："予壹不知夫丧之踊也，予欲去之久矣。情在于斯，其是也夫。"（同上）（吴昌莹《经词衍释》卷三：言予总不知也｜刘淇《助字辨略》卷五：壹，专一，犹言诚也，实也）

（355）于是楚国之贤士皆抱其重宝币帛以事齐，桓公之左右，无不受重宝币帛者。于是桓公召管仲曰："寡人闻之，善人者，人亦善

之，<u>今楚王之善寡人一甚矣</u>，寡人不善，将拂于道。仲父何不遂交楚哉？"(《管子·霸形》)

"一(壹)_AFF"是从"一(壹)_DEG"引申来的，"完全、十分"和"肯定"在概念上有共通点："完全 P"表示 P 的程度涵盖量级标尺上的所有刻度，"肯定 P"即 P 在所有可能世界里都为真(周北海，1997：420)。二者的区别在于"完全"与量度有关，"肯定"与命题有关，所以，当"一(壹)"修饰属性动词"似"、形容词"甚"时，还残留着一点"完全"的程度义，修饰"不知"时，就只能理解为"确实"。

值得注意的是，例(355)中齐、楚两国本是争霸的对手，而楚国对齐国的友好超出了齐桓公的预期，所以齐桓公用表"厉害、严重"的"甚"来形容楚王的行为，在这种语境中"一(壹)_AFF"可看作"过量肯定"，即充分肯定的同时还有超出预期的意味①，而且在陈述句中句尾有表确认的"矣"时，"一(壹)_AFF"的肯定义占主导，出乎意料义不明显。但下面的例句情形就不同了。例如：

(356)须贾曰："今叔何事？"范雎曰："臣为人庸赁。"须贾意哀之，留与坐饮食，曰："<u>范叔一寒如此哉</u>！"乃取其一绨袍以赐之。(《史记·范雎蔡泽列传》)

例(356)是感叹句，感叹句在话语层面上有两个功能：1)叙实性(factivity)，感叹句的功能是针对一个已有的事实作评价；2)夸大性(widening)，表示程度超出预期(Zanuttini & Portner，2003)。叙实性与"一(壹)_AFF"的肯定义相和谐，所以例(356)的"一"还有表肯定语气的作用，但感叹句又有"铺张夸大"的特性，这种语境中的"一"的出乎意料义得以更加凸显。再看一例：

(357)齐王桉戈而却，曰："<u>此一何庆吊相随之速也</u>？"(《战国策·燕一》)

例(357)"何 X 也？"是疑问句，"何"表"为什么"，它除了问原因外，

① 在不少汉藏系语言中，表肯定语气的副词搭配有褒义或贬义的形容词时，句子传达出一种夸张语气，如广州话、西安话、苏龙语等(李新魁、黄家教、施其生等，1995：496；兰宾汉，2011：160；李大勤，2007：705)。

还隐含着"X 不合理"的意思①。句子负载疑问语气加上"何"标示反预期信息，这样的语境使"一（壹）"只能作"竟然"义理解，即"一（壹）$_{\text{UNEXP}}$"。不过，问原因的"何"是预设触发语，预设"庆吊相随之速"是事实，这表明"一（壹）$_{\text{AFF}}$"仍然对后来的"一（壹）$_{\text{UNEXP}}$"的用法产生着或多或少的影响。

根据上面的讨论，"一（壹）"经历的句法变化和语义变化可以概括如下：

句法变化：数词＞名词＞形容词＞总括副词＞程度副词＞语气副词

语义变化："一"＞"一类"＞"同样，一致"＞"一概、全部"＞"完全"＞"肯定、确实"＞"竟然"

第五节　加强副词的来源与形成

一、诚$_2$、果$_2$

（一）是非问句中的"诚""果"

"诚$_1$""果$_1$"表确定语气，句末的"也""矣"也表确定语气。因此"诚""果"和"也""矣"经常在陈述句中前后呼应（见表 3-5）。例如：

（358）己诚是也，人诚非也，则是己君子，而人小人也。（《荀子·荣辱》）

（359）谗佞之人，则诚不善矣；虽然，则奚曾为国常患乎？（《晏子春秋·外篇》）

（360）所敬在此，所长在彼，果在外，非由内也。（《孟子·告子上》）

（361）已矣，吾固告汝曰人将保汝，果保汝矣。（《庄子·列御寇》）

---

①　问原因的疑问词总隐含着不合理的意味，如《论语·先进》"夫子何哂由也?"指明曾皙对孔子笑仲由的不理解，《左传·襄公三十一年》："是吾师也，若之何毁之?"指明子产反对毁乡校。疑问词"为什么"表反预期功能具有跨语言共性，如粤语的"乜"、邹语的 mainenu（Tsai，2008）。

表 3-5 "诚""果"与句末"也""矣"的共现情况 ①

诚……也	诚……矣	果……也	果……矣
26	12	16	11

"诚₁""果₁"还可以见于是非问句，根据本书对《孟子》《墨子》《庄子》《荀子》《韩非子》的小范围调查，"诚₁""果₁"在陈述句和是非问句中出现的比例分别为 32∶5 和 37∶16，可见，是非问句是"诚₁""果₁"的非常态语境。例如：

(362)孔子曰："于斯时也，天下殆哉！岌岌乎！"不识此语诚然乎哉？(《孟子·万章上》)

(363)吾欲以教之，庶几其果为圣人乎？(《庄子·大宗师》)

(364)吾闻古者有夔一足，其果信有一足乎？(《韩非子·外储说左下》)

是非问句可以分析为[命题＋疑问算子]，它提问的对象是命题的真值(汤廷池，1984)，是非问句里的"诚""果"仍然是对真值的确认。但是，疑问句是非现实情态句(non-factual)，它的功能是探询，不是断言，"诚""果"的确信度在疑问语境中会受到削弱，表现是：陈述句里"诚""果"绝对不搭配表不确信义的词，但例(362)的"诚"与"不识"同现，"不识"即"不知道"，标识不确信的态度，例(363)"果"搭配揣测副词"其"，也是在语义上添加了一分不确信。此外，上古汉语的"允""诚₁""信""果₁""实"等真值确认副词在陈述句中不允许同义叠加，而例(364)"果信"的叠加反映出是非问句里"果"的确认义已经弱化，需要添加"信"以维持语义强度。

(二)选择问句、反复问句、"孰"字句中的"诚""果"

"诚""果"所在的是非问句与另一个是非问句叠用就构成选择问句。例如：

(365)楚王甚爱之，病，故使人问之，曰："诚病乎？意亦思乎？"(《战国策·秦二》)

(366)言者有言，其所言者特未定也。果有言邪？其未尝有言邪？(《庄子·齐物论》)

---

① 本表调查的是《孟子》《国语》《墨子》《庄子》《荀子》《韩非子》《吕氏春秋》《管子》《晏子春秋》《战国策》《礼记》《公羊传》12 种语料。

疑问句的信息流向与陈述句正相反，陈述句用来告知信息，疑问句用来求索信息(Givón，1990)。因此，陈述句"诚/果 P"表示"我认定 P 为真"，是非问句"诚/果 P 乎？"表示"请你证实 P 为真"，选择问句"诚/果 P 乎，(诚/果)Q 乎？"表示"请你指定 P 或 Q 为真"，后两种语境含有说话者的期待。如果并列选择问句作"未知"的包孕宾语子句并且主语是第一人称，说话者的期待就更加明显了，因为"未知"间接表达了"请告诉我"的指令(张家骅，2009)，这正是"果""诚"引申出"到底、究竟"义的初始语境。例如：

(367)今我则已有谓矣，而未知吾所谓之其果有谓乎？其果无谓乎？(《庄子·齐物论》)

(368)今俗之所为与其所乐，吾又未知乐之果乐邪？果不乐邪？(《庄子·至乐》)

(369)烈士为天下见善矣，未足以活身。吾未知善之诚善邪，诚不善邪？(同上)

出于语言表达的简约性，主语相同、谓语部分互为否命题的选择问句通过删除选择连词"其、意(抑)"、语气词"乎、邪"及谓语中的同形部分整合为反复问句(江蓝生，2007；魏培泉，2007)。例如：

(370)吾未之乐也，亦未之不乐也。果有乐无有哉？(《庄子·至乐》)

(371)故夫子胥争之以残其形，不争，名亦不成。诚有善无有哉？(同上)

(372)泄公劳苦如生平欢，与语，问张王果有计谋不。(《史记·张耳陈馀列传》)

选择问句的每个析取命题都有真值，因此例(370)—例(372)的"诚""果"还可以理解为"真的"；反复问句不代表一个命题，没有真值(Xu，1990)，只表示说话者期待听话者回应，这种语境中"诚""果"的"到底、究竟"义很明显。

选择问句的析取命题还有一种整合形式，以前没有引起注意。例如：

(373)既使我与若辩矣，若胜我，我不若胜，若果是也，我果非也邪？我胜若，若不吾胜，我果是也，而果非也邪？其或是也，其

或非也邪？其俱是也，其俱非也邪？（《庄子·齐物论》）

例(373)包含 8 个并列小句，这些小句的主语构成对比，如果先按照谓语部分相同与否归并为"X 是"和"X 非"两组，再把主语部分整合，就会得到下面句子：

(374)然则儒墨杨秉四，与夫子为五，果孰是邪？或者若鲁遽者邪？（《庄子·徐无鬼》）

"儒墨杨秉"和"夫子"是话题，用疑问代词"孰"回指提问。"孰"字句也不代表一个命题，没有真值，"果"就表示"究竟、到底"义。

（三）特指问句中的"诚""果"

《庄子·内篇》的"果"只搭配"孰"。"孰"字句同选择问句、反复问句一样，都是答案范围限定的疑问句（李佐丰，2004：177），《庄子·杂篇》《荀子》《吕氏春秋》《战国策》《史记》《韩诗外传》等文献里"果"的搭配范围扩大到"谁""安""恶乎""何故""何""何如"等，这些疑问词的提问范围是开放的。例如：

(375)李克趋而出，过翟璜之家。翟璜曰："今者闻君召先生而卜相，果谁为之？"（《史记·魏世家》）

(376)轸出，张仪入，问王曰："陈轸果安之？"（《战国策·秦一》）

(377)古之所谓道术者，果恶乎在？曰：无乎不在。（《庄子·天下》）

(378)为人主者，莫不欲强而恶弱，欲安而恶危，欲荣而恶辱，是禹桀之所同也。要此三欲，辟此三恶，果何道而便？曰：在慎取相，道莫径是矣。（《荀子·君道》）

(379)赵王出轻锐以寇其后，秦数不利。武安君曰："不听臣计，今果何如？"（《战国策·中山》）

(380)大（太）公曰：□上……□果何如政？何如而顷（倾）？（西汉中山怀王墓竹简《六韬》）

"诚"只见到搭配疑问词"何"的例子：

(381)是诚何心哉？我非爱其财而易之以羊也。（《孟子·梁惠王上》）

（四）语义变化与"诚""果"辖域的扩大

表真值确认的"诚""果"可以出现认知动词"知""未知""以……为""见"的包孕子句里，"果"分布在揣测语气副词"其"之后，例如：

（382）寡人自知诚费财劳民。（《晏子春秋·内篇谏下》）

（383）吾以无为诚乐矣，又俗之所大苦也。（《庄子·至乐》）

（384）慎子曰："臣请效其说，而王且见其诚然也。……"（《战国策·楚二》）

（385）吾欲以教之，庶几其果为圣人乎！（《庄子·大宗师》）

发展出"到底、究竟"义以后，"诚"不出现于包孕子句，至于"果"，它在《庄子》《荀子》《吕氏春秋》《战国策》《史记》《韩诗外传》《淮南子》《说苑》、定州汉墓竹简、《汉书》《孔丛子》《吴越春秋》等语料里共出现26次，只有2次出现在"未知"的包孕子句里。例如：

（386）有有也者，有无也者，有未始有无也者，有未始有夫未始有无也者。俄而有无矣，而未知有无之果孰有孰无也？（《庄子·齐物论》）

表追究时"果""诚"可以叠用以加强语气，但它们从不与其他副词连用。例如：

（387）吾闻北方之畏昭奚恤也，果诚何如？（《战国策·楚一》）

我们解释是：真值确认作用于命题，表示说话者对命题的相信程度，"到底、究竟"义反映听说双方的互动，可以看作广义的言语行为，是话语层面的操作，因此"诚""果"表"到底、究竟"义时一般不能见于包孕子句，不能够屈居其他情态副词之后。

（五）同义副词平行演变的佐证

"实"表真值强调的例子在先秦已经出现。例如：

（388）上世之有国，必贤者也。今寡人实不若先生，愿得传国。（《吕氏春秋·不屈》）

"实"用于是非问句最早见于西晋时期的汉译佛经。例如：

（389）我尔时往至持风大神所，问之言："汝实发是恶见，言从风无地水火耶？"风神言："世尊，唯然。"（西晋沙门法立共法炬译《大楼炭经》，《大正藏》23/299b）

"定实"连用表"到底、究竟"义始见于东晋。例如：

（390）逊问：罪福应报，定实如何？炳曰：如我旧见，与经教所说，不尽符同，将是圣人抑引之谈耳！如今所见，善恶大科，略不异也。（《冥祥记》）

"委的""委实"在北宋时期即有真值确认义。例如：

（391）若转运司委的窘乏，须至兑那常平仓钱物者，必须具数先奏朝庭。（司马光《乞罢提举官札子》）

（392）况臣所修《资治通鉴》委实文字浩大，朝夕少暇。（司马光《辞免裁减国用札子》）

它们表"到底、究竟"义在元明时期特别常见。例如：

（393）委的有多少怪，一发累你说说，我好谢你。（《西游记》第七十四回）

（394）这钗钏委的是金子委的是银？（臧懋循《元曲选·后庭花》一折）①

（395）我问你，委实是那里人氏？姓甚名谁？（臧懋循《元曲选·燕青博鱼》二折）

"真个"在唐五代就有真值确认义，但"到底、究竟"义的例子在明代方始出现：

（396）莫向春风诉酒杯，谪仙真个是仙才。（王定保《唐摭言》卷十一）

---

① 香坂顺一（1992）指出此例的"委实"见于选择问句，应该作"到底、究竟"理解。

（397）只看些景致，讨不得一点儿消息，还不知这天书<u>真个</u>有也没有。（《三遂平妖传》第九回）

（398）只见那头陀提着齐眉短棍在树林左右行来步去，东张西望，口里哼道："死秃驴<u>真个</u>那里去了？"（《三遂平妖传》第十回）

"果真"表真值确认最早见于明代，清代中期发展出"到底、究竟"义。例如：

（399）<u>果真</u>有所谓佛耶？（郎瑛《七修类稿》卷十七）

（400）晁老再三又向晁夫人详问："<u>果真</u>是为何来？"（《醒世姻缘传》第十五回）

江西上犹客家话的"真介"在是非问句中表真值确认，在选择问句、特指问句、反复问句中表追究（田志军提供）。例如：

（401）a. 渠<u>真介</u>考上了中山大学无？（他真的考上中山大学了吗）

b. <u>真介</u>系坐稳食好，还系企稳食好？（到底坐着吃好，还是站着吃好）

c. 渠<u>真介</u>系唔系你阿哥？（他到底是不是你哥哥）

d. 该个东西<u>真介</u>有几重哩？（这个东西到底有多重呢）

闽语雷州话的副词"真正"在反复问句、特指问句里表示深究（张振兴等、蔡叶青，1998）：

（402）a. 汝<u>真正</u>肯无肯去嘞？（你到底肯不肯去）

b. 汝<u>真正</u>因乜无嗜耶个尼官嘞？（你到底为什么不喜欢这个女婿）

湖南安仁话的"真格"和"到底"一样可进入反复问句（陈满华提供）：

（403）a. 佢<u>真格</u>考起大学哒有？（他到底考上大学了没有）

b. 你<u>到底</u>去过北京有？（你到底去过北京没有）

安多藏语化隆话的 ŋo ma 在陈述句、是非问句中相当于汉语的"真的”，在选择问句、反复问句、特指问句中相当于汉语疑问句中的“到底”（徐世梁提供）：

化隆藏语

（404）a. ŋa　ŋo ma　kho　la　ka　kə（我真的喜欢他）
　　　 我　真正地　他　助-格　喜欢　语助

b. tɕʰo　ŋo ma　tɕa　tʰwɔ̃　tɕa（你真的喝茶吗）
　　你　真的　茶　喝　语助

c. tɕʰo　ŋo ma　tɕa　tʰwɔ̃　tɕa　o ma　tʰwɔ̃　tɕa（你到底喝茶还是奶茶）
　　你　真的　茶　喝　助　奶茶　喝　语助

d. tɕʰo　ŋo ma　tɕo　tɕa　mə̃　tɕo（你到底去不去）
　　你　真的　走　助　不　走

e. tɕyn tsʰæ̃　ŋo ma　tɕʰɯ　ri（到底是什么原因）
　　原因　真的　什么　是

（六）小结

“诚”“果”的演变路径可以概括为：

形容词“真诚不欺”→形容词“真正”→副词“真的、的确”→副词“到底”
动词“实现”→副词“终于、果真”↗

“诚”“果”语源不同，却都发展成真值确认副词，这说明它们的演变机制、途径不同。“诚”通过隐喻产生新义，它最初描述人的心意，后来扩展到物（无生名词）、行为（指称化的动词）乃至命题，意义越来越抽象，这符合“人、动植物、三维物体<性状、事件<命题”的隐喻梯度（Lyons，1977），“形容词‘真实’义>副词‘真的、的确’义”是一个跨语言普遍存在的演变模式（Heine&Kuteva，2002）。

“果”产生新义是通过语用推理，作动词时“果 VP”表示“使 VP 实现”，VP 实现就意味着“VP 成真”，所以春秋晚期的“不果 V”表示“没实现 V”，但理解为“不是真的 V”也未尝不可，这为“果”的引申提供了语义上的可能，此外，已然语境、VP 情状类型的变化对“果”向语气副词演变有推动作用。

“允”“信”未发展出“到底、究竟”义的原因是：一是时代的局限。“允”频繁见于甲骨文，当时已初现真值确认副词的端倪，但后来急剧衰落，先秦传世文献中“允”仅 13 例，主要见于《诗经》《尚书》。“信”始见于春秋末战国初，《左传》7 例、《孟子》3 例、《国语》5 例，由于“诚”的兴起，"信"在战国中期已渐显预势，《墨子》1 例、《庄子》1 例、《韩非子》2 例、《吕氏春秋》2 例、《战国策》2 例。二是使用范围受限。"允""信"只能出现在是非问句里，不能进入并列选择问句，没有迈出通往"到底、究竟"义的关键一步。例如：

(405) 戊辰卜，王：犬<u>允</u>隻（獲）抑？不。（《合》19782）（戊辰日占卜，王亲自贞问：犬确实有擒获吗？结果没有）

(406) 夫夷子<u>信</u>以为人之亲其兄之子为若亲其邻之赤子乎？（《孟子·滕文公上》）

值得注意的是，普通话及多数汉语方言普遍用两个语法化来源迥异、句型分布互补的副词表达真值确认义和"到底、究竟"义（见表 3-6）：

表 3-6

方言	是非问	选择问、反复问、特指问	语料来源
普通话	你<u>真的</u>怕老虎吗？	他们<u>到底</u>想去广州还是想去上海？ 这个橘子<u>到底</u>甜不甜？ <u>到底</u>要怎么样你才高兴？	自拟例句
银川话	你<u>真格</u>不吃？	他<u>到了</u>走了没有？	李树俨、张安生（1996）提供
关中永寿话	你明儿<u>真的</u>到包头去呀？	这话<u>到底</u>是不是你说下的？ 这<u>到底</u>是谁家娃？	唐正大提供
陕北神木话	你明儿<u>真个</u>去包头去呀？	你<u>到底</u>回家嘞不？ 这孩仉儿<u>到底</u>是谁家的？	邢向东提供
绍兴柯桥话	渠<u>真当</u>剩来哉？ 亨间屋<u>真当</u>是倷咯？	诺<u>到底</u>北京有没去过 亨本书<u>到底</u>是海个咯？	盛益民提供
连城客家话	kuə¹¹（那）<u>确</u>的实系慈姑 hia³⁵？	<u>到底</u>是物东西跌撤？	项梦冰提供
永定客家话	佢<u>正经</u>考到中山大学啊？	<u>到底</u>坐倒食可好，也兜猗倒食可好？ 你<u>到底</u>甘愿去无？ 这东西<u>到底</u>有几重欸？	李小华提供
福建南安话	伊<u>诚实</u>考著中山大学？	汝<u>到底</u>有去着北京无？ 即项物件<u>到底</u>是佗重？	吕晓玲提供
香港粤语	（乜）你<u>真</u>係怕老鼠咩？	你<u>究竟</u>唔食咗佢呀？ 呢个人<u>究竟</u>点样靓法？	张洪年（2007）、郭必之提供
台湾闽南话	汝<u>真正</u>有钱口否？	汝<u>到底</u>会来勿会（来）？	汤廷池等（2007）提供
台湾客家话	佢<u>真实</u>不会来mia？	佢<u>到底</u>高兴 jam 高兴？	钟荣富（2004）提供

英语表究竟义用 the hell，日语用"一體"（Cheng，1997；Huang&Ochi，2004），它们不表真值确认。可见"真值确认＞到底、究竟"是一个在类型学上很不显著的演变模式，其原因尚待继续研究。①

二、岂、宁₂

（一）岂

通常认为语气副词"岂"出现于西周时期的传世语料《诗经》（二雅），它表示反诘语气，本书认为"岂"在反问句中起加强语气的作用，例如（引自张玉金，2004：379；姚振武，2015：247）：

（407）岂敢定居，一月三捷。（《诗经·小雅·采薇》）
（408）岂敢惮行，畏不能趋。（《诗经·小雅·绵蛮》）

因为甲骨文、西周金文等更早语料中没有"岂"，而"岂"从出现开始在语料中就只有语气副词的用法，所以几乎没有学者讨论其来源和形成过程，有些学者只讨论"岂"在后来语气类型的演变，即"岂"开始只表示反问语气，后来有一定数量的"岂"演变为表示拟测、不定语气，例如《三国志·诸葛亮传》："将军岂愿见之乎？"中"岂"就表示拟测语气，刘坚、江蓝生、白维国、曹广顺（1992：244）称之为"推度询问"。

本书认为，讨论"岂"的来源并非不可能之事，"岂"有可能来源于疑问代词，理由是：第一，"岂"的一些语法分布特点不同于许多语气副词，却与疑问代词颇为相像，比如反问句中出现于"必"之前，例如：

（409）齐、晋亦唯天所授，岂必晋？（《左传·成公二年》）
（410）摄卿以往，可也，何必子？（《左传·文公七年》）

此外，"岂"出现于"岂其 VP"，"其"是代词，下面例句中的"其"指代前文的"天"，"岂其使一人……"相当于"岂天之使一人……"，例如：

（411）天之爱民甚矣！岂其使一人肆于民上，以从其淫而弃天地之性？（《左传·襄公十四年》）

---

① 张秀松（2014）发现世界语言的追问标记（表示"到底、究竟"的词）主要来源于终竟义词、表示时间先后的词、真值验证词、否定极项、统括性范围词、重复/追加义词、PDN-型固定短语。其中"真值验证词"就是表示"真的、确实"的词语。

照此类推，下列各例中"其"都是代词，例如：

(412)胙又无子，公室无度，幸而得死，岂其获祀？(《左传·昭公三年》)

(413)楚灵王若能如是，岂其辱于乾溪？(《左传·昭公十二年》)

(414)岂其嗣世九年，而弃命废职？(《左传·僖公二十六年》)

上古汉语其他的语气副词全然没有这种分布特点，而疑问代词"何""奚"可以在具有反问语气的句子里出现于"其"左侧，例如(只举"奚"的例子)：

(415)夫如是，奚其丧？(《论语·宪问》)

第二，王念孙《读书杂志·荀子第一·岂非》说："'岂'本作'几'，古'岂'字也，今作'岂'者，后人不识古字而改之耳。"如王念孙所说，假如"岂"的古字真的是"几"，那么它最初可能来自疑问词，而"几"恰好有疑问代词的用法，它在音韵上与"何""奚"等声母相近，"几"用于询问数量(王海棻，1987：75)。

上述分析只是推测，由于缺乏关键性的语料，目前尚不能确凿地证明"岂"的词汇源头和形成过程。

(二)宁₂

在反问句中表示加强语气的"宁₂"最早见于《国语》，例如：

(416)凡百箴谏，吾尽闻之矣，宁闻他言？(《国语·楚语上》)

先秦语料中"宁₂"尚不多见，到西汉以后，"宁₂"出现的数量明显增多，例如：

(417)设使食肉者一旦失计于庙堂之上，若臣等藿食者，宁得无肝胆涂地于中原之野与？(《说苑·善说》)

(418)此天理也，所从来久矣，宁能至汤武而然耶！(《春秋繁露·尧舜不擅移汤武不专杀》)

(419)夫遥大之物，宁可度量？(《颜氏家训·归心》)

(420)居马上得之，宁可以马上治之乎？(《史记·郦生陆贾列传》)

（421）身直为闺阁之臣，<u>宁得自引深臧于岩穴邪</u>！（《汉书·司马迁传》）

有研究认为"宁₂"来源于表示意愿的（助）动词"宁"，本书不同意这种说法：首先，虽然表示意愿的"宁"可以出现于疑问句，但都是选择问句，而"宁₂"从出现之始就不用于选择问句，可见它与表示意愿的"宁"在分布环境上并没有相似点，例如：

（422）君<u>宁</u>死而又死乎？其<u>宁</u>生而又生乎？（《吕氏春秋·贵信》）

其次，"宁₂"在西汉以后经常与情态助动词搭配，如果说它来源于表示意愿的"宁"，这是难以想象的，因为表示意愿的"宁"本身就表达情态，它与其他情态助动词是互相排斥的，它自身不与情态助动词搭配，由它演变而来的成分也不会搭配情态助动词。

本书认为"宁₂"来自表示非预期的副词"宁₁"，后者可以出现于疑问句，而且总是单句的形式，虽然"宁₁"在先秦的例子较为罕见，但是与之意义相似的"曾"可以搭配"能""足以"等情态助动词，说明这类副词与情态助动词互不排斥，这与表示反诘语气的"宁₂"是相通的。从"宁₁"到"宁₂"的语义发展应该是一个主观化的过程，即从表示意外或偏离预期到质疑和否认。

第六节　祈愿副词的来源与形成

一、其₂（本节暂且记作"其祈使"）

（一）问题的提出

王引之《经传释词》（卷五）把"其"的用法归纳成 10 条①，其中"拟议之词""犹'殆'也""犹'将'也""犹'尚'也""犹'宁'也"等 5 条是副词用法。例如：

（423）鹑之贲贲，天策焞焞，火中成军，<u>虢公其奔</u>。（《左传·僖公五年》）

---

① 参见（清）王引之撰，黄侃、杨树达批：《经传释词》，长沙，岳麓书社，1984，第108—113页。

(424)a. 芮良夫曰："王室其将卑乎!"(《国语·周语上》)

　　b. 修己以安百姓，尧舜其犹病诸?(《论语·宪问》)

　　c. 困而不失其所亨，其唯君子乎?(《周易·困卦·彖辞》)

　　d. 将军文子之丧，既除丧而后越人来吊……子游观之曰："将军文氏之子，其庶几乎?……"(《礼记·檀弓上》)

(425)a. 一之谓甚，其可再乎?(《左传·僖公五年》)

　　b. 犁牛之子骍且角，虽欲勿用，山川其舍诸?(《论语·雍也》)

　　c. 大车无輗，小车无軏，其何以行之哉?(《论语·为政》)

(426)a. 其雨其雨，杲杲出日。(《诗经·卫风·伯兮》)

　　b. 吾子其无废先君之功。(《左传·隐公三年》)

　　现代学者对副词"其"的功能有三种处置方案：A. 认为"其"有4种功能，以上4组例句分别表示"将来""拟测""反问""祈使"(杨树达，1954：158)；B. 认为例(423)、例(424)、例(426)表示委婉，例(425)表示强调(王力，1962/1999)；C. 认为"其"表示"虚拟"，而"祈使"和"拟测"都是"虚拟"的语境变体(俞敏，1987：88；魏培泉，1999)。

　　方案B的问题很多。首先，该方案的原旨是想以一个高度概括的功能统摄"其"的所有用法，而最终却归纳出"委婉"和"强调"两种相矛盾的功能，以致后来坚持B方案的学者不得不说反问句中的"其"也表示缓和、拟测(韩峥嵘，1984；郭锡良，2007：129)；其次，所有的拟测句都会带出委婉口气，但不能说拟测副词的基本功能就是表示委婉；最后，《左传》《国语》等语料中含"其"的祈使句确实多表示委婉礼貌，但这种态势在春秋战国很明显，在此前(西周)和此后(西汉)却不明显。就全部上古语料看，"其祈使"出现的语境有两种：

　　(427)(楚使)对曰："贡之不入，寡君之罪也，敢不共给? 昭王之不复，君其问诸水滨!"(《左传·僖公四年》)

　　(428)吕、郤畏逼，将焚公宫而弑晋侯。寺人披请见。公使让之，且辞焉，曰："蒲城之役，君命一宿，女即至。其后余从狄君以田渭滨，女为惠公来求杀余，命女三宿，女中宿至。虽有君命，何其速也! 夫祛犹在，女其行乎!"(《左传·僖公二十四年》)

（429）秦初并天下，令丞相、御史曰："……今名号不更，无以称成功、传后世，其议帝号。"（《史记·秦始皇本纪》）

例（427）明显是委婉礼貌的，例（428）和例（429）则不然。证据是：1. 画线句的主语，例（427）用尊称"君"，例（428）用贱称代词"汝"，例（429）的主语缺省，句子是非主谓句，这种祈使句口气强硬（李佐丰，2004：445）；2. 语体和谈话内容，例（427）是外交辞令，语气谦恭委婉，例（428）是晋文公对寺人披的责骂，例（429）是诏令，语气强硬。综上，方案 B 暂时不可取。

方案 A 和方案 C 在原则上不冲突，但方案 C 是共时概括，适用于《左传》《国语》《庄子》等春秋战国语料，但扩大调查范围就会发现甲骨文的"其"只表示"将来"，西周以后，"其"的用法逐渐多样，如果想研究"其"的副词用法的发展，应该选方案 A。

虽然如此，但方案 A 还有待完善，需要落实四个问题：

甲、"拟测"和"将来"的区分。例（423）"虢公其奔"和例（424a）"王室其将卑"都是对将来的拟测，例（424b）"尧舜其犹病"是对假想情况的拟测，假想不存在于现实，与"将来"有相通的地方，如果只看见这些例子，那么"将来"和"拟测"不必分开。但是例（424c）却与前述例子不同，它描述的情况既非过去也非将来，是泛指性的道理，例（424d）是对已经出现的人和事的评价，例（424c）、例（424d）的"其"不表示将来，这样一来，"将来"和"拟测"的区分有依据。

乙、"反诘"功能是否存在？第（425）组"其"以往被看成"反诘"，其实这些句子描述的是将来、假想的情况，在古书中有一些与它们文辞近似的句子，"其"出现的位置也可以用"将"，可见以往被看作"反诘"的"其"实际上多数表示"将来"。例如：

（430）a. 诗云："上帝临女，无贰尔心。"先王其知之矣，贰将可乎？（《国语·晋语四》）

b. 且彼若能利国家，虽重币，晋将可乎？（《左传·成公二年》）

c. 楚有三施，我有三怨，怨仇已多，将何以战？（《左传·僖公二十八年》）

丙、《诗经》中的"其雨其雨"表示祈使吗？朱熹《诗集传》把"其"解释成"冀其将然之词"①。于是有学者认定"其"在这里表示祈使（程俊英，1985：116；丁邦新，2001）。对古书字句的解读应该尽量贴近古人使用该字句的真正意图，要依靠典籍异文和古人注解。仅就字词训释而言，注疏家所处的时代距离作品的时代越近，对作品语言的解释越贴切。总体看，毛传对《诗经》的注解最贴切，郑笺次之，朱熹集传又次之。郑玄对例（426a）的理解是"人言'其雨其雨'而杲杲然日复出，犹我言'伯且来伯且来'"②，郑玄用表示将来的"且"翻译"其"，说明他认为"其"表示将来。

丁、"祈使"的功能存在吗？魏培泉（1999）认为"祈使"和"拟测"是语境变体，依靠主语人称区分（第二人称表拟测，第三人称表祈使），否认"祈使"功能的独立性。魏培泉所说的"拟测"覆盖面宽，等于本书的"拟测"＋"将来"，下面分别分析：表示"拟测"与"祈使"的"其"在语义上对立（前者不指向将来，后者指向将来）。表示"将来"与"祈使"的"其"虽然都指向将来，但在主语人称、谓语类型都相同时，也有对立：

(431)a. 自子之归也，小人粪除先人之敝庐，曰："子其将来。"（《左传•昭公三年》）

b. 君其往也，送葬而归，以快楚心。（《左传•襄公二十八年》）

以上两例的主语都是第二人称，谓语同是位移动词，但 a 句"其"表示将来，b 句"其"表示祈使，说明"祈使"和"将来"区别明显，"其"有祈使用法（记作"其祈使"）。

调查发现：1."其祈使"最早出现于西周；2. 西周时期的"其祈使"很少出现于礼貌色彩鲜明的语境，425 篇铜器铭文中"其祈使"出现 3 次，语境显得不礼貌，《周易》（卦辞、爻辞）、《诗经》（二雅、周颂）、《尚书•西周书》、《逸周书》中③，出现于礼貌语境的"其祈使"有 9 次，占总数的 26％。3. 春秋战国时期，"其祈使"多出现于礼貌色彩鲜明的语境，《尚书•东周书》等 20 种语料中"其祈使"163 次出现于礼貌语境，比例 94％（见表 3-7）。

---

① 参见（宋）朱熹注，赵长征点校：《诗集传》，北京，中华书局，2011，第 52 页。
② 参见（清）王先谦撰：《诗三家义集疏》（上册），北京，中华书局，1987，第 308 页。
③ 铜器铭文语料依据刘志基、臧克和、王文耀编《金文今译类检》（殷商西周卷）（南宁，广西教育出版社，2003）；《尚书•西周书》去掉《洪范》《金縢》《牧誓》3 篇，《逸周书》只取《世俘》《商誓》《皇门》《尝麦》《祭公》《芮良夫》《度邑》《克殷》《作雒》9 篇，《诗经》（二雅、周颂）、《周易》（卦辞、爻辞）一般认为是西周作品（张玉金，2004：19；殷国光、朱淑华，2008）。

表 3-7　先秦时期"其_{祈使}"语境类型的调查

	西周金文	周易(卦、爻)	尚书[西周]	逸周书	诗经(雅、颂)	尚书[东周]	仪礼	左传	国语	论语
礼貌	0	0	8	1	0	1	1	65	36	0
非礼貌	3	0	20	1	3	0	0	6	1	0
	孟子	庄子	荀子	墨子	吕览	韩非	管子	晏子	商君	战国策
礼貌	0	2	0	0	4	11	9	12	1	21
非礼貌	0	0	0	0	1	0	0	0	0	0

　　"其_{祈使}"的来源是什么？为什么"其_{祈使}"在最初很少见于礼貌色彩鲜明的语境，后来却经常与尊敬、礼貌的语境相伴随？对于"其_{祈使}"的来源，各家观点不一致，也牵涉到副词"其"和指代词"其"的关系问题。Takashima(1970)曾经认为代词"其"和副词"其"同出一源，后来他(1973)放弃了这个看法，但他(1996)提出"代词假说"(Pronominal Hypothesis)，指出商代的"其"基本上是个代词，后来引申出各种语气用法。姚振武(2005：181)认为"其_{祈使}"是表示拟测的"其"的进一步发展。解惠全等(2008：491)的态度迟疑，认为"其_{祈使}"或许来源于指代词"其"，或许源于表将来的"其"。解决争议的关键在于要先描述"其_{祈使}"的用法、厘清指代词"其"和副词"其"的关系。下文先分析"其_{祈使}"的语境，再结合语境反推它的来源，最后勾勒"其_{祈使}"的形成途径、解释演变动因。

(二)"其_{祈使}"出现的语境

1. 语法环境

本节调查《尚书》《逸周书》《仪礼》《左传》。

"其_{祈使}"搭配第二人称主语，如果上文出现称呼语，句子主语可以不出现，见例(433)—例(434)；"其_{祈使}"搭配动作动词，或者本身不是动作动词，但临时被赋予[＋自主]、[＋动作]特征的名词、状态动词、形容词。例如：

　　(432)不吊天降疾病，予畏之威。公**其**告予懿德！(《逸周书·祭公解》)

　　(433)周公曰：呜呼！继自今嗣王，则**其**无淫于观、于逸、于游、于田。(《尚书·无逸》)

　　(434)公使辞于二子曰："寡人有讨于邸氏，邸氏既伏其辜矣，大夫无辱，**其**复职位！"(《左传·成公十七年》)

　　(435)叔詹谏曰："臣闻天之所启，人弗及也。晋公子有三焉，天其或者将建诸，**君其礼焉**！"(《左传·僖公二十三年》)["礼"是名词，这里是"对～施礼"]

(436)羊舌大夫曰："不可。违命不孝，弃事不忠。虽知其寒，恶不可取。**子其死之**！"(《左传·闵公二年》)["死"是状态动词，这里是"为～死"]

2. 语用环境

本节调查《尚书》《左传》，前者的语体类型明确，后者的人物关系多样且清晰，便于进行语用学分析。

包含"其_{祈使}"的语句是庄重的。庄重的表达一般出现于正式书面语中。所以，判断"其_{祈使}"是否具有庄重风格的重要依据就是看它出现的语段是不是书面语。

《尚书》中"其_{祈使}"共出现 29 次，其中 26 次见于诰词，1 次见于策命(见表 3-8)，"诰""命"都是正式的官方文书，"其_{祈使}"有庄重性。

表 3-8　"其_{祈使}"在《尚书》各篇中的分布

篇名	金縢	康诰	洛诰	酒诰	召诰	无逸	君奭	立政	吕刑	文侯之命
次数	2	2	6	1	4	3	1	5	4	1

《左传》中包含"其_{祈使}"的语段的语体类型不容易辨别，因为语段看上去全是对话，虽然如此，"其_{祈使}"的"庄重"仍然可以从四个方面得以验证：

第一，交际距离。庄重的语体可以"拉远"交际距离(冯胜利，2010)，据此可知，关系亲昵的人交谈应该极少用"其_{祈使}"，《左传》的"其_{祈使}"多见于君与臣、两国外交官的交谈，共 57 次(>80%)，亲人之间谈话用"其_{祈使}"仅 4 次(<6%)。有些例子看似是例外，其实不是，如下：

(437)卫侯欲辞。定姜曰："不可。是先君宗卿之嗣也，大国又以为请。不许，将亡。虽恶之，不犹愈于亡乎? 君其忍之! 安民而宥宗卿，不亦可乎?"(《左传·成公十四年》)

(438)(季札)适晋……说叔向，将行，谓叔向曰："吾子勉之! 君侈而多良，大夫皆富，政将在家。吾子好直，必思自免于难。"(《左传·襄公二十九年》)

例(437)是夫妻(定姜与卫定公)的对话，不过定姜用"君"称呼听者，严守君臣礼仪，这不违背"其_{祈使}"的严肃庄重的使用准则。例(438)季札和叔向是吴国和晋国的外交官，但他们以朋友相待，谈话的内容涉及叔向个人的安危祸福，无关公事，为拉近两人距离，交谈不用"其"。

第二，称呼。《左传》中"其_{祈使}"出现的谈话共 66 段，这些谈话中称呼语共出现 199 次，按照称呼人的方式可以分为 17 种。称呼己方的有"寡人"(16 次)、"孤"(1 次)、"臣"(17 次)、"下臣"(4 次)、"余"(5 次)、"吾"(11 次)、"我"(6 次)、"寡君"(16 次)、"敝邑"(3 次)、直称己名(6 次)，称呼对方的有"君"(70 次)、"子"(26 次)、"吾子"(7 次)、"尔"(4 次)、"汝"(5 次)、"执事"(1 次)、"大夫"(1 次)。其中"寡人""孤""(下)臣""寡君""敝邑""君""(吾)子""执事""大夫"或自称己名都是正式场合的称呼，共 167 次，比例 85%，这反映出包含"其_{祈使}"的谈话是庄严的。例如：

(439)郑罕虎如晋贺夫人，且告曰："楚人日征<u>敝邑</u>以不朝立王之故。<u>敝邑</u>之往，则畏<u>执事</u>其谓<u>寡君</u>'而固有外心'；其不往，则宋之盟云。进退罪也。<u>寡君</u>使虎布之。"宣子使叔向对曰："<u>君</u>若辱有<u>寡君</u>，在楚何害？修宋盟也。<u>君</u>苟思盟，<u>寡君</u>乃知免于戾矣。<u>君</u>若不有<u>寡君</u>，虽朝夕辱于<u>敝邑</u>，<u>寡君</u>猜焉。君实有心，何辱命焉？<u>君其</u>往也！苟有<u>寡君</u>，在楚犹在晋也。"(《左传·昭公三年》)

第三，谈话的场合与内容。包含"其_{祈使}"的谈话 95% 发生在正式场合[1]，包括君臣议政(36 段)、同僚商讨国事(8 段)、封赏(1 段)、外交会见(13 段)、命令发布(4 段)。从内容上看，这些谈话大都关乎公事，即：对外政策(25 段)、人事任免(10 段)、礼义道德(6 段)、国政民生(3 段)、托孤立嗣(4 段)、外交应对(12 段)、策封赏赐(4 段)。例如：

(440)季孙意如会晋荀跞于适历。荀跞曰："<u>寡君</u>使跞谓<u>吾子</u>：'何故出君？有君不事，周有常刑，<u>子其</u>图之！'"……荀跞以晋侯之命唁公，且曰："<u>寡君</u>使跞以君命讨于意如，意如不敢逃死，<u>君其</u>入

---

① "其"所在的谈话几乎不见于非正式场合，下面一例像是例外，这是兄弟二人的私聊，内容是说报私仇。但推敲可知，这段话的内容与道德有关：伍尚围绕孝、仁、知、勇等严肃的道德概念展开论述，劝说弟弟逃走。因此，这两段话中"其_{祈使}"仍然是严肃庄重的：

棠君尚谓其弟员曰："尔适吴，我将归死。吾知不逮，我能死，尔能报。闻免父之命，不可以莫之奔也；亲戚为戮，不可以莫之报也。奔死免父，孝也；度功而行，仁也；择任而往，知也；知死不辟，勇也。父不可弃，名不可废，<u>尔其</u>勉之！相从为愈。"(《左传·昭公二十年》)

也！"……荀跞掩耳而走，曰："寡君其罪之恐，敢与知鲁国之难？臣请复于寡君。"退而谓季孙："君怒未怠，<u>子姑归祭</u>。"(《左传·昭公三十一年》)

荀跞在外交聘问、传达君命时用"其_{祈使}"，在与季平子私聊时不说"子其归祭"，却改口用"姑"，调查发现《左传》中"姑"多见于非正式交谈。例如：

(441)狼瞫怒。其友曰："盍死之？"瞫曰："吾未获死所。"其友曰："吾与女为难。"瞫曰："周志有之：'勇则害上，不登于明堂。'死而不义，非勇也。共用之谓勇。吾以勇求右，无勇而黜，亦其所也。谓上不我知，黜而宜，乃知我矣。<u>子姑待之</u>。"(《左传·文公二年》)

这一段是狼瞫和朋友的谈话，出现了非正式称呼"吾、汝"。

第四，言辞的篇幅。先看两例，下列两例的画直线处都是祈使句：

(442)陈侯扶其大子偃师奔墓，遇司马桓子，曰："<u>载余</u>！"曰："将巡城！"遇贾获载其母、妻，下之而授公车。公曰："<u>舍而母</u>！"辞曰："不祥。"(《左传·襄公二十五年》)

(443)申包胥如秦乞师，曰："吴为封豕、长蛇，以荐食上国，虐始于楚。寡君失守社稷，越在草莽，使下臣告急，曰：'夷德无厌，若邻于君，疆场之患也。逮吴之未定，<u>君其取分焉</u>。若楚之遂亡，君之土也。若以君灵抚之，世以事君。'"<u>秦伯使辞焉</u>，曰："寡人闻命矣。子姑就馆，将图而告。"(《左传·定公四年》)

例(442)是简短的动宾式，例(443)主、谓、宾、状俱全；例(442)是逃亡路上的即兴对话，例(443)虽然看似口头对话，其实是正式的告急国书，"秦伯使辞焉"说明申包胥和秦哀公不是当面交谈，而是委派信使相互转达文书。例(442)中每个人物说的话都只有 1 句，例(443)申包胥的陈辞却长达 15 句。一般认为，正式书面语冗长，即兴对话简练(陶红印，1999)。考察发现《左传》中含"其"的陈辞共 70 段，总句数 895 句，平均每段 13 个小句①；同时，本书调查《左传·襄公元年——三十一年》中含有"载余""舍而母"等简短祈使句的语段，共 75 段陈辞，352 句，平均每

---

① 最短的是僖公八年宋太子兹父的上书(9 字)，最长的是昭公元年晋卿赵武请求楚人放过叔孙豹的外交文书(282 字)。

段约 4 个小句，用"其"的语段在篇幅上是不用"其"的语段的 3 倍。这大致可以说明包含"其"的语段多是有准备的正式文辞。①

（三）从语境看"其_{祈使}"的历史来源

关于"其_{祈使}"的来源有三种设想：代词、"将来"义副词、拟测副词。表示将来的"其"在商代就已存在，表示祈使的"其"和指代的"其"最早见于西周，表示拟测的"其"在春秋战国时代方始出现。"其_{将来}"的出现早于"其_{祈使}"。"其_{指代}"和"其_{祈使}"大致同时出现。"其_{拟测}"的出现比"其_{祈使}"晚得多。从年代上可以认定"其_{拟测}"不是"其_{祈使}"的前身。

"其_{指代}"和"其_{将来}"的出现都不晚于"其_{祈使}"，到底哪个是"其_{祈使}"的前身？ Bybee 等人（1994：9）认为，词汇来源和初始语境决定词的演变路径和结果，一个词在共时分布上的各种制约是受语法化源头的影响而形成的。基于这些认识，我们可以比对"其_{指代}"和"其_{将来}"出现的语境：哪个和"其_{祈使}"在分布上更接近，它就很可能是"其_{祈使}"的来源。

根据上文（二）中的分析，"其_{祈使}"的语境是：1. 祈使句；2. 第二人称主语；3. 谓语有［＋自主］、［＋动作］义；4. 句子描述将来；5. 正式严肃语体。辨认"其_{祈使}"的来源要以这些特征为根据。"其_{祈使}"产生于西周，"其_{祈使}""其_{指代}""其_{将来}"在西周时期共存，本节只调查 425 篇铭文、《尚书·西周书》、《逸周书》、《诗经》（豳风、二雅、周颂）、《周易》（卦辞、爻辞）。

"其_{指代}"见于四种语境：1. 作定语，修饰名词或指称化了的动词和形容词，见例（444）—例（446）；2. 在时间从句、宾语从句中作主语，见例（447）—例（448）；3. 在定中结构或指称性的主谓结构中起连接作用，见例（449）—例（450）；4. 作状语修饰形容词，见例（451）—例（452）。

（444）有杕之杜，有睆其实。（《诗经·小雅·杕杜》）

（445）九四，臀无肤，其行次且；牵羊悔亡，闻言不信。（《周易·夬》）

（446）谋之其臧，则具是违；谋之不臧，则具是依。（《诗经·小雅·小旻》）

（447）其未醉止，威仪反反；曰既醉止，威仪幡幡。（《诗经·小雅·宾之初筵》）

（448）其在高宗，时旧劳于外，爰暨小人，作其即位……三年不言。（《尚书·无逸》）

---

① 古代史书常把正式文书以口说的形式记载，会让人误以为是即兴对话（董芬芬，2012：9）。

(449)王若曰：孟侯，朕其弟，小子封！（《尚书·康诰》）

(450)王其效邦君越御事，厥命曷以？引养、引恬。（《尚书·梓材》）

(451)我徂东山，慆慆不归。我来自东，零雨其濛。（《诗经·豳风·东山》）①

(452)孔填不宁，降此大厉。邦靡有定，士民其瘵。（《诗经·大雅·瞻卬》）

副词"其"的功能是在独立句中作状语，而1、2、3三种语境中的代词"其"不作状语，并且这些"其"出现于从属结构或指称性结构，所以这些"其指代"不可能演变为副词。虽然语境4中的"其指代"作状语，但是这种"其指代"修饰形容词，主语指称物品或者第三人称角色，"其指代＋形容词"的功能相当于形容词重叠式（其濛＝濛濛）。表示对已然状态的夸张渲染，这与"其祈使"搭配第二人称、修饰动作动词、指向未然虚拟状况的特征冲突。所以"其祈使"不可能来源于代词。表示语气和表示指代的"其"的关系以往一直有争论（Cikoski，1978；Malmqvist，1982），上面的分析说明这两种"其"没有历史渊源。

西周时代"其将来"的语境是：1. 少数出现于状语从句，多数出现于主句（陈述句、疑问句）；2. 主语既有指人也有指物，指人时主语可以是第一、第二、第三人称；3. 只修饰动词（这一条仅限于西周）；4. 描述未然情况。例如：

(453)我其夙夜，畏天之威，于时保之。（《诗经·周颂·我将》）（从句、第一人称）

---

①　关于"零雨其濛"中"其"的性质，王引之《经传释词》（卷五）说它是"状事之词"。现代学者有两种意见：1. "其"是词头（王力 1999：468）；2. "其"是代词（俞敏 1987：81；洪波 1991）。持两种意见的学者都没有对其观点进行证明。本书赞同第二种意见，"其"是代词。理由是：1. 词头说没有交代"其"的功能，即"其"加在形容词前到底会添加什么样的意义。2. 代词"之"也可加在形容词前，表示对状态的强调渲染，许多结构里"之""其"有平行的语法表现，由此可认定同样语境中的"其"是代词。例如：

a. 君子之言礼，何其尊也？（《礼记·哀公问》）[比较：寿者惛惛，久忧不死，何之苦也？（《庄子·至乐》)]

b. 稷思天下有饥者，由己饥之也，是以如是其急也。（《孟子·离娄下》）[比较：是不材之木也，无所可用，故能若是之寿。（《庄子·人间世》)]

c. 物其多矣，维其嘉矣。（《诗经·小雅·鱼丽》）[比较：哀我人斯，亦孔之嘉。（《诗经·豳风·破斧》)]

3. 现代汉语代词"这(那)个"加于形容词前有强调渲染的作用（如"人长得那个俊啊"），可以与"之""其"互相参证。

（454）汝其可（何）瘳于兹？（《逸周书·度邑解》）（疑问、第二人称）

（455）有叙时，乃大明服，惟民其敕懋和。（《尚书·康诰》）（陈述、第三人称）

综上可见，"其_{祈使}"和"其_{将来}"在语境上共通点更多，"祈使"很可能来源于"将来"（见表3-9）。跨语言的旁证也可为"将来>祈使"的确立增添砝码，立陶宛语、罗图马语、塔伽洛语的将来时标记都兼用作祈使标记（Ultan，1978）。

表 3-9　三种"其"出现的语境

使用环境　　用法	作状语	从句或指称结构	主句	指物主语	指人主语		谓语类型		未然情状
					第一、第二人称	第三人称	动词	形容词	
其（祈使）	＋	－	＋	－	＋	－	＋	－	＋
其（将来）	＋	＋	＋	＋	＋	＋	＋	－	＋
其（指代）	＋	＋	＋	＋	－	＋	－	＋	－

（四）"其_{祈使}"的出现时代、形成途径、语用动因

"其"最早见于商代的甲骨文，根据罗端（R. Djamouri，2009）统计，甲骨文中"其"共出现 14 318 次，全都带有"将来"的意思。虽然"其"的出现频率很高，但它出现的语境简单。乃俊廷（2002：4）指出甲骨文的"其"绝大部分出现于疑问语境（命辞），在陈述语境中罕见，出现于陈述语境的"其"有两种情况：一种是验辞，验辞中出现"其"是由于受前面命辞的影响，见例（456）—例（457）；另一种含"其"的陈述句一般是时间从句，见例（458）。此外，"其"经常出现在正反对贞卜辞中，如果贞问的内容关系到占卜者一方的利益，并且爱憎或吉凶反差强烈，那么"其"字句一定表述占卜者不希望看到的事情，见例（459）。总之，商代的"其"在句类、句子内容、语境等方面不具备演变为"其_{祈使}"的条件。

（456）贞：今日壬申其雨？之日允雨。（合集 12939）

（457）卜，扶*曰：乙丑其雨？允其雨。（合集 20898）

（458）贞：王其往出省从西，告于祖丁？（合集 5113 反）

（459）戊申卜，争*贞：帝其降我艰？一月。

戊申卜，争*贞：帝不我降艰？（《殷虚文字丙编》67，《甲骨文合集》10171 正）

西周时期，"其_{将来}"有两个重要变化，使得它向"其_{祈使}"迈进了一步：一个是"其"的正式严肃的语体风格已经形成。据统计，425篇铭文中181篇出现"其"，《尚书》西周13篇中10篇出现"其"，《逸周书》9篇中4篇出现"其"，《周颂》31篇中6篇出现"其"。铭文、《尚书》、《周颂》的内容与功勋、策命、赏赐、训诰、盟约、祭祀有关，文辞典雅庄重，与之相反，口语色彩浓重的《国风》160篇民歌，仅7篇有"其"。另一个是"其"绝大部分出现于陈述句，而且这些句子几乎都带有说话者的期待。下面句子中"亡""危""谗言兴"是说话者不希望出现的，但这样的例外情况在西周语料里仅4例。例如：

(460) 九五，休否，大人吉；<u>其亡其亡</u>，系于苞桑。(《周易·否》)

(461) 民至亿兆，后一而已，寡不敌众，<u>后其危哉</u>！(《逸周书·芮良夫解》)

(462) 民之讹言，宁莫之惩！我友敬矣，<u>谗言其兴</u>。(《诗经·小雅·沔水》)

"其_{将来}"饱含期待，这在铭文中尤其突出，"其永宝用""其眉寿无疆"等祝愿的语句在铭文中常见，有时还并用两个"其"以加强期待。例如：

(463) 用乍(作)朕文考叀中尊宝簋，<u>其万年子子孙孙永宝用</u>。(同簋，集成4271)

(464) 用敢卿(饗)孝于皇且(祖)丂(考)，用祈眉寿，<u>其万年孙孙孙其永宝用</u>。(仲枏父簋盖，集成4154)

(465) <u>虢姜其万年眉寿</u>，受福无疆(疆)，子子孙孙永宝用亯(享)。(虢姜簋盖，集成4182)

(466) <u>余其永迈(万)年宝用</u>，子子孙孙其帅井(型)受兹休。(彔伯冬簋盖，集成4182)

(467) 乍朕皇且(祖)幽大弔(叔)尊簋。<u>其皇在上</u>，降余多福鲧(繁)緐(釐)、广启禹身，擢于永命，<u>禹其万年永宝用</u>。(叔向父禹簋，集成4242)

(468) 俞拜稽首，<u>天子其万年眉寿、黄耇</u>，畯在立(位)。(师俞簋盖，集成4277)

崔永东(1994：32)认为上述各例的"其"表示祈使。该观点值得商榷，一个句子包含人的期望并不等于它是祈使句，而且表示期望的句子也未必非得用"其"，金文中"子子孙孙永宝用""万年无疆"的说法很多，虽然不带"其"，但语义和例(463)—例(465)是相等的。调查发现，有233篇铭文出现了表示祝愿的语句，181篇用"其"，52篇不用"其"。铭文中带有期待性的"其"实际是表示"将来"，因为这些句子的主语多是第三人称、偶尔是第一人称，谓语"永宝""万年无疆""眉寿""多福"表示状态而非动作，而且铭文的祝愿句是独白，不是对话。这种"其"在多个方面和"其祈使"冲突。可知"其祈使"不会直接脱胎于"其永宝用"等句子。

下面两个例句和"其祈使"的产生也不直接相关：

(469)厥或诰曰"群饮"，汝勿佚，尽执拘以归于周，<u>予其杀</u>。(《尚书·酒诰》)

(470)尔乃自时洛邑，尚永力畋尔田，天惟畀矜尔，<u>我有周惟其大介赉尔</u>。(《尚书·多方》)

以上两例的"其"比例(463)—例(468)更接近"其祈使"，它们搭配动作动词、见于对话，所以俞敏(1987：83)认为"予其杀"是祈使(下命令给自己)。这种看法值得商榷，典型的祈使是向对方提要求，有的语言虽然有第一人称祈使式，但通常表示"请允许我……"，如独龙语、柯尔克孜语、乌孜别克语(孙宏开，1982：108；胡振华，1985：100；程适良、阿不都热合曼，1987：78)。古汉语的"我/予其V"没有这种意思。此外，"予其杀""我有周惟其大介赉尔"和上文都有联系，"予其杀"是"尽执拘以归于周"的后续事件，"我有周惟其大介赉尔"是"尚永力畋尔田"这一条件的结果，这两个"其"解释成"将要、将会"更好。

下面的例子与"其祈使"的形成有直接关系：

(471)呜呼！有王虽小，元子哉！<u>其丕能诚于小民</u>，今休。(《尚书·召诰》)

古代注疏家对这段话有不同的理解，伪《孔传》："有成王虽少，而大为天所子，其大能和于小民，成今之美。"蔡沈《书集传》："召公叹息言王虽幼冲，乃天之元子哉。谓其年虽小，其任则大也。……'其'者，期之辞也。王其大能诚和小民，为今之休美乎。"①按照伪《孔传》，"有王虽小元子哉"是条件，"丕能诚于小民"是推断，"其"表示"将会"。按照《书集传》，"其"表示期盼勉励，有祈使的味道。这两种理解并不矛盾，伪《孔传》解读的是字面义，《书集传》阐释的是言外义。下面一例同样存在两可解读：

> (472)其惟王勿以小民淫用非彝；亦敢殄戮用乂民，若有功，其惟王位在德元，小民乃惟刑用于天下，越王显……欲王以小民受天永命。(《尚书·召诰》)

孔颖达《尚书正义》："顺行禹汤所有成功，则惟王居天子之位，在德行之首矣，王能如是，小民乃惟法则于王"②，孔颖达认为"王位在德元"既是"若有功"的未来结果，也是"小民乃惟刑用于天下"的假设条件，"其"表示"将来"。曾运乾《尚书正读》："此文'其惟'，欲王以身作则也。"③曾运乾看到整段话是周公对成王的训诰，把"其"当作"祈使"，也能说通。

例(471)—例(472)的"其"修饰的"能""在"是非自主动词，从这一点看，"其"仍然是"将来"，至少不是成熟的"祈使"，因为"其祈使"要搭配自主动词。比较：

> (473)朕允保奭！其汝克敬以予监于殷丧大否。……其汝克敬德，明我俊民哉！(《尚书·君奭》)〔比较：王敬作所不可不敬德……亦不可不监于有殷。(《尚书·召诰》)〕

例(473)"其"修饰"克"，"克"是非自主动词，所以从字面上"其"不能看作祈使，但"其汝克敬以予监于殷丧大否"和"不可不监于有殷"、"其汝克敬德"和"不可不敬德"在语义上相等，"不可不"表示祈使，"其"当然也容易被理解为祈使，而且例(473)的"其"出现于独立句，前有称呼对方的词语，被"克"包孕的VP"敬德""监于殷"是自主的，这时"其"已很接近"其祈使"。如果动作动词直接搭配"其"，"将来＞祈使"就具备了最关键的语法环境。

---

① 参见(宋)蔡沈撰：《书经集传》(下册)，上海，世界书局，1936，第96页。

② 参见(汉)孔安国传、(唐)孔颖达正义：《尚书正义》，上海，上海古籍出版社，2007，第587页。

③ 参见(清)曾运乾：《尚书正读》，北京，中华书局，1964，第198页。

在"其_{将来}＞其_{祈使}"的演变中，一个现象很值得注意：西周时期"其"和动词并不紧邻，它们之间会出现"皇""典""敬""审"等描述状态的词语。例如：

（474）呜呼，三公！予维不起朕疾，汝其<u>皇</u>敬哉！（《逸周书·祭公解》）

（475）庶士、有正越庶伯、君子，其尔<u>典</u>听朕教。（《尚书·酒诰》）

（476）已！汝惟冲子，惟终。汝其<u>敬</u>识百辟享，亦识其有不享。（《尚书·洛诰》）

（477）五刑之疑有赦，五罚之疑有赦，其<u>审</u>克之！（《尚书·吕刑》）

该现象恰好说明"其_{祈使}"源自"其_{将来}"，而且在西周时期"祈使"在语法上还保存着"将来"的遗韵，理由是：根据本书对 150 篇铭文①、《周易》（卦辞、爻辞）、《诗经》（二雅、周颂）的调查，西周的"其_{将来}"无论修饰什么样的动词，它很少与动词紧邻，"其_{将来}"和动词之间总有一个描述状态的成分（如"永、夙夜、朝夕、万年"等），"其＋状态状语＋V"（如"其于之朝夕监"）和"其＋V"（如"其格前文人"）的比例是 112∶43。到春秋时期，"其_{祈使}"完全与"其_{将来}"分道扬镳，这种现象消失，《左传》71 个"其_{祈使}"全都紧邻动词。

观察并分析语法演变的临界点（存在两可解读的语境）是概括演变动因的前提（Heine，2002）。例（471）和例（472）等句子代表"其"出现［将来/祈使］双重解读的语境，这几段的画线句是描述将来情况的陈述句，而说话者的意图是提出请求。陈述句的功能原本是断言，用它来表示请求，是一种间接言语策略（indirection strategies），使用间接言语策略一般是出于礼貌（Sadock，2008）。礼貌是"将来"演变为"祈使"的语用动因。

用描述将来情况的陈述句来劝说，在《左传》的谏辞中很常见。例如：

（478）五年春，公将如棠观鱼者。臧僖伯谏曰："凡物不足以讲大事，其材不足以备器用，则君不举焉。<u>君，将纳民于轨、物者也。</u>故讲事以度轨量谓之轨，取材以章物采谓之物。不轨不物，谓之乱政。……"（《左传·隐公五年》）

———————————

① 调查范围从《金文今译类检》的《城虢仲簋》（第 1 页）到《从鼎》（第 272 页）。

画线处是泛时性的判断句,字面是说凡是国君都将会是"纳民于轨、物"的人,实际是规谏鲁隐公做事应该合乎法度。君主有错,臣下直指其失,就显得唐突冒犯,臧僖伯以含蓄的陈说方式,表面上不针对具体的人,也不直接发指令,实际是希望鲁隐公纠正错误,既维护了君主尊严,也有利于使之纳谏。不过这种"将"却没发展出"祈使"义。

(五)消极礼貌与积极礼貌:对演变的进一步解释

1. 西周时期"其_{祈使}"的作用是"消极礼貌"

前文指出,"其_{祈使}"受礼貌原则的驱动而形成。如果这种说法成立,那么"其_{祈使}"出现的语境按理说应该有一定的礼貌性。如果把春秋时期"其_{祈使}"出现的主流语境当作典型的礼貌语境,那么这种语境中通常有谦敬语,并且用"其"的一方地位低。

不过,西周时期"其_{祈使}"出现的语句看似不太礼貌。首先,从称呼语看,铭文的"其_{祈使}"有3例(见于2篇铭文),3个"其_{祈使}"都搭配贱称代词"汝"。《尚书·西周书》的"其_{祈使}"28例,可以归并为12段谈话,5段以轻贱称呼"汝""孺子"为主,2段用一般称呼"尔",1段未出现称呼语,4段以尊称"王""君"为主。例如:

> (479)王令敔曰:"戫!淮尸(夷)敢伐内国,女(汝)其以成周师氏戍于古由?师。"(敔盨,集成5420)
>
> (480)惟命曰:"汝受命笃弼,丕视功载,乃汝其悉自教工。"孺子其朋,孺子其朋,其往!无若火始焰焰,厥攸灼,叙弗其绝。(《尚书·洛诰》)
>
> (481)王曰:吁!来,有邦有土,告尔祥刑……其罪惟均,其审克之。(《尚书·吕刑》)
>
> (482)周公曰:呜呼!嗣王其监于兹。(《尚书·无逸》)

其次,从谈话者的地位看,金文"其_{祈使}"1次见于君对臣的命令,2次见于兄对弟的训诫,《尚书》出现"其_{祈使}"的12段话都是训诰,1段是周公对康叔、1段是周公对官吏、1段是吕侯对官吏、8段是周公对成王、1段是成王对周公。如果认为周公和周成王是长辈和晚辈的关系,则12段话几乎都是尊长用"其_{祈使}"。这两组事实对上文(四)中的分析提出挑战:既然说"其_{祈使}"的形成肇端于礼貌,那么为什么早期的"其_{祈使}"多与轻贱的称呼共现?说话者反而比听话者地位高?"礼貌"这一语用动因对"其"的演变有没有解释力?

本书认为用"礼貌"解释"其"的演变，方向是对的。但首先要区分"积极礼貌"和"消极礼貌"①，"积极礼貌"是赞美和尊敬听话者，"消极礼貌"是缓和对听话者的贬损。春秋的"其_{祈使}"是"积极礼貌"，西周的多数"其_{祈使}"属于"消极礼貌"。虽然西周的"其_{祈使}"多搭配轻贱称呼，常见于尊长对下级晚辈训话，但这种"悖逆"是表面现象，其实"其"非但不是不礼貌的，反而有缓和作用，抵消轻贱称呼和强硬口气带来的贬损。理由是：

一是虽然"其"多与轻贱称呼共现，但分析这些谈话可知，多数时候说话者并非完全凌驾于听话者之上，仍然顾及听话者的面子。有两个证据：

A. 诏令几乎不用"其"，诏令是天子对受封赏者的教导命令，口气强硬，直呼对方名字或用贱称"汝"、直接用"（余）令汝……"或非主谓型祈使句发命令，这时候说话者高高在上，绝不用"其"②。例如：

（483）王若曰：殷！命汝更乃且（祖）考友司东鄙五邑。（殷簋，铭图 5305）

B.《尚书》"八诰"（康诰、洛诰、酒诰、召诰、无逸、君奭、立政、吕刑）中常见"其"（见表 3-8），虽然"诰"也是上对下的训辞，但"诰"偏重于劝勉和鼓励，不像诏令那样倨傲严厉，"其"的出现自然就多一些。

二是虽然西周的"其"见于尊对卑、长对幼谈话，但双方的地位差别不大，甚至有时从另一个角度看，听者的地位未必低于说者，所以说话者会顾及对方的面子。调查发现"其"在《尚书》的 8 篇诰中分布不均，《康诰》《酒诰》很少，《洛诰》《召诰》《无逸》很多。原因是《康诰》《酒诰》是周公代表朝廷向康叔和官吏训话，周公和听话者的关系单一、地位悬殊，这些交谈礼貌程度低，很少用"其"；《洛诰》《召诰》《无逸》是周公对周成王的叮嘱，周公与周成王的地位不悬殊，关系不单一：周公作为长辈曾经代天子摄政，致政以后是成王的大臣，这 3 篇诰中周公时而称呼成王"孺子""小子""汝"，时而却称呼"君子""君""王"，可见这些诰辞的礼貌程度高，"其"出现得多就可想而知了。

2. 从"消极礼貌"到"积极礼貌"

西周时期的"其_{祈使}"属于"消极礼貌"，用于消解谈话对听者的贬损，在春秋以后，"其"开始向"积极礼貌"转变，转变首先在称呼和语气上有

---

① "积极礼貌"和"消极礼貌"受 Brown & Levinson(1987)启发。

② 据统计，西周铭文共 70 篇诏令，只有《彔卣》1 篇用"其_{祈使}"。

体现。例如：

> （484）王曰："父义和！其归视尔师，宁尔邦。用赉尔秬鬯一卣；彤弓一，彤矢百；卢弓一，卢矢百；马四匹。"（《尚书·文侯之命》）

《文侯之命》是策命书，但它与西周的策命书不同，西周的策命书口气傲慢，而《文侯之命》口气委婉；西周策命书直呼臣下的名字或用贱称"汝"，用语气强硬的句子发号施令，但在《文侯之命》出现"其"的一小段中，称晋文侯为"父"、代词用"尔"。"其_{祈使}"搭配尊称"父"，接近于"积极礼貌"。"其"为什么会出现这样的变化？如果仅就例（484）分析，应该是周平王东迁以后，王室地位衰落，需要仰赖诸侯护持，所以改用谦恭的措辞，"其"本来就兼有庄重性和礼貌性，用"其"不会折损天子威严，还显得亲切。对"其"而言，能够搭配尊称，所出现的文本整体上显得客套，这是对西周模式的突破。类似的例子如：

> （485）侯氏裨冕，释币于祢，乘墨车，载龙旗弧韣，乃朝，以瑞玉有缫。天子设斧依于户牖之间……天子曰："非他，伯父实来，予一人嘉之。伯父其入，予一人将受之。"侯氏入门右，坐，奠圭，再拜稽首。摈者谒。（《仪礼·觐礼》）

《仪礼》成书于春秋早期（殷国光，2006），它有制度手册的性质，书中天子用"尊称＋其 V"对同姓诸侯表示客套，说明"其"搭配尊称在春秋的觐见礼中已成为惯用语。另外，通篇比较后可知，《文侯之命》中天子有时自称"朕"（倨傲），有时自称"予"（谦卑），对文侯有时称"父"和"尔"，有时称"汝"，尊称和贱称、谦称和傲称并用；《觐礼》天子通篇自称"予"，称诸侯"伯父"，《觐礼》中"其"的语境比《文侯之命》更礼貌。《左传》（成书于春秋末）中"尊称［君、（吾）子］＋其 V"有 65 例，占"其_{祈使}"总数的 91％，这是在《仪礼》基础上的延伸。

最后解释"其_{祈使}"的人际语境的变化。西周的"其_{祈使}"见于尊对卑、长对幼的训诰，春秋早期的《文侯之命》《仪礼》是天子对诸侯用"其_{祈使}"，它的人际语境沿袭西周，但在《左传》中卑对尊用"其_{祈使}"占 76％，尊对卑用"其_{祈使}"占 16％（见表 3-10），态势大逆转，这是为什么？本书认为：春秋贵族在正式场合蓄意模仿西周人说话、追求典雅，但他们未必能透彻领会西周的"其"，于是各自按照自己的理解来用，这些理解只是抓住"其"的某一侧面加以放大，难免片面，最终使得《左传》里"其"的用法复杂化，仅人际语境就有尊对卑、卑对尊、双方平等 3 种。《左传》中的"其"虽然复杂，但都能在西周文献里找到根据，如晋文公说寺人披"女其行乎"，是模仿铭文的"汝其～"（认为"其"用于君对臣训话，不能客气），晋悼公说魏绛"子其受之"是模仿《文侯之命》（认为国君的封赏辞用"其"显得庄重有礼），苌弘对刘文公说"君其务德"是模仿《召诰》中周公的"王其疾敬德"（认为大臣谏言要用"其"以示尊敬）。为什么《左传》中"其"最多见于卑对尊谈话？很可能是当时多数人都认为不管"其"的用法有几个方面，尊敬礼貌最重要，于是人们抓住"礼貌"这一点加以引申扩张，就形成了《左传》中"其"的主流用法，这正好说明"其"无论是产生还是后续引申，始终不偏离礼貌这条主线。

表 3-10　《左传》中"其折使"出现的人际环境

	本国	异国
卑→尊	五父→陈侯（《隐六》1 次）、仲孙湫→齐桓公（《闵一》2 次）、里克→晋献公（《闵二》1 次）、先友、羊舌大夫、狐突→申生（《闵二》3 次）、士蔿→晋献公（《僖五》1 次）、管仲→齐桓公（《僖七》1 次）、大子兹父→宋桓公（《僖八》1 次）、狐突→申生（《僖十》1 次）、臧文仲→鲁僖公（《僖二十二、僖三十三》2 次）、叔詹→郑文公（《僖二十三》1 次）、赵衰→晋文公（《僖二十七》1 次）、乐豫→宋昭公（《文七》1 次）、洩冶→陈灵公（《宣九》1 次）、孟孙蔑→鲁宣公（《宣十四》1 次）、伯宗→晋景公（《宣十五》1 次）、申公巫臣→楚庄王（《成二》1 次）、定姜→卫定公（《成十四》1 次）、申叔时→子反（《成十六》1 次）、士燮→晋厉公、栾书（《成十六》2 次）、魏绛→晋悼公（《襄四》1 次）、子囊→楚共王（《襄九》1 次）、栾黡→晋悼公（《襄十三》1 次）、中行偃→晋悼公（《襄十四》1 次）、晏子→齐庄公（《襄二十二》1 次）、崔杼→齐庄公（《襄二十三》1 次）、免余→卫献公（《襄二十七》1 次）、游吉→郑简公（《襄二十八》1 次）、陈须无→庆封（《襄二十八》1 次）、司马侯→晋平公（《昭四》2 次）、椒举→楚灵王（《昭四》2 次）、史朝→孔成子（《昭七》1 次）、叔向→韩起（《昭九》1 次）、申无宇→楚灵王（《昭十一》1 次）、苌弘→刘文公（《昭十七、昭二十三、昭二十四》3 次）、王子胜→楚灵王（《昭十八》1 次）、子家子→鲁昭公（《昭二十五》1 次）、子南→卫灵公（《哀二》1 次）、诸御鞅→齐简公（《哀十四》1 次）、子行敬子→卫灵公（《定四》1 次）、伍尚→伍员（《昭二十》1 次）	楚使→齐桓公（《僖四》1 次）、叔向→郑简公（《昭三》1 次）、子服惠伯→荀吴（《昭十三》1 次）、罕虎→范鞅（《昭二十四》1 次）、荀跞→鲁昭公（《昭三十一》1 次）、申包胥→秦哀公（《定四》1 次）

续表

	本国	异国
尊→卑	宋穆公→司马孔父（《隐三》1次）、晋厉公→栾书、中行偃（《成十七》1次）、晋文公→子犯（《僖三十》1次）、晋悼公→魏绛（《襄十一》1次）、郤缺→诸大夫（《宣十一》1次）、晋惠公→国人（《僖十五》1次）、晋文公→寺人披（《僖二十四》1次）、卫灵公→大夫（《定八》1次）	郑庄公→许大夫百里（《隐十一》1次）、晋定公→季孙意如（《昭三十一》1次）
平等		子反→郤至（《成十二》2次）、孙林父→叔孙豹（《襄七》1次）、赵武→楚人（《昭一》1次）、叔孙豹→罕虎（《昭一》1次）、罕虎→叔向（《昭五》1次）

二、尚、苟

（一）尚

在传世文献中，表示祈愿语气的副词"尚"最早见于《今文尚书》（西周书），典籍旧注一般都用"庶几"解释"尚"，如《尚书·酒诰》"尔尚克羞馈祀"伪孔《传》，《仪礼·特牲馈食礼》"尚飨"郑《注》，《诗经·兔爰》"尚无为"郑《笺》，等等①。关于"尚"表示祈愿语气的来源，刘淇《助字辨略》似乎认为来自动词"尊尚"义②：

> "尚"是心所贵重，如《易》"高尚其志"是也。心所贵重，即是心所冀望，故得辗转为"庶几"也。

解惠全等（2008：611）认为刘淇的解说比较合理。本书不同意这种解说，因为：1. 副词"尚"最早见于西周语料，直到战国前期"尚"在语料中还有相当的使用频率，但表示"尊尚"的动词"尚"最早见于春秋语料，集中分布于礼书；2. 从语法分布看，动词"尚"后面带一个名词作它的单宾语，整个上古时期它的这种分布特点都没有变化，所以难以想象这种动词如何会演化出语气副词的用法。

本书认为"尚"在更早的时候有时间助动词或时间副词用法，表示祈愿语气的"尚"正来源于此。本书第二章第二节第二部分曾经提到，在《左传》《国语》中有相当数量的占卜辞中出现了"尚"，有些"尚"被典籍故训注

---

① 参见宗福邦、陈世铙、萧海波主编：《故训汇纂》，北京，商务印书馆，2003，第612页。

② 参见（清）刘淇：《助字辨略》，北京，中华书局，1954，第226页。

解为"庶几",除了第二章第二节第二部分例(210)—例(211)外,还有下面一些例句:

(486)孔成子以周易筮之,曰:"元尚享卫国,主其社稷。"(《左传·昭公七年》)(林尧叟注:尚,庶几也)

(487)卜之以守龟,曰:"余亟使人犒师,请行以观王怒之疾徐,而为之备,尚克知之。"龟兆告吉。(《左传·昭公五年》)(林尧叟注:庶几能知其意)

根据本书第二章第二节第二部分分析,《左传》和《国语》中这些卜筮辞模仿甲骨命辞的行文,只不过甲骨命辞中"其"的位置用"尚"填充,"其"在殷商时代是时间助动词或时间副词,所以据此也可以推断"尚"有类似的功能。实际上,另有其他证据说明"尚"在上古汉语有表示将来时间的功能,理由如下:

首先,表示将来或意愿的时候,"尚""其""将"在疑问句中有平行分布,它们都位于"不"左侧,即"不其馁而?""不尚息焉?""不将救之乎?",参见第二章第一节第三部分例(55)—例(56)和第二章第二节第二部分例(206),对于《诗经·小雅·菀柳》的"不尚息焉?",刘淇《助字辨略》把"尚"解说为"将"[1],他说"言此菀然者柳,无亦将止息于斯也……'尚'犹'将'也"。

其次,除传世文献外,出土文献中"尚"作为表示将来时的副词,其初始用例可以上溯至春秋早期的金文,例如:

(488)自作宝鼎,宣丧(尚)用飨其者(诸)父者(诸)兄。(曾仲子宣鼎,集成2737)

杨树达《积微居金文说》认为"丧"应读为"尚",表示希望语气,这种说法被马承源和赵诚所采纳。[2] 本书认为,此处"尚"的意义和功能应该也与"其"相当,西周金文中有与例(488)行文极其类似的铭文,与"尚"相当的位置上用"其",比较:

---

① 参见(清)刘淇:《助字辨略》,北京,中华书局,1954,第226页。
② 参见武振玉(2006:151)。

（489）中（仲）师父乍（作）季妞始（姒）宝尊鼎，<u>其用享用考（孝）于皇且（祖）帝考</u>。（仲师父鼎，集成 2743）

在第三章第二节第六部分，本书已经分析了金文中与"其"有关的许多铭文，认为"其"并不是表示希望语气，而是表示将来时，所谓希望语气是整句话所蕴含的，这个分析也适用于解释春秋金文那一例"尚"的意义。

最后，"其尚"在《吕氏春秋》中有连用的例子，参见第二章第二节第二部分例（214）。

"尚"和"其"在传世语料和出土语料中都具有平行性、可比性，本书认为"尚"也许与"其"有类似的语义演变模式，本节第一部分已经证明"其"的祈使语气来自时间副词"其"，所以我们推测"尚"也有类似的演变路径，即"将来时＞祈愿语气"。

（二）苟

传世文献中语气副词"苟"最早见于《诗经》（国风），例如：

（490）君子于役，<u>苟</u>无饥渴？（《诗经·王风·君子于役》）

郑《笺》用"且"对译"苟"，朱熹《集传》翻译为"亦庶几其免于饥渴而已矣"[①]。后世一般在朱熹《集传》翻译的基础上，进一步把"苟"分析为表示希望语气的副词（杨树达，1954：239；刘承慧，2010）。在上古汉语中，表示祈愿语气的副词"苟"还出现于《左传》（2 次）、《墨子》（2 次）、《庄子》（1 次），例如：

（491）曾臣彪将率诸侯以讨焉，其官臣偃实先后之。<u>苟捷有功</u>，无作神羞，官臣偃无敢复济。（《左传·襄公十八年》）

（492）乃复辅之曰："<u>主苟终</u>！所不嗣事于齐者，有如河！"（《左传·襄公十九年》）

（493）季孙绍与孟伯常治鲁国之政，不能相信，而祝于丛社，曰"<u>苟使我和</u>"，是犹弇其目而祝于丛社曰："<u>苟使我皆视</u>。"岂不缪哉！（《墨子·耕柱》）

（494）人皆求福，己独曲全，曰："<u>苟免于咎</u>。"（《庄子·天下》）

---

① 参见（宋）朱熹注，赵长征点校：《诗集传》，北京，中华书局，2011，第 57 页。

解惠全等(2008：218)认为表示祈愿语气的"苟"最初表示"侥幸"义，后来用于祈使句，因此具备祈愿语气的功能。刘承慧(2010)也持类似的观点，她认为上古时代由"苟"记录的三个词语(即语气副词"苟"、假设连词"苟"和表示"苟且、姑且"的"苟")之间有引申的联系，三个词语之间的联系也是基于"侥幸"义。本书认为这种观点的理由不充足，"苟"的"侥幸"义在上古语料中无法坐实，而且"苟"表示祈愿语气也并非只出现于祈使句，典型的祈使句要选择自主动词作主要谓语，而"苟"搭配的"捷""免"等都不是自主动词。所以，"苟"的词汇源头目前尚不能确定。

本书部分地同意刘承慧(2010)的观点，认为语气副词"苟"后来有可能发展出条件连词功能，因为祈愿语气和假设条件在语义上有共同点：它们都与虚拟语气有关。

第七节　上古语气副词系统历史发展概貌

一、殷商和西周时期

沈培(1992：161)将甲骨卜辞中常见的语气副词确定为 4 个("其""乞""允""鼎")，张玉金(2001：35)确定为 8 个["其""惠""唯""气""蕅""异""骨(遹)""巳"]，杨逢彬(2003：230)认为甲骨文中语气副词只有 3 个["其""允""蕅(蔑)"①]。本书认为上述所列的词语都不是语气副词，余霭芹、邓琳(2009)根据"惠""隹"与否定词的连用顺序，证明这两个词是动词，于省吾(1979：217-219)证明"鼎"的作用是表示时间而不是表示语气。本书第三章第三节第二部分曾经引用过甲骨文"不允 V"和"不其V"的例子，"允"和"其"出现于否定词右侧，它们一定不是语气副词，根据这一标准，"蕅"出现于"勿""弗""不""毋"等否定词右侧(杨逢彬，2003：247-248)，"巳"出现于"弜""勿"右侧(张玉金，2001：38)，所以它们两个也不是语气副词。

梁华荣(2005：27)认为西周金文有 12 个语气副词("是""其""义""尚""弋""将""唯""能""克""可""敢""允")，武振玉(2006：151)确定为有 4 个语气副词["宁""庸""丧(尚)""弋"]。从具体举例来看，梁华荣对于语气副词的界定过于宽泛，他把代词("是")、系动词("唯")、助动词

---

① 杨逢彬(2003：247)出于排印方便，把"蕅"记作"蔑"。

（"义""克""可""敢"）、形容词（"允"）、时间副词（"将"）都算作语气副词了，而武振玉所列的 4 个词语中，"宁"是动词，"庸"可能是代词（见第二章第一节第九部分），"弋"如果作"式"解读的话，有可能是语气副词或情态助动词，目前只有"丧（尚）"的语气副词身份可以坐实。

西周传世的 5 种语料中可以确定的语气副词有 12 个，表示不确定预期的"庶"，表示确定语气的"亶""慎""允"，表示非预期的"覆""反""曾""憯""宁$_1$"，表示加强反问语气的"岂"，表示祈愿语气的"其$_2$"和"尚"。

二、春秋时期

《尚书》（东周三篇）、《诗经》（国风）和《仪礼》可以看作春秋时期的语料[①]。这些语料里出现 12 个语气副词：表示不确定语气的"盖""庶"，表示确定语气的"允""亶"，表示非预期的"反""乃""宁$_1$""曾"，表示加强反问语气的"岂"、表示祈愿语气的"其$_2$""尚""苟"。与西周相比，春秋语料已见不到"谅""慎""覆""憯"，新出现的副词有"殆""苟""乃"等，此外，由于这一时期的语料中只有"不必 V"而没有"必不 V"和"必唯 O 之 V"，所以仍然无法确定"必"是副词，姑且只能认为它是助动词。

三、战国和西汉时期

春秋后期和战国时期的语料中出现 30 个语气副词，表示不确定语气的有"殆""得无（得毋、得微）""无乃（毋乃）""盖""或""或者""其$_1$""其诸""庶""庶几"，表示确定语气的有"必""诚$_1$（请）""果$_1$""实""信""真""固"，表示非预期的有"独""反""顾""乃""一（壹）""曾"，表示加强语气的有"诚$_2$""果$_2$""宁$_2$""岂"，表示祈愿语气的有"其$_2$""尚""苟"。

西汉语料中出现 28 个语气副词[②]。总体上看，西汉和战国的语气副词在格局上差不多，具体地看，"尚""苟"已不见于西汉时期，"其$_2$"的例子很少，只在诏令中使用。"审"是这一时期新出现的副词。

---

① 《仪礼》的写成时代参见殷国光（2006）。

② 本节只调查《孝经》《史记》（西汉部分）、《韩诗外传》《礼记》《大戴礼记》《公羊传》《谷梁传》《新语》《新书》《淮南子》《春秋繁露》《新序》《说苑》《法言》。

第四章　上古汉语语气副词的位置与分布

第一节　引言

句子可以划分出许多层面，各种副词分别在各层面起作用（van Valin，1993；Dik et al.，1997；Alexiadou，1997）；层级属性的外在表现是位置（主语前、主谓间）、多项副词排序、自由移位、进入从句（Cinque，1999；Tang，2001；Ernst，2004）。从音变构词、词序、代词、量词、使动式、判断句等方面看，古今汉语语法有明显的差异（魏培泉，2003）。就副词的分布规则来说，郭锡良（2007：61）认为古今基本一致。是否真的如此？本书将通过一些公认的句法标准分析上古汉语的语气副词，希望与现代汉语、外语的相关研究对接。

第二节　语气副词与主语的相对位置

以往认为语气副词既能出现于主语前，也能出现于主语后（黄国营，1992；齐沪扬，2003）。这种看法比较笼统。其实，无论是古代还是现代，几乎所有语气副词都能出现于主谓之间，但只有一部分语气副词能出现于主语前，制约条件是什么？杨德峰（2009）调查了现代汉语的 93 个语气副词，发现可以在主语前后两个位置出现的副词有 63 个，语气副词与主语的相对位置一定程度上受主语的语法属性制约（名词、数量名、疑问代词）。

上古语料中，既可以位于主语前，也可以位于主谓之间的副词只有 4 类，共 18 个：表示非预期的"曾""憯""宁"，表示确定的"必""允""固""诚""果"，表示加强的"果""独""岂"，表示不确定的"其""庶""庶几""其诸""或者""得无""盖"。下面分析这些副词见于主语前的条件。

一、语气副词出现于主语前的条件

（一）不确定类

其₁　"其"居于主语前有三种情况：

A. 主语是代词"莫":

(1)讯曰：已矣！国其莫我知，独壹郁兮其谁语？（《史记·屈原贾生列传》）

B. 主语是名词，是对比焦点，后面可用指示词"实"回指强调。例如：

(2)反先王则不义，何以为盟主？其晋实有阙。（《左传·成公二年》）

(3)古之善为人臣者，声名归之君，祸灾归之身……当此道者，其晏子是耶？（《晏子春秋·内篇谏下》）

C."其"见于一组叠用的测度问句，主语可以是强调的对象，也可以不是。例如：

(4)其或是也，其或非也邪？其俱是也，其俱非也邪？（《庄子·齐物论》）

(5)人之生也，固若是芒乎？其我独芒，而人亦有不芒者乎？（同上）

庶、庶几　"庶"见于主语前 2 例，主语是代词"或"，"庶几"见于主语前 1 例，规律不清楚。例如：

(6)庶或飨之。庶或飨之，孝子之志也。（《礼记·祭义》）
(7)愿以所闻思其则，庶几其国有瘳乎？（《庄子·人间世》）

其诸　"其诸"见于主语前 1 例，"其诸"见于叠用的测度问句：

(8)寝不安与？其诸侍御有不在侧者与？（《公羊传·僖公二年》）

或者　"或者"见于主语前 4 例。《左传》的 1 例主语是对比焦点，《淮南子》的 1 例是叠用的测度问句，《韩非子》中的 2 例主语也有被强调的意味。例如：

(9)晋侯曰："卫人出其君，不亦甚乎?"对曰："或者其君实甚。良君将赏善而刑淫，养民如子……"(《左传·襄公十四年》)

(10)吾安知夫刺灸而欲生者之非惑也?又安知夫绞经而求死者之非福也?或者生乃徭役也，而死乃休息也?(《淮南子·精神训》)

(11)人君兼照一国，一人不能壅也。故将见人主而梦日也。夫灶，一人炀焉，则后人无从见矣。或者一人炀君邪?(《韩非子·难四》)

得无　"得无"仅有 1 例位于主语前，主语是对比焦点。例如:

(12)王视晏子曰："齐人固善盗乎?"晏子避席对曰："……今民生长于齐不盗，入楚则盗，得无楚之水土使民善盗耶?(《晏子春秋·内篇杂下》)

盖　"盖"出现于主语前没有什么限制，不少时候"盖"引入一组句子。例如:

(13)丘也闻有国有家者，不患贫而患不均，不患寡而患不安。盖均无贫，和无寡，安无倾。(《论语·季氏》)

(14)昔先王之理人也，盖人有患劳而上使之以时，则人不患劳也;人患饥而上薄敛焉，则人不患饥矣;人患死而上宽刑焉，则人不患死矣。(《管子·戒》)

(15)古者之赋税于民也，因其所工，不求所拙。农人纳其获，女工效其功……豪吏富商积货储物以待其急，轻贾奸吏收贱以取贵，未见准之平也。盖古之均输，所以齐劳逸而便贡输，非以为利而贾万物也。(《盐铁论·本议》)

(二)确定类

必　"必"表必然义时出现于主语前，有两种情况:

A. 句子主语是指示词"实""此"，无定代词"或""有""莫"。例如:

(16)赵氏新出其属曰臾骈，必实为此谋，将以老我师也。(《左传·文公十二年》)

(17)已而楚相亡璧，门下意张仪，曰:"仪贫无行，必此盗相君

之璧。"(《史记·张仪列传》)

（18）今诸侯异政，百家异说，则<u>必</u>或是或非，或治或乱。(《荀子·解蔽》)

（19）有小蛇谓大蛇曰："子行而我随之，人以为蛇之行者耳，<u>必</u>有杀子，不如相衔负我以行，人以我为神君也。"(《韩非子·说林上》)

（20）邓析曰："安之。人<u>必莫</u>之卖矣。"(《吕氏春秋·离谓》)

B. 主语是对比焦点，是简短的名词，主语后用"实"回指。例如：

（21）芈姓有乱，<u>必</u>季实立，楚之常也。(《左传·昭公十三年》)

（22）夫齐、鲁譬诸疾，疥癣也，岂能涉江、淮而与我争此地哉？<u>将必</u>越实有吴土。(《国语·吴语》)

战国晚期，"必"也可以出现于主谓句充当的主语前。例如：

（23）秦善韩、魏而攻赵者，<u>必</u>王之事秦不如韩、魏也。(《战国策·赵三》)[比较：今秦善韩魏而攻王，王之所以事秦<u>必</u>不如韩、魏也。(《史记·平原君虞卿列传》)]

"允"有 3 例居主语前，全部见于《诗经》，规律尚不清楚。例如：

（24）<u>允</u>王保之。(《诗经·周颂·时迈》)

固 "固"出现于主语前有两种情况：
A. 主语是简短的名词，是对比焦点。例如：

（25）夜半，子皋问跀危曰："吾不能亏主之法令而亲跀子之足，是子报仇之时也，而子何故乃肯逃我？……"跀危曰："吾断足也，<u>固</u>吾罪当之，不可奈何。然方公之狱治臣也，公倾侧法令……欲臣之免也甚……"(《韩非子·外储说左下》)

B. 主语是代词"莫"。例如：

（26）以为治邪？则人固莫触罪，非独不用肉刑，亦不用象刑矣。（《荀子·正论》）

（27）圣王已没，天下无圣，则固莫足以擅天下矣。（同上）

诚₁（情、请）　主语是代词"或""莫"，"请"可以出现于主语前。例如：

（28）请惑闻之见之，则必以为有。莫闻莫见，则必以为无。（《墨子·明鬼下》）（孙诒让间诂："请"当读为"诚"，"惑"通"或"）

（29）当世岂无骐骥兮，诚莫之能善御。（《楚辞·九辩》）（王逸章句：世无尧舜及桓文也）

"诚"在汉代出现于主语前，主语是名词词组，句子是条件句。例如：

（30）诚臣计画有可采者，愿大王用之。（《史记·陈丞相世家》）

（31）诚其大略是也，虽有小过，不足以为累。（《淮南子·氾论训》）①

果₁　主语是段落突出的重点。例如：

（32）梁王怨袁盎及议臣，乃与羊胜、公孙诡之属阴使人刺杀袁盎及他议臣十余人。逐其贼，未得也。于是天子意梁王，逐贼，果梁使之。乃遣使冠盖相望于道，覆按梁，捕公孙诡、羊胜。（《史记·梁孝王世家》）

（三）非预期类

主语是代词"莫"时，"曾""憯""宁"都可位于主语前；主语是代词"是"时，只有"曾"可居于主语前；主语是代词"或"时，只有"宁"可居于主语前。例如：

（33）丧乱蔑资，曾莫惠我师。（《诗经·大雅·板》）

---

①　此句在《文子·上义》"诚"作"成"，彭裕商（2006：219）解释为"度量"，本书不采纳这种说法。

(34)心之忧矣，宁莫之知。(《诗经·小雅·小弁》)

(35)民言无嘉，憯莫惩嗟。(《诗经·小雅·节南山》)

(36)曾是在位，曾是在服。天降滔德，女兴是力。(《诗经·大雅·荡》)

(37)燎之方扬，宁或灭之？赫赫宗周，褒姒灭之！(《诗经·小雅·正月》)

(四)加强类

果₂　"果₂"只有1例见于主语前，主语是疑问词。例如：

(38)今日闻君召先生而卜相，果谁为之？(《韩诗外传》卷三)

独　"独"有3例见于主语前，2例是疑问词作主语。例如：

(39)弃君之命，独谁受之？(《左传·宣公四年》)

岂　"岂"见于主语前的条件是主语是对比焦点，与主语结构的繁简无关。例如：

(40)吾子之请，诸侯之福也，岂唯寡君赖之。(《左传·襄公二年》)

(41)岂唯寡君与二三臣实受君赐？其周公、太公及百辟神祇实永飨而赖之！(《国语·鲁语上》)

此外，"岂"在先秦可出现于"岂其VP"格式，过去有观点认为"岂其"是两个反诘语气副词组成的复合式副词(楚永安，1986：222)，本书不同意这种观点，我们认为"其"是指代词，回指前文的"天"，因为"其"在表达上相当于"NP之"，所以"岂其使一人肆于民上"等于"岂天之使一人肆于民上"，例如：

(42)天之爱民甚矣！岂其使一人肆于民上，以从其淫而弃天地之性？(《左传·襄公十四年》)

类似地，下面例句中的"其"在语法上也可以分析为主语，在语义上指前文出现的某人，例(43)"其"指代羊舌胖，例(44)"其"指代周王室。例如：

(43)胖又无子，公室无度，幸而得死，<u>岂其获祀</u>？(《左传·昭公三年》)

(44)周与四国服事君王，将唯命是从，<u>岂其爱鼎</u>？(《左传·昭公十二年》)

"其"是领属格代词，其典型分布是在名词词组中作定语，在各种从句中作主语，但上面所列各例都不是从句，"其"为什么能够出现于这样的语境？对此，Aldridge(2018)有一个解释，她认为句子中的标补词 C 和轻动词 V 分别有赋予主格和宾格的作用，主语名词在[Spec，CP]上可以获得主格，但是假如句子中某些语气或情态成分夺取了[Spec，CP]的位置，主语名词无法移位至[Spec，CP]，自然也就拿不到主格，所以只能获得主格以外的某种格位形式。根据这一分析，例(42)—例(44)主语是第三人称，它们本应移位到[Spec，CP]获得主格形式，但是由于"岂"抢占了这个位置，它们无法移位至[Spec，CP]，就只有获得领属格形式，再如：

(45)<u>吾岂</u>匏瓜也哉？(《论语·阳货》)
(46)<u>吾岂</u>知纣之善否哉？(《国语·晋语一》)

根据粗略调查，先秦语料中如果句子主语是第一人称并且句中出现表示反诘语气的"岂"，主语多数时候用"吾"，"吾"也是领属格形式。

二、小结

根据上面的分析，上古的语气副词出现于主语前主要由三方面因素控制：

甲、主语是指示词或代词"或""莫""是""此""实"①，以及简短的名

---

① 根据调查，"或""莫""谁"作主语时，紧靠谓语核心，它们前面还可以出现一个表示范围的 NP，除"非""不"之外，"或""谁"和谓核之间几乎不出现其他副词。也许是这个原因，魏培泉(1999)认为它们是状语性的，和"皆""俱""各""尽"相当。Pulleyblank(1995：134)认为"或""莫""孰""各"等在上古收－k 韵尾的词语都用作状语，林海权(1983)、杨萌萌(2020)对于"莫"的认识与上述观点一致。

词等，这些成分的形态重量（morphological weight）比较轻；

乙、主语是被强调突出的对象，有时主语后有指示词"实"复指；

丙、语气副词有连接功能。具体情况是：第一，在一组叠用的测问句中，"其$_1$""或者""其诸"出现于主语前，功能接近于选择连词①；第二，"诚$_1$"在条件句中出现于主语前，功能接近于假设连词；第三，"盖"引入一个段落，功能接近于提起连词。

需要补充说明的是：

一是各个副词前置于主语的原因可能各不相同，如（甲）对"曾""憯""宁"的影响明显，（乙）对"岂"的影响明显，（丙）对"盖"的影响明显，（甲）（丙）对"诚$_1$"都有一些影响，而（甲）（乙）（丙）对"必""其$_1$"都有一定影响；

二是就某个句子而言，语气副词前置于主语的原因也许不唯一，如下例中的"谁"，既是代词又是被突出的焦点信息：

(47)今日闻君召先生而卜相，<u>果谁</u>为之？（《韩诗外传》卷三）

三是上古汉语从西周到西汉跨度近千年，语气副词前置于主语的现象存在历史变迁，像《诗经》里"曾"有见于主语前的例子，战国以后却见不到。总体而言，这些变化跟副词辖域扩展，篇章功能增强，指代词"或""莫""是""实"的衰落有关。

第三节　副词并用和连用

上古汉语"慎""真""审""覆""一（壹）""正""苟"7个语气副词从不与其他副词同现，其余的副词可以跟别的副词在一句话里同现，同现又包括：A. 同小类语气副词并用；B. 语气副词内部跨组连用；C. 语气副词和非语气副词连用。其中B、C直接反映语气副词的层级特点。

一、同小类语气副词并用

杨荣祥(2004)说在先秦语料里只见到时间副词并用（如"方且""方将""既已""乃遂""犹尚"），在西汉语料里又见到总括副词、程度副词、累加

---

① 这样的"其""或者"在过去被视为选择连词（楚永安，1986：433），魏培泉(1999)认为这是语气副词的转用。

副词的并用("皆并""愈益""又复")。实际上，先秦和西汉的语料都可以见到语气副词的并用，有以下几种类型：

(一)不确定类

副词并用有"庶几其""庶其""其或者""其或""其殆""殆其"六种形式。例如：

(48)今吾日计之而不足，岁计之而有余，<u>庶几其</u>圣人乎！(《庄子·庚桑楚》)

(49)今君欲法圣王之服，不法其制，法其节俭也，则虽未成治，<u>庶其</u>有益也。(《晏子春秋·内篇谏下》)

(50)今周室少卑，晋实继之，<u>其或者</u>未举夏郊邪？(《国语·晋语八》)

(51)以君之姑姊与其大邑，其次皂牧舆马，其小者衣裳剑带，是赏盗也，赏而去之，<u>其或</u>难焉。(《左传·襄公二十一年》)

(52)颜氏之子，<u>其殆</u>庶几乎？(《周易·系辞下》)

(53)汝<u>殆其</u>然哉！(《庄子·天运》)

(二)确定类

确定语气副词包含三类，b 类有"果信"一种并用形式，出现于疑问句。例如：

(54)吾闻古者有夔一足，其<u>果信</u>有一足乎？(《韩非子·外储说左下》)

(三)非预期类副词

有"乃反""反乃""顾反"三种并用形式。例如：

(55)今坐而正冠，起而更衣，徐行而出门，上车而步马，颜色不变，此众人所以为死也，而<u>乃反</u>以得活。(《淮南子·人间训》)

(56)夫走者，人之所以为疾也；步者，人之所以为迟也。今<u>反乃</u>以人之所为迟者反为疾，明于分也。(同上)

(57)子胥曰："嗟乎！谗臣宰嚭为乱，王<u>顾反</u>诛我。……"(《说苑·正谏》)

（四）加强类

存在"果诚"一种并用形式。例如：

（58）吾闻北方之畏昭奚恤也，<u>果诚</u>何如？（《战国策·楚一》）

二、语气副词跨组连用

语气副词的跨组连用有 11 种连用形式，其中 8 种是连续连用形式。例如：

岂＞必、岂＞顾、岂＞独

（59）夫无故富贵、面目佼好则使之，<u>岂必</u>智且有慧哉！（《墨子·尚贤中》）

（60）若夫庆赏以劝善，刑罚以惩恶，先王执此之正，坚如金石；行此之信，顺如四时。处此之功，无私如天地尔，<u>岂顾</u>不用哉？（《大戴礼记·礼察》）

（61）文不得是二人故也。使文得二人者，<u>岂独</u>不得尽？（《战国策·齐四》）

其₁＞信、其₁＞果₁＋信

（62）吾闻古者有夔一足，<u>其果信</u>有一足乎？（《韩非子·外储说左下》）

（63）舜<u>其信</u>仁乎！（《韩非子·难一》）

诚₁＞必、固＞请（诚₁）

（64）秦王<u>诚必</u>欲伐齐乎？（《战国策·韩三》）

（65）鬼神者<u>固请</u>无有，是以不共其酒醴、粢盛、牺牲之财。（《墨子·明鬼下》）

其₂＞必

（66）君<u>其必</u>速杀之，勿令远闻。（《国语·晋语八》）

此外，还有 3 种间隔连用形式。例如：

岂＞诚₁、岂＞信、岂＞固

（67）上乱君之耳目，下使群臣皆失其职，<u>岂</u>不<u>诚</u>足患哉！（《晏子春秋·外篇》）

（68）河山之险，<u>岂</u>不亦信<u>固</u>哉！（《战国策·魏一》）

（69）然则<u>岂</u>壤力<u>固</u>不足，而食<u>固</u>不赡也哉？（《管子·国蓄》）

三、语气副词与非语气副词连用

（一）不确定类

"盖"与时间副词"将""尝"、焦点副词"亦"、范围副词"特"、否定副词"弗""不""未"连用。例如：

盖＞将、盖＞尝

（70）阳生谓乞曰："吾闻子<u>盖将</u>不欲立我也。"（《公羊传·哀公六年》）

（71）<u>盖尝</u>有至者，诸仙人及不死之药皆在焉。（《史记·封禅书》）

盖＞亦、盖＞特

（72）既已存亡死生矣，而不矜其能，羞伐其德，<u>盖亦</u>有足多者焉。（《史记·外戚世家》）

（73）臣之所见，<u>盖特</u>其小小者耳，名曰云梦。（《史记·司马相如列传》）

盖＞弗、盖＞不、盖＞未

（74）祭殇必厌，<u>盖弗</u>成也。（《礼记·曾子问》）

（75）妇人曰："非伤亡簪也，<u>盖不</u>忘故也。"（《韩诗外传》卷九）

（76）三代之前，<u>盖未</u>尝有。（《史记·司马相如列传》）

"其"与时间副词"犹""尝""将"、焦点副词"亦"、范围副词"皆""俱"、否定副词"未""不""非"、方式副词"递相"连用。例如：

其₁＞犹、其₁＞尝、其₁＞将

（77）颜渊问于仲尼曰："文王<u>其犹</u>未邪？又何以梦为乎？"（《庄子·田子方》）

（78）公曰："我<u>其尝</u>杀不辜，诛无罪邪？"（《晏子春秋·内篇杂下》）

（79）得臣将死。二臣止之，曰："君<u>其将</u>以为戮。"（《左传·僖公二十八年》）

其₁＞亦

（80）郑伯效尤，<u>其亦</u>将有咎！（《左传·庄公二十一年》）

其₁＞皆、其₁＞俱

(81)亡国之主，<u>其皆</u>甚有所宥邪？（《吕氏春秋·去宥》）

(82)<u>其俱</u>是也，其俱非也邪？（《庄子·齐物论》）

其₁＞未、其₁＞不、其₁＞非

(83)孔丘之于至人，<u>其未</u>邪？彼何宾宾以学子为？（《庄子·德充符》）

(84)曾子曰："<u>其不</u>然乎！其不然乎！夫明器，鬼器也。祭器，人器也。夫古之人胡为而死其亲乎？"（《礼记·檀弓上》）

(85)大夫<u>其非</u>众之谓，其谓君抚小民以信，训诸司以德，而威莫敖以刑也。（《左传·桓公十三年》）

其₁＞递相

(86)<u>其递相</u>为君臣乎？其有真君存焉？（《庄子·齐物论》）

"殆"可与连接副词"亦"、时间副词"尚""将"、否定副词"未""不""弗""非"连用。例如：

亦＞殆

(87)孝子孝妇不使时过已，处之以爱敬，行之以恭让，<u>亦殆</u>免于罪矣。（《春秋繁露·四祭》）

殆＞尚、殆＞将

(88)臣闻忠臣毕其忠，而不敢远其死。座<u>殆尚</u>在于门。（《吕氏春秋·自知》）

(89)予<u>殆将</u>死也。（《礼记·檀弓上》）

殆＞未、殆＞不、殆＞弗、殆＞非

(90)子墨子曰："子之观越王也，能听吾言、用吾道乎？公上过曰："<u>殆未</u>能也。"（《吕氏春秋·高义》）

(91)爱民，害民之始也；为义偃兵，造兵之本也；君自此为之，则<u>殆不</u>成。（《庄子·徐无鬼》）

(92)张仪，天下贤士，吾<u>殆弗</u>如也。（《史记·张仪列传》）

(93)故象刑<u>殆非</u>生于治古，并起于乱今也。（《荀子·正论》）

"庶"可与连接副词"乃"、焦点副词"亦"、范围副词"咸"、否定副词"无"、方式副词"遄"连用。例如：

庶＞乃、庶＞亦

(94)汝幼子庚厥心，<u>庶乃</u>来班朕大环。(《逸周书·度邑解》)

(95)以齐国之困，困又有忧。少君不可以访，是以求长君，<u>庶亦</u>能容群臣乎?(《左传·哀公六年》)

庶＞遄

(96)君子如怒，乱<u>庶遄</u>沮。君子如祉，乱<u>庶遄</u>已。(《诗经·小雅·巧言》)

"或者"与时间副词"将""正"、否定副词"不""未"、程度副词"大"连用。例如:

或者＞将、或者＞正

(97)晋公子有三焉，天其<u>或者将</u>建诸?(《左传·僖公二十三年》)

(98)天其<u>或者正</u>训楚也，祸之适吴，其何日之有?(《左传·哀公元年》)

或者＞不、或者＞未

(99)昔者辞以病，今日吊，<u>或者不</u>可乎?(《孟子·公孙丑下》)

(100)今周室少卑，晋实继之，其<u>或者未</u>举夏郊邪?(《国语·晋语八》)

或者＞大

(101)是晋再克而楚再败也。楚是以再世不竞。今天<u>或者大</u>警晋也。(《左传·宣公十二年》)

"无乃"与时间副词"犹""即"、否定副词"不""未""非"、程度副词"已""大"连用。例如:

无乃＞犹、无乃＞即(即将)

(102)今君德<u>无乃犹</u>有所阙，而以伐人，若之何?盍姑内省德乎?无阙而后动。(《左传·僖公十九年》)

(103)是以带甲万人事君也，<u>无乃即</u>伤君王之所爱乎?(《国语·越语上》)

无乃＞不、无乃＞未、无乃＞非

(104)子有军事，兽人<u>无乃不</u>给于鲜?敢献于从者。(《左传·宣公十二年》)

(105)今季孙乃始血，其毋乃未可知也。(《韩非子·说林上》)

(106)若以不孝令于诸侯，其无乃非德类也乎?(《左传·成公二年》)

无乃＞已、无乃＞大

(107)于门人之丧，未有所说骖，说骖于旧馆，无乃已重乎?(《礼记·檀弓上》)

(108)居简而行简，无乃大简乎?(《论语·雍也》)

"得无"与否定副词"非"、程度副词"太"、方式副词"更""微"连用。例如:

得无＞非

(109)今取人兵刃以伤人，罪与杀人同，得无非其至意与?(《盐铁论·刑德》)

得无＞太

(110)今渔父杖拿逆立，而夫子曲要磬折，言拜而应，得无太甚乎?(《庄子·渔父》)

得无＞更、得无＞微

(111)王以楼缓之言告。虞卿曰:"楼缓言'不媾，来年秦复攻王，得无更割其内而媾?'……"(《战国策·赵三》)

(112)炭火尽赤红，而炙熟而发不烧，臣之罪三也。堂下得无微有疾臣者乎?(《韩非子·内储说下》)

(二)确定 a 组:必

"必"可与连接副词"又""亦"、时间副词"且""将"、范围副词"皆""尽""悉"、焦点副词"亦"、程度副词"大""甚""尽"、方式副词"速""自""相(与)""并""复""先"、否定副词"不""弗""未""非"连用。例如:

又＞必、亦＞必

(113)是我一举，二国有亡形，则荆、魏又必自服矣。(《韩非子·存韩》)

(114)凡说之难，以至高遇至卑，以至治接至乱，未可直至也。远举则病缪，近世则病佣。善者于是间也，亦必远举而不缪，近世

而不佣。(《荀子·非相》)

且＞必、必＞且、将＞必、必＞将

(115)将复取而盛以箧衍，巾以文绣，游居寝卧其下，彼不得梦，<u>必且</u>数眯焉。(《庄子·天运》)

(116)天未绝晋，<u>必将</u>有主，主晋祀者，非君而谁？(《左传·僖公二十四年》)

必＞皆、必＞尽、必＞悉

(117)若为三师以肄焉，一师至，彼<u>必皆</u>出。(《左传·昭公三十年》)

(118)齐抱社稷而厚事王。天下<u>必尽</u>重王义。(《史记·赵世家》)

(119)且王攻楚之日，四国<u>必悉</u>起兵以应王。(《新序·善谋》)

亦＞必(焦点在"亦"前)

(120)苟虑害人，<u>人亦必</u>虑害之；苟虑危人，<u>人亦必</u>虑危之。(《吕氏春秋·顺说》)

必＞亦(焦点在"亦"后)

(121)国君之所是，<u>必亦</u>是之，国君之所非，<u>必亦</u>非之。(《墨子·尚同中》)

必＞大/甚、必＞尽、必＞速、必＞自、必＞相/相与、必＞并、必＞复、必＞先

(122)六虱成俗，兵<u>必大</u>败。(《商君书·弱民》)

(123)师出于陈、郑之间，国<u>必甚</u>病。(《左传·僖公四年》)

(124)用币必百两，百两必千人，千人至，将不行，不行，<u>必尽</u>用之。(《左传·昭公十年》)

(125)进而遇覆，<u>必速</u>奔。(《左传·隐公十年》)

(126)是区区者而不余畀，余<u>必自</u>取之。(《左传·昭公十三年》)

(127)凡乱人之动也，其始相助，后<u>必相</u>恶。(《吕氏春秋·慎行》)

(128)人<u>必相与</u>笑之，以为大惑。(《吕氏春秋·安死》)

(129)齐、秦相取以临三晋，吕礼<u>必并</u>相矣。(《史记·孟尝君列传》)

(130)韩与荆有谋，诸侯应之，则秦<u>必复</u>见崤塞之患。(《韩非子·存韩》)

(131)有珍怪之食，盱<u>必先</u>取足焉。(《公羊传·昭公三十一年》)

必＞不/弗、必＞未、必＞非

(132)彼愚者之定物，以疑决疑，决<u>必不</u>当。(《荀子·解蔽》)

(133)劳师于戎，而楚伐陈，<u>必</u>弗能救。(《左传·襄公四年》)

(134)攻其列城，<u>必未</u>可拔。掠其郊野，必无所得。(《战国策·中山》)

(135)若以说观之，则<u>必</u>非昔三代圣善人也，必暴不肖人也。(《墨子·非命下》)

(三)确定 b 组：信、亶、实、诚₁、果₁

"信""亶"与否定副词"不"连用，"实""诚₁"与否定副词"不""非"连用。例如：

信＞不、亶＞不、实＞不、实＞非、诚₁＞不、诚₁＞非

(136)晋侯将以师纳公，范献子曰："若召季孙而不来，则<u>信</u>不臣矣。然后伐之，若何?"(《左传·昭公三十一年》)

(137)祈父! <u>亶</u>不聪。胡转予于恤?(《诗经·小雅·祈父》)

(138)君之贤<u>实</u>不如尧，臣之能不及舜。(《战国策·楚四》)

(139)他广<u>实</u>非荒侯子，不当代后。(《史记·樊郦滕灌列传》)

(140)故生则朝周，死则叱之，<u>诚</u>不忍其求也。(《战国策·赵三》)

(141)夫为天下者，则<u>诚</u>非吾子之事。虽然，请问为天下。(《庄子·徐无鬼》)

"果₁"与否定词"不""弗""未""非"连用。例如：

果₁＞不、果₁＞弗、果₁＞未、果₁＞非

(142)(吴起)使其妻织组而幅狭于度，吴子使更之，其妻曰："诺。"及成，复度之，<u>果</u>不中度，吴子大怒。(《韩非子·外储说右上》)

(143)齐之反赵、魏之后，而楚<u>果</u>弗与地，则五国之事困也。(《战国策·楚一》)

(144)天下是非<u>果</u>未可定也。(《庄子·至乐》)

(145)若以此若三圣王者观之，则厚葬久丧<u>果</u>非圣王之道。(《墨子·节葬下》)

"诚₁"与连接副词"亦"、方式副词"复"连用。"果"与时间副词"且"、焦点副词"亦"、方式副词"悉""自""数""复""先""遽"、程度副词"大"连用。例如：

亦＞诚₁、诚₁＞复

（146）孟子曰："今日说公之君，公之君不说，意者其未知善之为善乎？"淳于髡曰："夫子**亦诚**无善耳。……"（《韩诗外传》卷六）

（147）陛下**诚复**立六国后，毕授印已，此君臣百姓，必戴陛下德。（《新序·善谋》）

果₁＞且、果₁＞亦

（148）**果且**有彼是乎哉？**果且**无彼是乎哉？（《庄子·齐物论》）

（149）秦拔宜阳，景翠果进兵。秦惧，遽效煮枣，韩氏**果亦**效重宝。（《战国策·东周》）

果₁＞悉、果₁＞数、果₁＞复、果₁＞先、果₁＞遽、果₁＞大

（150）秦**果悉**起兵益章邯。（《史记·项羽本纪》）

（151）汉**果数**挑楚军战。（同上）

（152）居六年，厉公**果复**入。（《史记·郑世家》）

（153）后十七日，楚考烈王崩，李园**果先**入，置死士，止于棘门之内。（《战国策·楚四》）

（154）韩自以得交于齐，遂与秦战。楚、赵**果遽**起兵而救韩，齐因起兵攻燕，三十日而举燕国。（《战国策·齐二》）

（155）赵卒不得媾，军**果大**败。王入秦，秦留赵王而后许之媾。（《战国策·赵三》）

（四）确定 c 组：固

"固"与时间副词"将""且""方""已""尝"、范围副词"皆""尽"、程度副词"最"、否定副词"不""未""非"、方式副词"自""明""相（与）""往往"连用。例如：

固＞将、固＞且、固＞方、固＞已、固＞尝

（156）臣非能动地，地**固将**动也。（《淮南子·道应训》）

（157）上之所赏，命**固且**赏，非贤故赏也。（《墨子·非命上》）

（158）使者曰："王之鼓瑟未尝悲若此也。"王曰："宫商**固方**调矣。"（《说苑·奉使》）

（159）与太子期，而将往不当者三，齐王**固已**怒矣。（《吕氏春

秋·至忠》)

(160)君曰："是固尝矫驾吾车，又尝啖我以余桃。"(《韩非子·说难》)

固>皆、固>尽

(161)且夫奸臣固皆欲以地事秦。(《战国策·魏三》)

(162)五脏六腑，固尽有部，视其五色，黄赤为热，白为寒，青黑为痛。(《素问·举痛论》)

固>最

(163)师旷曰："此所谓清商也。"公曰："清商固最悲乎?"(《韩非子·十过》)

固>不、固>未、固>非

(164)道固不小行，德固不小识。小识伤德，小行伤道。(《庄子·缮性》)

(165)夫诗书礼乐之分，固非庸人之所知也。(《荀子·荣辱》)

固>自、固>明、固>相/相与、固>往往

(166)若彼知之，乃是离之。无问其名，无窥其情，物固自生。(《庄子·在宥》)

(167)天子为政于三公、诸侯、士、庶人，天下之士君子固明知；天之为政于天子，天下百姓未得之明知也。(《墨子·天志上》)

(168)庄周怵然曰："噫! 物固相累，二类相召也!"(《庄子·山木》)

(169)夫事无大小，固相与通。(《吕氏春秋·贵当》)

(170)领南、沙北固往往出盐，大体如此矣。(《史记·货殖列传》)

(五)非预期类

"憯""曾""宁₁"只与否定副词连用。例如：

憯>不

(171)式遏寇虐，憯不畏明。(《诗经·大雅·民劳》)

曾>不、曾>未、曾>弗

(172)周流四海，曾不崇日。(《荀子·赋》)

(173)今学曾未如肬赘，则具然欲为人师。(《荀子·宥坐》)

(174)民乎! 寒耕热耘，曾弗得食也。(《新书·审微》)

宁₁＞不

（175）胡能有定？宁不我顾。（《诗经·邶风·日月》）

"顾""反"可与否定副词"不"、程度副词"益"连用，"顾"可与时间副词"且"、范围副词"独"连用。例如：

顾＞不、反＞不

（176）以子之才，委质而臣事襄子，襄子必近幸子，近幸子，乃为所欲，顾不易耶？（《史记·刺客列传》）

（177）计其所得，反不如所丧者之多。（《墨子·非攻中》）

顾＞益、反＞益

（178）白之顾益黑，求之愈不得者，其此义邪？（《吕氏春秋·审分》）

（179）往年秦拔宜阳，明年大旱民饥，不以此时恤民之急也，而顾反益奢。（《说苑·权谋》）

顾＞且、顾＞独

（180）（张仪）为文檄告楚相曰："始吾从若饮，我不盗而璧，若笞我；若善守汝国，我顾且盗而城。"（《史记·张仪列传》）

（181）且陛下病甚，大臣震恐，不见臣等计事，顾独与一宦者绝乎！（《史记·樊郦滕灌列传》）

"独"与连接副词"亦"、时间副词"且"、否定副词"不""弗""未""非"连用。例如：

亦＞独、独＞且

（182）以孔子之圣不能以时行说之息，亦独能如之何乎？（《说苑·善说》）

（183）虽有神禹，且不能知，吾独且奈何哉？（《庄子·齐物论》）

独＞不、独＞弗、独＞未、独＞非

（184）古之贤王好善而忘势，古之贤士何独不然？（《孟子·尽心上》）

（185）周谚曰"囊漏贮中"，而独弗闻欤？（《新书·春秋》）

（186）先生独未见夫仆乎？（《战国策·赵三》）

（187）窦太后曰："临江王独非忠臣邪？"（《史记·酷吏列传》）

"乃₁"可与时间副词"将""始""先""竟",量化副词"皆",否定副词"不",方式副词"幸"(表谦敬)、"妄"、"独"连用。例如:

乃₁＞将、乃₁＞始、乃₁＞先、乃₁＞竟

(188)兵之著于晋阳三年,今旦暮将拔之而向其利,何乃将有他心?(《韩非子·十过》)

(189)当此之时,不任斤斧,折之以武,而乃始设礼修文,有似穷医欲以短针而攻疽。(《盐铁论·大论》)

(190)吾悔不先斩错,乃先请之,为错所卖。(《史记·张丞相列传》)

(191)窦太后乃竟中都以汉法。(《史记·酷吏列传》)

乃₁＞皆、乃₁＞不

(192)秦昭王有病,百姓里买牛而家为王祷。公孙述出见之,入贺王曰:"百姓乃皆里买牛为王祷。"(《韩非子·外储说右下》)

(193)且赵王素出将军下,今女儿乃不为将军下车,请追杀之。(《史记·张耳陈馀列传》)

乃₁＞幸、乃₁＞独、乃₁＞妄

(194)夫秦国僻远,寡人愚不肖,先生乃幸至此,此天以寡人恩先生,而存先王之庙也。(《战国策·秦三》)

(195)夫舍学圣王之道,若舍日之光,何乃独思,若火之明也?(《说苑·建本》)

(196)始吾闻夫人弟公子天下无双,今吾闻之,乃妄从博徒卖浆者游,公子妄人耳。(《史记·魏公子列传》)

(六)加强类

"诚₂"与连接副词"亦""顾"连用。例如:

亦＞诚₂、顾＞诚₂

(197)吾闻北方畏昭奚恤,亦诚何如?(《新序·杂事》)

(198)于是上嘿然良久,曰:"顾诚何如?吾不爱一人以谢天下。"(《史记·吴王濞列传》)

"岂"与连接副词"亦""尚"、时间副词"且""将""尝"、焦点副词"亦""适""徒""独""直""特"、否定副词"不""非"、方式副词"相"连用。例如:

亦>岂、尚>岂

(199)亦岂以为其命哉？又以为力也！(《墨子·非命下》)

(200)或曰："天子下临，人民悟之"，曰："苟或非天子之民，尚岂天子也？《诗》曰'普天之下，莫非王土，率土之滨，莫非王臣'……"(《新书·匈奴》)

岂>且、岂>将、岂>尝

(201)今秦令樛将，魏令公子当之，岂且忍相与战哉？(《吕氏春秋·无义》)

(202)先生少而为义，岂将老而遗之哉？(《韩诗外传》卷二)

(203)故夫乌之哑哑，鹊之唶唶，岂尝为寒暑燥湿变其声哉？(《淮南子·原道训》)

岂>亦、岂>适、岂>徒、岂>独、岂>直、岂>特

(204)江乙往见安陵缠曰："子之先人岂有矢石之功于王乎？"曰："无有。"江乙曰："子之身岂亦有乎？"(《说苑·权谋》)

(205)饮食之人无有失也，则口腹岂适为尺寸之肤哉？(《孟子·告子上》)

(206)王如用予，则岂徒齐民安，天下之民举安。(《孟子·公孙丑下》)

(207)子葬子父，我葬吾父，岂独吾父哉？(《墨子·公孟》)

(208)安陵君受地于先生(王)而守之，虽千里不敢易也，岂直五百里哉？(《战国策·魏四》)

(209)夫生者，岂特随侯之重哉！(《庄子·让王》)

岂>不、岂>非

(210)夫岂不欲其善，不能故也。(《国语·楚语上》)

(211)是得其父母姒兄而饮食之也，岂非厚利哉？(《墨子·明鬼下》)

岂>相

(212)丁公为项羽逐窘高祖彭城西，短兵接，高祖急，顾丁公曰："两贤岂相厄哉！"(《史记·季布栾布列传》)

"宁"与时间副词"尚"、否定副词"不"连用。例如：

宁>尚、宁>不

(213)此所谓"驱市人而战之"，其势非置之死地，使人人自为

战；今予之生地，皆走，<u>宁</u>尚可得而用之乎！（《史记·淮阴侯列传》）

(214)吾<u>宁</u>不能言而富贵子？子不足收也。（《史记·张仪列传》）

"庸""渠"与否定副词"非""不"连用。例如：

庸>非、渠>不

(215)子仪在位十四年矣，而谋召君者，<u>庸非</u>贰乎？（《左传·庄公十四年》）

(216)吾不起中国，故王此。使我居中国，何<u>渠不</u>若汉？（《史记·郦生陆贾列传》）

（七）祈使愿望类

"其"与时间副词"遂""先"、范围副词"悉""皆"、否定副词"勿""无""毋""不"、方式副词"疾""审""且""广"同现，"尚"与范围副词"皆"、方式副词"胥"同现。例如：

其>遂、其>先

(217)愚者暗于成事，智者见于未萌，王<u>其遂</u>行之。（《战国策·赵二》）

(218)君<u>其先</u>自为计，后为魏计。（《战国策·魏三》）

其>悉、其>皆

(219)令至，<u>其悉</u>思朕之过失，及知见思之所不及，丐以告朕。（《史记·孝文本纪》）

(220)乃命有司曰："寒气总至，民力不堪，<u>其皆</u>入室。"（《吕氏春秋·季秋》）

其>勿、其>无、其>毋、其>不

(221)君<u>其勿</u>复言，将令斯得罪。（《史记·李斯列传》）

(222)吾子<u>其无</u>废先君之功！（《左传·隐公三年》）

(223)今楚大国而固遇子，子<u>其毋</u>让，此天开子也。（《史记·晋世家》）

(224)王<u>其不</u>可以弃之。（《国语·周语中》）

其>疾、其>审、其>且、其>广

(225)肆惟王<u>其疾</u>敬德，王其德之用，祈天永命。（《尚书·召

语》)

(226)其罪惟均，其审克之。(《尚书·吕刑》)

(227)王其且驰骋弋猎，无至禽荒。(《国语·越语下》)

(228)上曰："朕获执牺牲珪币以事上帝宗庙，十四年于今，历日绵长，以不敏不明而久抚临天下，朕甚自愧。其广增诸祀埠场珪币。(《史记·孝文本纪》)

尚＞皆、尚＞胥

(229)汝无以家相乱王室而莫恤其外！尚皆以时中乂万国。(《逸周书·祭公解》)

(230)今予一二伯父，尚胥暨顾，绥尔先公之臣服于先王。(《尚书·康王之诰》)

四、小结

根据上文分析，上古汉语语气副词的并用与连用可以概括如下：

甲、如果以搭配其他种类副词的类别、个数去衡量，不确定语气副词、确定语气副词的搭配能力强，加强副词的搭配能力弱。所有的副词中，"必""固"搭配能力最强，"亶""信""憯"搭配能力最弱(见表4-1)。

表 4-1　上古汉语语气副词与其他副词的连用

副词	盖	其₁	殆	庶	或者	无乃	得无	必	固
种类	4	4	3	5	3	3	3	7	5
个数	7	10	7	5	5	7	4	22	15
副词	亶	信	诚₁	实	果	憯	曾	宁₁	顾
种类	1	1	3	1	5	1	1	1	4
个数	1	1	4	1	12	1	2	1	4
副词	乃₁	反	独	岂	宁₂	诚₂	其₂	尚	
种类	4	2	3	5	2	1	4	2	
个数	9	2	6	14	2	2	12	2	

乙、上古汉语语气副词一般出现在连接副词后，出现在时间副词、范围副词、否定副词、程度副词、方式副词前。这与现代汉语语气副词的分布规则一致。

丙、有时候个别副词的分布不符合(乙)，但这些与总体规律不合拍的例子背后有另外的原因，例如上古汉语既有"必亦……"，也有"亦必……",因为"亦"表示追加的副词,需要紧靠句子焦点,不能被阻隔。根据"亦"所关联的焦点的位置不同,"亦""必"连用有两种顺序:

亦>必(焦点在"亦"前)、必>亦(焦点在"亦"后)

(231)苟虑害人,<u>人亦必</u>虑害之;苟虑危人,<u>人亦必</u>虑危之。(《吕氏春秋·顺说》)

(232)国君之所是,<u>必亦</u>是之,国君之所非,<u>必亦</u>非之。(《墨子·尚同中》)

第四节　主句和从句

一、只在主句出现的副词

不确定类的"庶(几)""或者""其诸"、确定类的"亶""慎""允""真"、非预期类的"憯""独""反""覆""宁₁"、加强类的"诚₂""岂(几)""宁₂"、祈使愿望类的"苟"只在主句出现。

二、可以在从句出现的副词

(一)不确定语气副词进入从句的情况

1. 宾语小句

"其₁"所在的陈述句作"谓"(表示"认为、评议")的宾语,"其₁"所在的特指问句、选择问句、是非问句作"未知""意者"的宾语。例如:

(233)君子谓<u>文公其能刑矣</u>,三罪而民服。(《左传·僖公二十八年》)

(234)孟施舍似曾子,北宫黝似子夏。夫二子之勇,<u>未知其孰贤</u>,然而孟施舍守约也。(《孟子·公孙丑上》)

(235)今我则已有谓矣,而<u>未知吾所谓之其果有谓乎</u>,<u>其果无谓乎</u>?(《庄子·齐物论》)

(236)<u>意者</u>堂下其有翳憎臣者乎?杀臣不亦蚤乎!(《韩非子·内储说下》)

"殆""得无"出现于"意者"的宾语小句,"盖"只出现于"闻"的宾语小句。例如：

（237）即如君言，衣狗裘者当犬吠，衣羊裘者当羊鸣，且君衣狐裘而朝，意者得无为变乎？（《说苑·善说》）

（238）意者中国殆有圣人，盍往朝之？（《韩诗外传》卷五）

（239）吾闻晏婴，盖北方辩于辞，习于礼者也。（《晏子春秋·内篇杂下》）

2. 状语小句

"无乃"可以出现于原因句，"殆"可以出现于条件句。例如：

（240）于是乎节宣其气，勿使有所壅闭湫底以露其体，兹心不爽，而昏乱百度。今无乃壹之，则生疾矣。（《左传·昭公元年》）

（241）若殆以不信厚言，必死于暴人之前矣！（《庄子·人间世》）（郭象注：未信而谏，虽厚言为害。王先谦集解：此"若"字训"如"）

（二）"必"进入从句的情况

1. 主语小句

（242）故百人之必死也，贤于万人之必北也。（《淮南子·兵略训》）

2. 定语小句（所必VP、必VP之NP）

（243）夫乐者、乐也，人情之所必不免也。（《荀子·乐论》）

（244）明必死之路，开必得之门。（《管子·牧民》）

3. 宾语小句

"必"出现的句子作比拟动词"犹"、存现动词"有"、行为动词"责""求""使""令""请"、心理动词"恐""以（……）为""（未）知""见""计"、助动词"能""可""敢"的宾语。例如：

（245）使吾法之无赦，犹入涧之必死也，则人莫之敢犯也，何为不治？（《韩非子·内储说上》）

（246）夫物<u>有</u>必至，事有固然，君知之乎？（《史记·孟尝君列传》）

（247）寡人岂责子之令太子<u>必如寡人</u>也哉？（《吕氏春秋·壅塞》）

（248）今学者之说人主也，不乘必胜之势，而务行仁义则可以王，是求<u>人主之必及仲尼</u>，<u>而以世之凡民皆如列徒</u>。（《韩非子·五蠹》）

（249）君子为善不能使<u>福必来</u>，不为非而不能使祸无至。（《淮南子·诠言训》）

（250）初，襄公有贱妾，幸之，有身，梦有人谓曰："我康叔也，<u>令若子必有卫</u>，名而子曰'元'。"（《史记·卫康叔世家》）

（251）太子曰："诺，请<u>必从公之言而还</u>矣。"（《史记·魏世家》）

（252）子阳极也好严，有过而折弓者，恐<u>必死</u>，遂应猘狗而弑子阳。（《吕氏春秋·适威》）

（253）彼知丘之著于己也，知丘之适楚也，以丘为<u>必使楚王之召己也</u>。（《庄子·则阳》）

（254）隐于是焉而辞立，则未知<u>桓之将必得立也</u>。（《公羊传·隐公元年》）

（255）晋厉知<u>必死于匠丽氏</u>，陈灵知<u>必死于夏征舒</u>，宋康知<u>必死于温</u>，吾未知其为不善之至于此也。（《吕氏春秋·禁塞》）

（256）周君，谋主也。而设以国为王捍秦，而王无之捍也。臣<u>见</u>其<u>必以国事秦也</u>。（《战国策·西周》）（"见"表示"想见、预料"①）

（257）臣闻大王举兵将攻宋，<u>计必得宋</u>而后攻之乎？亡其苦众劳民，顿兵挫锐，负天下以不义之名，而不得咫尺之地，犹且攻之乎？（《淮南子·修务训》）

（258）不能强其兵，而能<u>必胜敌国</u>者，未之有也。（《管子·七法》）

（259）孔子岂不欲中道哉？<u>不可必得</u>，故思其次也。（《孟子·尽心下》）

（260）<u>非敢必有功也</u>，愿以间执谗慝之口。（《左传·僖公二十八年》）

4. 状语小句

"必"表示推断义时出现于原因句（罕见）。例如：

（261）<u>我必有罪</u>，故天以此罚我也。（《吕氏春秋·制乐》）

---

① 参见王延栋：《战国策词典》，天津，南开大学出版社，2001，第395页。

(三)确定语气副词进入从句

1. 宾语小句

"信""诚₁"所在的陈述句作"知""以为""见"的宾语,"固"所在的陈述句作"以""惟"的宾语,"诚₁"所在的是非问句、选择问句作"不识""未知"的宾语,"果₁"所在的选择问句作"未知"的宾语。例如:

(262)蔑也今而后知吾子之信可事也。(《左传·襄公三十一年》)

(263)何以知其王信明信圣也?(《管子·四时》)

(264)吾见雄鸡自断其尾,而人曰"惮其牺也",吾以为信畜矣。(《国语·周语下》)

(265)寡人自知诚费财劳民,以为无功。(《晏子春秋·内篇谏下》)

(266)吾以无为诚乐矣,又俗之所大苦也。(《庄子·至乐》)

(267)臣请效其说,而王且见其诚然也。(《战国策·楚二》)

(268)今诚以人之性固正理平治邪?则有恶用圣王,恶用礼义哉?(《荀子·性恶》)

(269)上曰:"吾惟竖子固不足遣,而公自行耳。"(《史记·留侯世家》)

(270)不识此语诚然乎哉?(《孟子·万章上》)

(271)吾未知善之诚善邪,诚不善邪?(《庄子·至乐》)

(272)今俗之所为与其所乐,吾又未知乐之果乐邪,果不乐邪?(《庄子·至乐》)

2. 状语小句

条件句

"信""诚₁""实""果₁""审""固"都能进入条件句。例如:

(273)信如君不君,臣不臣,父不父,子不子,虽有粟,吾得而食诸?(《论语·颜渊》)

(274)信能行此五者,则邻国之民仰之若父母矣。(《孟子·公孙丑上》)

(275)诚如是也,民归之,由水之就下,沛然谁能御之?(《孟子·梁惠王上》)

(276)上诚好知而无道,则天下大乱矣。何以知其然邪?(《庄

子·胠箧》)

(277)君实欲天下之治而恶其乱也，当为宫室不可不节。(《墨子·辞过》)

(278)子果无之魏而见寡人也，请封子。(《战国策·魏一》)

(279)向吾望见子之面，今而后记子之心，审如此，汝将何之?(《说苑·敬慎》)

(280)客，卫人也。卫之去齐不远，君不若使人问之，而固贤者也，用之未晚也。(《吕氏春秋·举难》)

原因句

"允""诚1""果1""实""固"可以进入原因句。例如:

(281)王犹允塞，徐方既来。(《诗经·大雅·常武》)(朱熹集传:言王道甚大，而远方怀之)

(282)寡人诚不胜怒，使兵侵君王之边。(《史记·楚世家》)

(283)于是景公出，野居暴露。三日，天果大雨，民尽得种时。(《晏子春秋·内篇谏上》)

(284)魏惠王谓惠子曰:"上世之有国，必贤者也。今寡人实不若先生，愿得传国。"(《吕氏春秋·不屈》)

(285)肾固主水，故以此知之。(《史记·扁鹊仓公列传》)

让步句

"信""诚1""固"所在的句子可以作让步句。例如:

(286)范、中行氏虽信为乱，安于则发之。是安于与谋乱也。(《左传·定公十四年》)

(287)夫为天下者，则诚非吾子之事，虽然，请问为天下。(《庄子·徐无鬼》)

(288)宫之奇知固知矣，虽然，其为人也通心而懦，又少长。(《新序·善谋》)

让步句又可细分为事实让步句和虚拟让步句，区分句子是否指涉一个事实，英语中前者以 even though 引导，后者以 even if 引导(König&Siemund，2000)。b 组和 c 组确定语气副词只能进入事实让步句，周法高(1961：245)称为"容认句"，举的是汉代的例子：

(289)今日之事，臣固伏诛，然愿请君之衣而击之焉。(《史记·刺客列传》)

(290)贾子厚诚实凶德，然洗心向善。(《后汉书·郭太传》)

(四)非预期副词进入从句的情况

1. 宾语小句

"乃"可见于"闻"的宾语小句，"顾"可见于"以……为……"的宾语小句，"反"可见于"谓"的宾语小句，"曾"可以出现于"恐""视"的宾语小句。例如：

(291)赵王非贤王也。不好道德，而好声色；不好仁义，而好勇力。臣闻其乃欲请所谓阴姬者。(《战国策·中山》)

(292)子以死为顾可以见人乎？(《吕氏春秋·离谓》)

(293)何谓欲利之而反害之？(《淮南子·人间训》)

(294)窃恐陛下接王淮南王子，曾不与如臣者孰计之也。(《新书·淮难》)

(295)方此之时，视天地曾不若一指。(《说苑·善说》)

2. 定语小句

(296)此所谓欲利之而反害之者也。(《淮南子·人间训》)

三、小结

语气是话语-语用范畴，典型的语气成分一般只出现于主句(main clause)[①]，它们或者不出现于从句(尤其是宾语小句和定语小句)，或者在一定条件下才能进入从句。根据以上认识，结合本文调查，可以得出如下认识：

一是语气副词进入从句在春秋后期才开始广泛出现，"允""慎""亶""懰"等产生于西周、春秋早期，衰落于春秋后期，这些副词没有在从句中出现的例子。

---

① 某些语言现象只出现于主句，不出现于从句，这叫主句现象(唐正大，2008)。

二是表示确定、不确定的副词属于认识层，不确定副词常出现于宾语小句，确定副词常出现于宾语小句、状语小句；表示加强、祈愿的副词属于言语行为层，多数不出现于从句；

三是语气副词出现于宾语小句时，谓核一般是"知""见""恐""畏""闻"等表示思考、见闻、知觉等意义的动词，这样的动词对宾语的控制弱，相应地，宾语的独立性就强，可以拥有自己的语气成分（方梅，2005）。

第五节　副词的移位

提到语气副词移位，一般会想到"**难道**他也姓李？/他**难道**也姓李？""**幸亏**我带着钥匙/我**幸亏**带着钥匙""**反正**吃水果没坏处/吃水果**反正**没坏处"等现象。然而，这种类型的移位在西汉前后才出现，数量特别少。例如：

(297)秦善韩、魏而攻赵者，<u>必王之事秦</u>不如韩、魏也。（《战国策·赵三》）［比较：今秦善韩、魏而攻王，<u>王之所以事秦必</u>不如韩、魏也。（《史记·平原君虞卿列传》）］

古汉语还有另一种副词移位，李明（2013b）发现表示认识情态的"审""信""必""定""将""终""多"可以从包孕子句移位至母句动词前，李明称为"长距离移位"，属于 A'-移位的一种[①]。例如：

知＞必、必＞知
(298)a. 人知必死，郡县无以应命。（《太平广记·宋昱、韦儇》）

b. 臣自日日沙堤上，见丞相所乘，皆良马也。是以必知通马经。（《太平广记·黄幡绰》）

上古汉语有这种位移的副词是"必""诚₁""固""其₁""盖""一（壹）"。

一、"必"的移位

移至母句动词前
当母句动词为"见""知"时，子句中的"必"可以提升至母句动词前，例如：

---

① A'-移位即从一个非论元位置移至另一个非论元位置。

见(NP)**必** VP＞**必**见(NP)VP

(299)晏子，天下之贤者也；今去齐国，齐必侵矣。方<u>见</u>国之<u>必</u>侵，不若死，请以头托白晏子也。(《晏子春秋·内篇杂上》)[比较：晏子，天下之贤者也，去则齐国必侵矣。<u>必见</u>国之侵也，不若先死。(《吕氏春秋·士节》)]

知(NP)**必** VP＞**必**知(NP)VP

(300)所谓无战心者，<u>知</u>战<u>必</u>不胜，故曰无战心。(《管子·参患》)[比较：楚王听而入质子于韩，则公叔、伯婴<u>必知</u>秦、楚之不以几瑟为事也。(《战国策·韩二》)]

二、"诚"的移位

当"诚"所在的句子作动词"知""见"的宾语时，"诚"可以从子句中移出，提升至母句动词"知、见"前，即：

知(NP)**诚** VP＞**诚**知(NP)VP

(301)寡人自<u>知诚</u>费财劳民，以为无功，又从而怨之，是寡人之罪也。(《晏子春秋·内篇谏下》)[比较：臣<u>诚知</u>不如徐公美。臣之妻私臣，臣之妾畏臣，臣之客欲有求于臣，皆以美于徐公。(《战国策·齐一》)]

见(NP)**诚** VP＞**诚**见(NP)VP

(302)王怫然作色，曰："何谓也?"慎子曰："臣请效其说，而王<u>见</u>其<u>诚</u>然也。……"(《战国策·楚二》)[比较：庄辛曰："臣<u>诚见</u>其必然者也。非敢以为国袄祥也。君王卒幸四子者不衰，楚国必亡矣。臣请辟于赵，淹留以观之。"(《战国策·楚四》)]

三、"固"的移位

"固"可以从宾语小句中移至母句动词"知"/以为前，形成"固知/以为……"的形式。例如：

以(为)(NP)**固** VP＞**固**以(为)(NP)VP

(303)今诚<u>以</u>人之性<u>固</u>正理平治邪？(《荀子·性恶》)[比较：王曰："子释之，吾<u>固以为</u>天下莫若是两人也。"(《战国策·楚三》)]

然而先秦文献中找不到与"固知(NP)VP"对应的"知(NP)固 VP":

(304)是心足以王矣,百姓皆以王为爱也,臣固知王之不忍也。
(《孟子·梁惠王上》)

(305)故选车三百,虎贲三千,朝要甲子之期,而纣为禽,则武
王固知其无与为敌也。(《吕氏春秋·贵因》)

(306)貂勃曰:"然,臣固知王不若也。下者孰与齐桓公?"(《战
国策·齐六》)

四、"其"的移位

"其"所在的句子作"意者"的宾语时,子句主语和"其"一起移到"意
者"前:

(307)子其意者饰知以惊愚,修身以明污,昭昭乎如揭日月而
行,故不免也。(《庄子·山木》)

成玄英《庄子疏》说"谓仲尼意在装饰才智,惊异愚俗,修莹身心,显
他污染,昭昭明察,炫耀己能",这是把"意者"看成了名词,其实这段话
在《达生篇》也出现过:

(308)今汝饰知以惊愚,修身以明污,昭昭乎若揭日月而行也。

比较后可以发现例(307)是平铺直叙,而例(308)是推理论证,后面
有"故不免也",添加"其意者"是表达个人的主观看法。

五、"盖"的移位

宾语小句里的"盖"可以长距离移位至母句动词前,即:

闻(NP)VP＞盖闻(NP)VP

(309)寡人闻大国之君,盖回曲之君也。(《晏子春秋·内篇问
下》)[比较:盖闻孔丘、墨翟,昼日讽诵习业,夜亲见文王、周公旦
而问焉。(《吕氏春秋·博志》)]

"盖闻"在汉代以后成词。例如：

（310）上怜许氏，下诏曰："<u>盖闻</u>仁不遗远，谊不忘亲。前平安刚侯夫人谒坐大逆罪，家属幸蒙赦令，归故郡。朕惟平恩戴侯，先帝外祖，魂神废弃，莫奉祭祀，念之未尝忘于心。其还平恩侯旦及亲属在山阳郡者。"（《汉书·外戚传下》）

六、"一（壹）"的移位

比较下面两个句子：

（311）简子投桴而叹曰："呜呼！士之速弊<u>一</u>若此乎！"（《吕氏春秋·贵直》）

（312）老古振衣而起曰："<u>一</u>不意<u>人君如此也</u>，虎豹之居也，厌闲而近人，故得；鱼鳖之居也，厌深而之浅，故得；诸侯之居也，厌众而远游，故亡其国。诗云'维鹊有巢，维鸠居之'。君放不归，人将君之。"（《新序·杂事》）

上古语料没有"一（壹）VP"作宾语小句的直接证据，但根据"一（壹）"的通例，它一般要紧贴"如/若此""至（于）此"，例（312）"一"和"如此"分离，其底层形式应该是"不意人君一如此也"，"一"前移至动词"不意"前。

第六节　结语

表示衔接、语气、传信、时体的副词在句中占据高位，表示方式、频度的副词在句中屈居低位，许多语言都是如此（Ramat & Ricca，1998；Nuyts，2006）。（如图 4-1 所示）

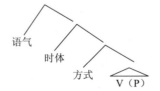

图 4-1　副词在句中位置

虽然在细节方面有差异，但古今汉语语气副词的语法表现基本一致，即前置性、灵活性、动态性（张谊生，2000a：49-52）。这也是汉语语气副词占高位的表现。但是，有些语言的语气副词的价值却不能用位置、副词排序、移位、主句/从句衡量，噶玛兰语（台湾南岛语言）表示方式、频度、语气的状语都位于句首，不存在移位。与方式状语相比，语气状语的特点是不能吸引粘着代词、不因主事/受事焦点的变化而有形态交替、不带祈使后缀、不带名词论元、对后面动词的变形不施加影响（Chang，2006）。该怎么看待这种现象？

　　本书的解释是：方式成分的作用是描述动作，它与动作关系密切；语气成分的作用是表现对命题的主观判断（陆丙甫，2008），它与动作无关。方式成分在许多语言中都紧邻动词，甚至融入动词，语气成分常常远离动词。汉语语气副词位置在前、灵活移动说明它与动词联系松散，噶玛兰语语气状语没有形态变化、对动词的变形不施加影响也说明它与动词联系松散。两种语言虽然形态—句法表现迥异，但表面现象背后的运作机制相同。

第五章　上古汉语近义语气副词的区分

第一节　引言

比较分析是研究虚词意义的基本方法[①]，包含以下方面：1. 辨析近义虚词；2. 比较说明同一方面问题的虚词；3. 对比意义相对的虚词；4. 对比有某虚词的句子与抽掉该虚词的句子(陆俭明、马真，1999：7)。分析虚词用法的手段有九种：句类、词类、音节、轻重音、肯定与否定、简单与复杂、位置、词语搭配、语境(陆俭明，2003：186，201)。这九种手段可以为副词研究所借鉴，揭示其不同侧面的属性：位置反映句法属性，这是形式句法学关心的内容(蔡维天，2010)；语境反映语用属性，这是言谈分析关心的内容(李樱，2000；方梅，2013)。

面对不同的研究课题，句法学的方法和言谈分析的方法各有优劣。如果是比较不同种类的副词状语，句法学的方法卓有成效，分析出来的结果直观而且可信。如果是分析近义副词，情况就不同了，下面以不确定语气副词为例说明。

第四章曾试图通过位置(主语前后)、两项副词排序、长距离移位、主句现象去窥测不确定语气副词的差异，这是形式学派的句法制图方法研究副词的思路(Travis，1988；Cinque，1999；Ernst，2004)。但结果发现不确定语气副词在句法上的共性很多，差异不大，而且这些差异零散、无规律，各种句法标准对副词的划分参差不齐，看不出和副词的语义、构词方式有何关系，例如：不出现于主语前(划出"殆""或""无乃")、不与别的副词并用(划出"盖""得无""无乃")、两项副词排序上后置于非语气副词(划出"庶")、仅见于主句的和可见于从句的副词数量相当、长距离移位("盖""其"不同凡响)。

实际上，语气副词的语法功能很简单，只作状语(袁毓林，2008)，它们主要在语篇和人际方面发挥作用，近义语气副词在句法上占据差不

[①]　副词的虚实归属有争议，郭锐(2002：178)认为副词是实词，朱德熙(1982：50)、张谊生(2000a：7)认为副词是虚词，这里暂且采纳后一种说法，语气副词在许多方面的表现像虚词。

多的位置，从句法上也比较不出更多的结果。如果只在概念上解说词义，在语法上做粗浅的比较，往往会与有价值的语言事实失之交臂。因此，本章主要考察语气副词身处的语用环境，希望有新发现。可能涉及以下方面：

第一，句类。多数语气副词关乎说话者对事情的信疑程度，而句类虽然重在表现言语行为，但它们与说话者信疑程度也有一些关系（华建光，2013：8），所以分析语气副词表现的态度、意向，有必要考虑句类（徐晶凝，2000）。

第二，语气词。古汉语的语气词多数表示主观态度，少数调节言语行为（华建光，2013：149），可以通过它们旁观语气副词的功能。

第三，复句的类型。Givón（2001：303）区分现实情态和非现实情态，现实/非现实的对立表现在指称、时体、句类、复句各个层面。就复句而言，现实情态对应让步句、原因句，非现实情态对应假设句、目的句，一些语气副词可以有选择地进入这些从句。

第四，篇章位置。篇章中的句子可以分为核心句和卫星句，它们之间又存在阐释、对比、序列、动机、让步、背景、重述等关系（卫真道，2002：89）。各种语气副词倾向于出现在什么样的篇章结构中？这有待于深入研究。

第五，文体。Longacre（1983）根据时间连续性（temporal succession）和主体导向（agent orientation）两个标准分出叙事（narration）、交谈（behavioral discourse）、指南（procedural discourse）、评析（expository discourse）四种语体。叙事、交谈、议论这几种文体的区别经常被提及，虚词或句式的使用差异往往与这几种语体的对立有关（陶红印，1999、2007；李佐丰，2003；郭继懋，2006；王洪君、李榕、乐耀，2009）。这对副词的研究有启发（见表 5-1）。

表 5-1　Logacre(1983)的四种语体类型

参数　　语体	叙事	交谈	指南	评析
时间接续性	＋	－	＋	－
主体取向	＋	＋	－	－

第六，社会情境（交谈者的身份、地位和关系，交谈的场合和内容）。社会情境与话语或文本的正式程度、礼貌程度、说话者的情感状态有关，目前研究代词的学者已注意到这一点（洪波，1996；李子玲，2006；袁毓

林，2012），因为代词是比较常见的社会直指语①。实际上，一些副词也具有提示社会情境的功能，但目前并未引起注意。

第二节　上古汉语不确定语气副词的区分

一、问题的提出

按照莱布尼茨的观点，"必然"是说某命题在所有的可能世界中都为真，"可能"是说某命题在有些可能世界中为真（陈波，2003：93）。模态逻辑用符号"□"和"◇"表示"必然"和"可能"，它们可以类比主观认识上的"确定"和"不确定"（周北海，1997：2）。自然语言的不确定语气比模态逻辑的"可能"要复杂，汉语方言中表示不确定语气的副词平均有 4—7 个（见表 5-2）。上古汉语的这种副词有"庶""庶几""盖""或""或者""殆""其""其诸""无乃（毋乃）""得无（得毋、得微）"。在汉语书面语的发展史中，上古书面语的语气副词数量最少②，但与方言口语相比，上古书面语的不确定语气副词略显繁复，这很值得关注，其原因可能是：1. 书面语累积了不同地域、不同时代的副词；2. 副词的功能有区别。本书将以先秦、西汉的 29 种传世资料为基础③，分析语气副词在语法分布和语用功能上的差异。

表 5-2　汉语方言中的不确定语气副词

台湾闽南话（杨秀芳，1991）	舟山话（方松熹，1993）	绍兴话（盛益民，2014）	长沙话（鲍厚星、崔振华、沈若云、伍云姬，1999）	吉首话（李启群，2002）
无定著、无的确、敢、拍算	依方、恐怕、作兴、吭数	刚作、奥卯、总好、倘话	怕、怕莫、作兴、崽不	不限定、恐怕、也许、也兴、莫(兴)、大概

---

①　直指语是语言结构中能够反映语言与语境关系的成分，又包括空间直指、时间直指、社会直指等类型。参见 Levinson(1983：45)。

②　中古汉语不确定语气副词有近 30 个，近代汉语至少 40 个（唐贤清，2004；李素英，2012；罗主宾，2013）。

③　先秦：《今文尚书》《诗经》《周易》《仪礼》《左传》《国语》《论语》《墨子》《孟子》《庄子》《荀子》《韩非子》《吕氏春秋》《战国策》《管子》《晏子》。西汉：《孝经》《史记》《礼记》《大戴礼记》《公羊传》《谷梁传》《新语》《新书》《淮南子》《春秋繁露》《盐铁论》《新序》《说苑》。

续表

梅县话（林立芳，1990）	神木话（邢向东，2000）	东干话（海峰，2003）	海门话（王洪钟，2011）	博山话（钱曾怡，1993）
盲知、惊怕、莫、董	不敢定、未量、咋也、大概儿、还把、敢	哈巴、散脱、但怕、棒尖、想打、莫必是、未了	大概、大约酌、得怕、作兴得、话勿定、莫非、要末	恐怕、也许、备不住、不格、不叫准、到好、大约摸

需要特别澄清的是"其"，它在上古有多种功能（时间、语气、指代、连接），有时候相互间不容易分辨。下面例(1)—例(3)过去被认为表示推测、反问语气，实际上"其"都可以解释为"将"。真正表示不确定语气的"其"出现于两种语境：1.句子叙述当前、已然、泛时情况；2.句子虽然叙述未然情况，但有另外的词语提示将来时，比如"将"。例如：

(1)保君父之命而享其生禄，于是乎得人。有人而校，罪莫大焉。吾其奔也。（《左传·僖公二十三年》）[比较：诺，吾将仕矣。（《论语·阳货》）]

(2)吾闻夫犬戎树惇，帅旧德而守终纯固，其有以御我矣！（《国语·周语上》）[比较：叟，不远千里而来，亦将有以利吾国乎？（《孟子·梁惠王上》）]

(3)天生德于予，桓魋其如予何？（《论语·述而》）[比较：陈文子见崔武子曰："将如君何？"（《左传·襄公二十三年》）]

何乐士(2004：364)认为"若(如)之何其VP"的"其"表示语气，实际上"其"是代词，因为：1."若(如)之何VP"询问原因并且有诘责语气，这种句子形式上是疑问，但说话者的态度特别肯定，"若之何VP"如果后接语气词，大都是表示确信的"也"，这与副词"其"表示不确定语气有冲突；2."其"可以替换为"NP之"。例如：

(4)子曰："圣王无乐。"此亦乐已，若之何其谓圣王无乐也？（《墨子·三辩》）

(5)若之何子之不言也？（《左传·哀公十一年》）

在第四章，本书曾经试图用句法制图的方法分析不确定语气副词，但后来发现不确定语气副词在句法上的共性多，差异小，而且这些差异零散、无规律，各种句法标准对副词的划分参差不齐，看不出和副词的语义、构词方式有何关系。所以下面将考察它们身处的语用环境（交谈内容、文体、篇章位置、社会情境）。

二、语用区分的角度

(一)获取信息的渠道

藏缅语言的传信范畴存在亲见、非亲见的对立，非亲见情态又包括推测、传闻(黄布凡，2007)。在保安语、撒拉语、西部裕固语中，非亲历、非目睹的事情用不确定语气或普通语气标注，与确定语气对立(刘照雄、林莲云，1980；陈宗振、雷选春，1985：92)。

汉语的语气副词有传信语的作用(张伯江，1997)，传信语既说明信息来源，也可以提示人对信息的态度(Chafe，1986)。过去国内学者研究语气副词，大都只看到主观态度一方面。以"盖"为例，唐朝以来经籍旧注、笔记都把它看作"疑辞"：

(唐)张守节："盖"、"或"，皆疑辞也。(《史记·老子列传》："盖老子百有六十岁，或言二百余岁"正义)

(宋)洪迈：予观《史》、《汉》所纪事，凡致疑者，或曰"若"，或曰"云"，或曰"焉"，或曰"盖"，其语舒缓含深意。(《容斋续笔·卷七·迁固用疑字》)

(明)陆粲：盖者，疑辞也。(《左传·桓公二年》杜预注"盖伯夷之属"附注)

除"盖"外，吕叔湘(2002：301)认为"其""殆""庶""或者""得无""无乃"也有"传疑"的功能。这些副词为什么表示怀疑？通过什么方式表示怀疑？以往并不予以深究。如果把注意力放到信息获取途径上，就会发现"盖"引导的信息与传闻和转述有关，"殆""其""得无""或者""庶(几)"引导的信息与思考和推理有关。表现是：

第一，"盖"字句经常作"闻"的宾语(37 例)，有些"盖"虽然不直接出现于"闻"的宾语小句，但语段中会有"闻……"，表明说话内容是在传闻基础上演绎而来。例如：

(6)丘也闻有国有家者，不患贫而患不均；不患寡而患不安。盖均无贫，和无寡，安无倾。(《论语·季氏》)

　　第二,"盖"字句叙述的内容多是古人和古事,不乏三皇五帝的传说、夏商周三代的史事、孔子的行状和逸闻、寓言故事(68例)。一些语篇以"古者""昔者"起头,汉代以后"盖"可以搭配表示传闻、转述的语气词"云"。例如:

　　(7)古者帝尧之治天下也,盖杀一人、刑二人而天下治。(《荀子·议兵》)

　　(8)昔者圣人之作易也,幽赞于神明而生蓍……离也者,明也。万物皆相见,南方之卦也。圣人南面而听天下,向明而治,盖取诸此也。(《周易·说卦》)

　　(9)鲁南宫敬叔言鲁君曰:"请与孔子适周。"鲁君与之一乘车,两马,一竖子俱,适周问礼,盖见老子云。(《史记·孔子世家》)

　　(10)余登箕山,其上盖有许由冢云。(《史记·伯夷列传》)

　　第三,"其""殆""得无"出现于"谓""未知""意者"的宾语小句,表明它们与心理活动有关。"得无""无乃""殆"出现于条件复句的正句,说明它们与逻辑推理有关。例如:

　　(11)夫南郢之与郑,相去数千里,大夫死者数人,厮役者数百人,今克而弗有,无乃失民臣之力乎!(《韩诗外传》卷六)

　　(12)以管仲之能,乘公之势以治齐国,得无危乎?(《韩非子·外储说左下》)

　　(13)若是,则虽为之筑明堂于塞外而朝诸侯,殆可矣。(《荀子·强国》)

　　"盖"字句一般是叙述往事、解释原因、归纳总结、补充说明。不用于推断,说明"盖"主要不是用来表现人的逻辑推理、心理活动。例如:

　　(14)黄帝、尧、舜垂衣裳而天下治,盖取诸乾、坤。(《周易·系辞下》)

　　(15)不克不忌,不念旧恶,盖伯夷、叔齐之行也。(《大戴礼记·卫将军文子》)

　　(16)爱敬尽于事亲,而德教加于百姓,刑于四海,盖天子之孝也。(《孝经·天子章》)

第四，"殆""其""庶几""或者"可以并用（"殆其""庶其""其或者"等），"盖"不与上述副词并用，说明"盖"很特殊，与"殆""其""庶几""或者"意义相隔。《鹖冠子》有"盖殆"并用的例子，但此书的真伪有争议，相关争论见吴光（1983）。例如：

(17)今以所见合所不见，盖殆不然。（《鹖冠子·近迭》）

（二）情感倾向

说话者的情感倾向包括：赞同/反对、庆幸/遗憾、如意/不如意、合理/意外等。从这个角度看，上古汉语的不确定语气副词也有差别。

庶、庶几

"庶（几）"出现的句子表现正面的情感，叙述说话者希望看到的事情。证据是：

第一，有些"庶（几）"搭配积极义的谓语。例如：

(18)愿以所闻思其则，庶几其国有瘳乎？（《庄子·人间世》）（成玄英疏：瘳，愈也）

(19)君姑修政而亲兄弟之国，庶免于难。（《左传·桓公六年》）

(20)余将老，使郤子逞其志，庶有豸乎？（《左传·宣公十七年》）（杜预注：豸，解也）

第二，"庶几"所在的句子叙述"希望"的内容：

(21)王庶几改之，予日望之。（《孟子·公孙丑下》）

第三，经籍旧注经常把"庶"解释为"幸"，或是解释成表希望义的动词。例如：

(22)庶见素冠兮，棘人栾栾兮，劳心慱慱兮。（《诗经·桧风·素冠》）（毛传：庶，幸也。郑笺：故觊幸一见素冠）

(23)庶几其果为圣人乎？（《庄子·大宗师》）（成玄英疏：庶，慕也）

《礼记·祭义》"庶或飨之"，朱彬集解引方性夫曰"庶者，幸而不必之辞"，翻译成现在的话就是"庶"表示"正面情感（期望）"＋"不确定语气"。

第四，汉代以后"庶几"演变成希望义动词，这与"庶几"表现正面情感有关。例如：

（24）天子既已封泰山，无风雨灾，而方士更言蓬莱诸神若将可得，于是上欣然庶几遇之，乃复东至海上望，冀遇蓬莱焉。（《史记·封禅书》）

得无、无乃

"将无""将非""不多"等含否定语素的语气副词最初多表现负面情感。例如：

（25）于意云何？长者赐子珍宝大乘，将无虚妄乎？（西晋竺法护译《正法华经》，《大正藏》9/263/75c）

（26）初闻佛所说，心中大惊疑，将非魔作佛恼乱我心耶？（姚秦鸠摩罗什译《妙法莲华经》，《大正藏》9/262/11b）

（27）此人向我道家中取食，不多唤人来提我以否？（《敦煌变文集·伍子胥变文》）

上古汉语的"得无""无乃"在情感倾向方面有相似的表现。"得无"若出现于叙事句，就提示主语是损害的承受者，若出现于评议句，就提示听话者应该受批评。例如：

（28）楼缓言不媾，来年秦复攻王，得无更割其内而媾？（《战国策·赵三》）

（29）孔子为鲁摄相，朝七日而诛少正卯。门人进问曰："夫少正卯，鲁之闻人也。夫子为政而始诛之，得无失乎？"（《荀子·宥坐》）

例（28）赵王是"更割其内而媾"的受害者，例（29）"失"是对孔子杀少正卯的批评，孔子是道义责任的承担者。有时候要完整地了解一个故事才能概括副词的情感倾向。例如：

（30）其冬，公孙卿候神河南，言见仙人迹缑氏城上，有物如雉，

往来城上。天子亲幸缑氏城视迹。问卿：<u>"得毋效文成、五利乎</u>？"（《史记·封禅书》）

文成将军李少翁、五利将军栾大是汉代的方术之士，因为装神弄鬼蒙蔽汉武帝而被杀，"得毋效文成、五利乎"含有对公孙卿的质疑、警告。

"无乃"也表示一种负面态度，同样包括两种情况：如果出现于叙事句，主语就是受损者；如果出现于评议句，就是对听话者的批评。例如：

(31)楚将北师。子囊曰："新与晋盟而背之，<u>无乃</u>不可乎？"（《左传·成公十五年》）

(32)天则不雨，而望之愚妇人，于以求之，<u>毋乃</u>已疏乎？（《礼记·檀弓下》）

(33)（楚灵王）为章华之宫，纳亡人以实之，无宇之阍入焉，无宇执之，有司弗与……王将饮酒，无宇辞曰："……若从有司，是无所逃臣也。逃而舍之，是无陪台也。王事<u>无乃</u>阙乎？"（《左传·昭公七年》）

或者、其诸、其、殆

"或者"出现的句子多数表达中性情感（32例），少数表达负面情感（5例）。"其诸"出现的句子表达中性情感（9例）。"其"出现的句子多数表达中性情感（127例），少数表达正面、负面情感（分别是15例、28例）[①]。只举一例：

(34)是晋再克而楚再败也，楚是以再世不竞。今天或者大警晋也，而又杀林父以重楚胜，<u>其</u>无乃久不竞乎？（《左传·宣公十二年》）

当年城濮之战失利、子玉自杀导致楚国一蹶不振，如今邲之战已经失败、又要杀荀林父，可能导致晋国一蹶不振，句子的负面情感靠"无乃"提示，与"其"无关。"其"没有明显的褒贬色彩，正因如此，"其"既与"无乃"并用，也与"庶（几）"并用。

"殆"出现的句子多数表现中性情感（30例），也有许多表示负面情

---

① 只统计《左传》《国语》《论语》《孟子》《晏子春秋》。

感，不乏"死""病""失""毙"等消极义动词（28 例），少数表示正面情感（7
例）。例如：

（35）赵盾曰："彼宗竞于楚，<u>殆将毙矣</u>。姑益其疾。"（《左传·宣
公二年》）

（36）公子居则下之，动则谘焉，成幼而不倦，<u>殆有礼矣</u>。（《国
语·晋语四》）

（37）寡人闻韩侈巧士也，习诸侯事，<u>殆能自免也</u>。（《战国策·
楚三》）

（三）确信程度

达让僜语有四个拟测语气词，tɯ³¹pɯ⁵⁵bo⁵³m⁵⁵ 表示有充足把握的拟
测，deŋ³⁵ 表示把握不大的拟测，n⁵⁵ŋɑ³⁵、bo⁵³m⁵⁵ 表示没有把握的拟测
（孙宏开、陆绍尊、张济川、欧阳觉亚，1980：221）。郭昭军（2003）认为
汉语认识情态词的确信等级（升序）是：**也许＜可能＜大概＜很/非常可
能＜会**。"也许、可能"可以用于正反对举，"大概、会"不能用于正反对
举。例如：

（38）a. 我也许去，也许不去

b. 我可能去，也可能不去

c. ＊我大概去，也大概不去

d. ＊我会去，也会不去

受上述研究启发，本书以正反对举式、假设从句、语气词"乎、邪、
与"、语气词"也、矣、夫"作为语气副词确信程度的检验标准（见表 5-3），
正反对举式即"［　］p?　［　］q?"（p＝—q，或 p、q 是反义词，例如：好/
坏、美/恶、远/近），出现于该格式的副词确信度不高；假设从句有低可
能性（Comrie，1986），它对不同确信程度的副词也许会有选择；"乎、
邪、与"表示怀疑，"也、矣"表示确信，"夫"表示强烈相信（华建光，
2013：120），一个副词选择哪些语气词也反映它自身的确信度。假定每
个副词的原始分是 5 分，进入正反对举或假设语境就各减 1 分，搭配
"乎、邪、与"或"也、矣、夫"则根据句子数量、比例酌情加减分；"得
无""无乃""庶（几）"有明显的感情色彩，不是单纯地表示不确定，暂且不
分析它们。

表 5-3　不确定语气副词确信度的检验标准

标准	正反对举式	假设条件句	搭配"乎、邪、与"	搭配"也、矣、夫"
评分	−1	−1	−0.5～1	+0.5～1

"其"出现于正反对举式，"或者"并举两个具有相反、互补关系的情况，"其诸"也并举两种情况，但两种情况没有对立关系。例如：

(39)今我将出，子可以止乎，其未邪？（《庄子·德充符》）

(40)子以秦为将救韩乎？其不乎？（《战国策·韩二》）

(41)然则儒墨杨秉四，与夫子为五，果孰是邪？或者若鲁遽者邪？（《庄子·徐无鬼》）

(42)楚王方侈，天或者欲逞其心，以厚其毒而降之罚，未可知也；其使能终，亦未可知也。（《左传·昭公四年》）

(43)寝不安与？其诸侍御有不在侧者与？（《公羊传·僖公二年》）

"殆""或"出现于假设句的各 1 例。例如：

(44)若殆往而刑耳！（《庄子·人间世》）（成玄英疏：汝若往于卫，必遭形戮者也）

(45)虽游，然岂必遇哉？客或不遇，请为寡人而一归也。（《吕氏春秋·报更》）

例(44)有异文，陈碧虚《庄子阙误》引张君房本，该句写作"若往而殆刑耳"[①]，"殆"加在正句上，这样一来"殆"就没有见于假设从句的确凿书证。

"其"经常搭配"乎、邪、与"（166 例），较少搭配"也、矣"（44 例）[②]，"或者"多搭配"乎、邪、与"（16 例），较少搭配"也、矣"（7 例），"其诸"只见于疑问句，7 例搭配"与、乎"，2 例搭配"也、矣"。只举"其"的例子：

(46)《诗》云："迨天之未阴雨，彻彼桑土，绸缪牖户。今此下

---

① 参见（清）郭庆藩：《庄子集释》（第一册），北京，中华书局，1961，第 134 页。

② 调查的是《左传》《论语》《孟子》《庄子》《荀子》《晏子春秋》《战国策》。

民，或敢侮予?"孔子曰：为此诗者，<u>其知道乎</u>！能治其国家，谁敢侮之？(《孟子·公孙丑上》)

(47)君子务本，本立而道生。孝弟也者，<u>其为仁之本与</u>?(《论语·学而》)

(48)诗曰"辞之辑矣，民之协矣；辞之绎矣，民之莫矣"，<u>其知之矣</u>。(《左传·襄公三十一年》)(杜预注：谓诗人知辞之有益)

(49)所谓"臣义而行，不待命"者，<u>其此之谓也</u>。(《左传·定公四年》)

"殆"多见于陈述句、感叹句，经常搭配"矣、也、夫、哉"(42例)，很少见于疑问句，很少搭配"乎、邪"(6例)。"或"只见于陈述句，搭配"也、矣"(5例)。例如：

(50)乃悉取其禁方书尽与扁鹊。忽然不见，<u>殆非人也</u>。(《史记·扁鹊仓公列传》)

(51)若堂无陛级者，<u>堂高殆不过尺矣</u>。(《新书·阶级》)

(52)夫子曷为至此?<u>殆为大台之役夫</u>！寡人将速罢之。(《晏子春秋·内篇谏下》)

(53)颜氏之子，<u>其殆庶几乎</u>?(《周易·系辞下》)

(54)<u>是或一道也</u>。(《孟子·公孙丑下》)(赵岐注：是或者自得道之一义)

"盖"基本上见于陈述句，搭配"也、矣"(113例)，汉代以后才出现于疑问句，搭配"乎、邪"，数量很少(3例)，不见于正反对举式。例如：

(55)其用之社奈何? <u>盖叩其鼻以血社也</u>。(《公羊传·僖公十九年》)

(56)我未见力不足者。<u>盖有之矣</u>，我未之见也。(《论语·里仁》)(朱熹集注：盖，疑辞)

(57)叔孙通希世度务，制礼进退，与时变化，卒为汉家儒宗。"大直若诎，道固委蛇"，<u>盖谓是乎</u>?(《史记·刘敬叔孙通列传》)

受古籍注疏的影响，杨树达(1954：89)、高名凯(1957：482)、杨伯峻(1981：45)认为"盖"表示怀疑、不肯定语气。但 Pulleyblank(1995：

124)、许威汉(2002：202)认为"盖"表示肯定。本书赞同后一种意见，"盖"的语义偏于肯定。俗话说"耳听为虚，眼见为实"，在一些语言中"传闻"会引申出"怀疑、不肯定"，而与传闻有关的"盖"语气却比较肯定，这表明信息获取途径与叙述者的主观态度没有固定、绝对的联系(Aikhenvald，2004：3)。

不确定语气副词的确信度等级是：**其、或者**(3～3.5 分)＜**或、其诸**(4 分)＜**盖、殆**(4.5 分)。"殆"处于序列的高点，这与一些注疏对"殆"的解释吻合，"殆"的意思接近"必"，也有异文资料的佐证。例如：

(58)座殆尚在于门前。(《吕氏春秋・自知》)(高诱注："殆"犹"必"也)

(59)晏子闻之，笑曰："婴其有淫色乎？何为老而见奔？殆有说，内之。"(《列女传・辩通》)[比较：晏子闻之，笑曰："婴其淫于色乎？何为老而见奔？虽然，是必有故。"令内之。(《晏子春秋・内篇谏下》)]

(四)叙事体与评议体

(60)千金，重币也；百乘，显使也。齐其闻之矣。(《战国策・齐四》)

(61)世有三亡，而天下得之，其此之谓乎！臣闻之曰："以乱攻治者亡，以邪攻正者亡，以逆攻顺者亡。"(《战国策・秦一》)(关修龄高注补正："盖古语，以比六国有三亡之道，而秦得天下也。")

例(60)"齐闻之"是叙事，用"其"表示冯谖不肯定是否发生了这件事；例(61)"此之谓乎"是评议，是把古代格言和当前时事联系起来，张仪用"其"表示自己对于这种附会、联系有所保留，不愿意说得太确凿。评议句的主观性强于叙事句(王洪君、李榕、乐耀，2009)，根据语义发展规律，"其"很可能先出现于叙事句，后来蔓延到评议句。

叙事是描述特定时空中的人物和情节，评议是表达见解、阐述道理。叙事、评议既是两种文体，也可以说明句子的语篇性质。叙事句一般是动词句，中心谓语经常是行为动词、变化动词、使役动词、存现动词、表示客观可能的助动词"能""可""得"。例如：

(62)上有所幸王夫人，夫人卒，<u>少翁以方术盖夜致王夫人及灶鬼之貌云</u>，天子自帷中望见焉。(《史记·孝武本纪》)

(63)(曾参)仆地，有间乃苏，起曰："<u>先生得无病乎</u>?"(《韩诗外传》卷八)

(64)苏子怒于燕王之不以吾故，弗予相，又不予卿也，<u>殆无燕矣</u>。(《战国策·燕二》)

(65)以齐国之困，困又有忧。少君不可以访，是以求长君，<u>庶亦能容群臣乎</u>?(《左传·哀公六年》)

(66)勉而为瘠，则吾能，<u>毋乃使人疑夫不以情居瘠者乎哉</u>!(《礼记·檀弓下》)

评议句一般包括判断句、比拟句、命名句、解说句等，谓核经常是名词，代词，性质形容词，关系动词，表示估价、许可等主观情态的助动词"可""宜""足"等。例如：

(67)阳人未狎君德，而未敢承命。君将残之，<u>无乃非礼乎</u>!(《国语·晋语四》)

(68)今君王既栖于会稽之上，然后乃求谋臣，<u>无乃后乎</u>?(《国语·越语上》)

(69)齐宣王谓田过曰："吾闻儒者丧亲三年，丧君三年，君与父孰重?"田过对曰："<u>殆不如父重</u>。"(《说苑·修文》)

(70)官致良工，因丽节文，非无良材也，<u>盖曰贵文也</u>。(《荀子·宥坐》)

(71)信其不可不慎乎!澶渊之会，卿不书，不信也。(《左传·襄公三十年》)

叙事体、评议体的提法受李佐丰(2004：343)研究叙事句、说明句、论断句的启发。实际上，虽然谓语的属性可以帮助辨别叙事和评议，但叙事与评议的区分不完全取决于谓语的属性，有时候谓核类型相同，句子类型却不同。例如：

(72)a. <u>天其或者正训楚也</u>，祸之适吴，其何日之有?(《左传·哀公元年》)

　　b. <u>天殆富淫人</u>，庆封又富矣。(《左传·襄公二十八年》)

（73）a. 太史公曰：余登箕山，<u>其上盖有许由冢云</u>。（《史记·伯夷列传》）

　　　b. <u>盖均无贫</u>，和无寡，安无倾。（《论语·季氏》）

例（72）"训""富"都是形容词的使动用法①，但 a 句是就吴国攻灭楚国这件事而说，是叙事，句中用"正"提示时间；b 句围绕"恶人是否有恶报"这个话题来讨论，是评议。例（73）两句话的谓语"有""无"都是存现动词，a 句是摆事实，b 句是讲道理。

根据调查，"庶（几）""或者""得无""盖"多见于叙事句，"无乃/毋乃""其""其诸"多见于评议句，"殆"在叙事句、评议句中出现的比例相差不大，叙事句多一些，"或"见于叙事句、评议句的比例相等（见表5-4）。

表 5-4　不确定语气副词在叙事句/评议句中的分布（只统计先秦语料）

	庶（几）	或者	得无	盖	无乃/毋乃	其	其诸	殆	或
叙事句	35	18	16	52	33	91	0	27	5
评议句	4	5	3	17	73	221	1	19	6

（五）社交互动

语气副词会反映一些社交互动（social interaction）的信息。比较：

（74）冉有、季路见于孔子曰："季氏将有事于颛臾。"孔子曰："求！<u>无乃尔是过与</u>？夫颛臾……是社稷之臣也。何以伐为？"冉有曰："夫子欲之，吾二臣者皆不欲也。"（《论语·季氏》）

（75）子禽问于子贡曰："夫子至于是邦也，必闻其政，求之与？抑与之与？"子贡曰："……夫子之求之也，<u>其诸异乎人之求之与</u>？"（《论语·学而》）

（76）君子曰："宋宣公可谓知人矣。立穆公，其子飨之，命以义夫！商颂曰'殷受命咸宜，百禄是荷'，<u>其是之谓乎</u>！"（《左传·隐公三年》）

（77）仲尼，天下圣人也，修行明道以游海内，海内说其仁、美其义而为服役者七十人。<u>盖贵仁者寡</u>，<u>能义者难也</u>。（《韩非子·五蠹》）

---

① 金理新（2006：124）认为"训"是"顺"的使动式。

例(74)是对话,孔子批评冉有,冉有对此做了回应;例(75)也是对话,子贡评价不在场的孔子,子禽没有再回应;例(76)是史官记言、录事之后的画外音,例(77)议论历史人物,都没有听话者。从例句看"无乃"互动性强,"盖""其"互动性较弱。

语气副词的互动性表现在:A. 说话内容(你方 vs. 我方/第三方),它在主语人称上有一些体现;B. 语体(对话 vs. 议论/独白)。下面从这两点评估不确定语气副词的互动性。

搭配第二人称是语气副词互动性高的表现,10 个副词搭配第二人称的比例是(降序):得无(30%)>庶、殆、无乃/毋乃(>10%)>或、或者、其、庶几(<10%)>盖、其诸(<1%)(见表 5-5)。需要说明,虽然"得无""无乃"表面上主要搭配第三人称,但它们搭配第三人称的句子多数都传达与听话者有关的信息,分别高达 82%和 86%,它们的互动性最强。例如:

表 5-5　不确定语气副词与主语人称的搭配("其"只统计先秦语料)

	庶	庶几	殆	盖	或	或者	其诸	得无	无乃/毋乃	其
第一人称	26% (6)	13% (3)	16% (13)	1% (3)	0	0	0	2% (1)	3% (4)	4% (12)
第二人称	17% (4)	7% (1)	1% (1)	0.4% (1)	5% (1)	9% (3)	0	30% (15)	12% (17)	7% (21)
第三人称	57% (13)	80% (12)	83% (68)	98.6% (231)	95% (21)	91% (29)	100% (9)	68% (34)	85% (117)	89% (275)

(78)岁旱,穆公召县子而问然,曰:"天久不雨,吾欲暴尫而奚若?"曰:"天则不雨,而暴人之疾子,虐,毋乃不可与!"(《礼记·檀弓下》)

(79)楚潘党逐之,及荧泽,见六麋,射一麋以顾献,曰:"子有军事,兽人无乃不给于鲜?敢献于从者。"叔党命去之。(《左传·宣公十二年》)

(80)景公饮酒,夜移于晏子,前驱款门曰:"君至!"晏子被元端,立于门曰:"诸侯得微有故乎?国家得微有事乎?君何为非时而夜辱?"(《晏子春秋·内篇杂上》)

例(78)"暴人之疾子"是对方(鲁穆公)的意图,这是委婉的规劝;例(79)"兽人""从者"都隐指"你(们)",这是外交辞令的迂曲说法;例(80)"国家有事"的直接受损者是齐景公,这是委婉的讥刺。"得无""无乃"有社交直指语的功能①，高度关注听话者。

对话体的实时性、互动性高于独白/议论体，10 个副词在对话体中的分布比例(降序)是：**得无、无乃/毋乃>或者>殆>或>庶(几)>其>其诸>盖**。综合两方面因素，不确定语气副词的互动性等级是：**得无、无乃/毋乃>殆>或者>庶(几)>或>其>盖、其诸**(见表 5-6)。这个序列也许可以解释"殆"出现于祈使句、"庶"出现于道义情态句的现象。例如：

(81)令尹往而大惊曰："此何也?"无极曰："君*殆去之*，事未可知也。"(《韩非子·内储说下》)(王先慎集解：谓君必去之也)

(82)(鲁庄)公曰："吾属欲美之。"(匠师)对曰："无益于君，而替前之令德，*臣故曰庶可已矣*。"公弗听。(《国语·鲁语上》)(韦昭注：已，止也)

表 5-6　不确定语气副词的语体分布("其"只统计先秦语料)

	得无	无乃/毋乃	或者	或	殆	庶(几)	其	其诸	盖
对话	100% (19)	100% (106)	91% (21)	63% (7)	76% (35)	49% (19)	46% (145)	22% (2)	20% (14)
非对话	0	0	9% (2)	37% (4)	24% (11)	51% (20)	54% (167)	78% (7)	80% (55)

三、小结

不确定语气副词的区分见表 5-7。本书得出四点认识：

表 5-7　不确定语气副词的区分

消极情感	积极情感	中性情感			
		拟测			传信
得无、 无乃/毋乃	庶、庶几	其、或者	或、其诸	殆	盖
		较低确信度	中确信度	较高确信度	

第一，以往笼统地称"其""殆""或(者)""盖"是推测语气副词，其实并不恰当，"其""殆""或(者)"表示推测，"盖"与听说传信有关。

---

① 代词的社交直指功能有人关注(李子玲，2014)，但副词的直指功能尚未引起重视。

第二，近年来，有学者运用句法制图（cartography of syntactic structure)方法研究副词（Cinque，1999；蔡维天，2010）。当分析不同种类副词在句中的功能层级时，这种方法成效显著，但如果是分析一组近义副词，语用学的角度有助于发现更有价值的语言规律。

第三，不确定语气副词并非单纯表现认识情态，还与评价、祈愿等意义有瓜葛。

第四，语气副词在传信、情感、语体等层面的表现相互关联、一以贯之：如"盖"表示转述，情感是中性的，语气较为客观、肯定，基本只见于叙事体；"无乃/毋乃"表示批评，情感偏向负面，语气比较委婉，只见于对话。

第三节　上古汉语确定语气副词的语用区分

一、问题的提出

上古汉语副词"必""固""诚（情）""信""允""亶""谅""慎""真""审""果"表示确定语气，这组副词在中古近代有"必当""必定""必须""的定""决定""铁定""毕竟""断然""分明""诚然""真的""真个""确实""端的""自然""果然"，汉语史学界过去对这些副词不做区分（李新魁，1983：126；殷国光，1997：296；吉仕梅，2003；唐贤清，2004：128；李佐丰，2004：187；胡波，2010：97；龙国富，2013：260）。实际上，古籍注疏显示上古的这些副词应该分成三组：1."必"；2."固"；3."诚（情）""信""允""亶""审"等。理由是：一是"诚（情）""信""允""亶""审"等在古籍注疏中互训；二是古注解释"固"有时用"必"，有时用"信""实"，有时用时间词；三是古注几乎不用其他确定语气副词解释"必"。例如：

(83)故绳诚陈，则不可欺以曲直。(《史记·礼书》)(裴骃集解引郑玄曰：诚，犹审也)

(84)信能行此五者，则邻国之民仰之若父母矣。(《孟子·公孙丑上》)(焦循正义引《说文》云：信，诚也)

(85)百兽率舞，庶尹允谐。(《尚书·益稷》)(郑玄注：允，信也)

(86)昊天已威，予慎无罪。(《诗经·小雅·巧言》)(毛传：慎，诚也)

(87)祈父！亶不聪。(《诗经·小雅·祈父》)(毛传：亶，诚也)

(88)及尔如贯，谅不我知。(《诗经·小雅·何人斯》)(郑笺：谅，信也)

(89)得而与之语，果圣人，举以为相，殷国大治。(《史记·殷本纪》)(刘淇《助字辨略》卷三：果，信也，审也)

(90)以浅阙博居天下、安殊俗、治万民，其说固不行。(《吕氏春秋·任数》)(高诱注：固，犹必也)

(91)齐固弱，是以余粮收宋也。(《战国策·齐六》)(鲍彪注：固，犹信)

(92)是何故？固有之乎？(《国语·周语上》)(韦昭注：固，犹尝也)

(93)如有复我者，则吾必在汶上矣。(《论语·雍也》)(刘淇《助字辨略》卷五：必，决定之辞)

古籍注疏对词义的解说可以为词语的区分提供一种直观印象，但它不能替代科学的分析。下面将结合确定语气副词的分布来论证它们的语用区分。

二、语用区分的角度

(一)元话语(是否影响句子真值)

"必"是模态词，出现于表示意志、规定、推断、命令的句子，它对句义的影响分三种情况：A. 表示命令、推断(将来)的句子抽掉"必"会使口气变弱；B. 表示意志、规定的句子抽掉"必"有时会让口气变弱，有时会改变句义，成为非模态命题①；C. 表示推断(非将来)的句子抽掉"必"一定改变句义，成为非模态命题。例如：

(94)赵氏新出其属曰臾骈，必实为此谋，将以老我师也。(《左传·文公十二年》)[比较：寡人有不令之臣，实为此事也，非寡人之所敢知。(《战国策·赵三》)]

(95)安之，人必莫之卖矣。(《吕氏春秋·离谓》)[比较：人有卖骏马者，比三旦立市，人莫之知。(《战国策·燕二》)]

_____

① 逻辑学中"必然""可能""不可能"等叫模态词，包含模态词的命题是模态命题(陈波，2003：96)。

(96)后之人将求多于女，<u>女必不免</u>。(《左传·僖公七年》)[比较：<u>二子皆将不免</u>。子容专，司徒侈，皆亡家之主也。(《左传·襄公二十九年》)]

(97)秦大夫及左右皆言于秦伯曰："是败也，孟明之罪也，<u>必杀之</u>。"(《左传·文公元年》)[比较：或以问孟尝君曰："为君舍人而内与夫人相爱，亦甚不义矣，<u>君其杀之</u>。"(《战国策·齐三》)]

(98)惠子见邹君曰："今有人见君，则睐其一目，奚如?"君曰："<u>我必杀之</u>。"(《韩非子·说林上》)[比较：宋寺人柳有宠，大子佐恶之。华合比曰："<u>我杀之</u>。"(《左传·昭公六年》)姜氏杀之，而谓公子曰："子有四方之志，其闻之者，<u>吾杀之矣</u>。"(《左传·僖公二十三年》)]

(99)<u>父必三年然后娶</u>，达子之志也。(《仪礼·丧服》)[比较：子贡反，筑室于场，<u>独居三年然后归</u>。(《论语·阳货》)<u>天子三年然后称王</u>，经礼也。(《春秋繁露·玉英》)]

"固"既出现于表示将来情况的陈述句，也出现于表示非将来情况的陈述句。这两种句子添加或删除"固"，句义都不会有实质的改变。"诚(情)""信""允""亶""谅""慎""真""审""果"在任何条件下都不影响句义。例如：

(100)以未无不知，应无不请，<u>其道固穷</u>。(《吕氏春秋·知度》)[比较：蹇利西南，往得中也，不利东北，<u>其道穷也</u>。(《周易·蹇卦》)]

(101)<u>燕固弱国</u>，不足畏也。(《战国策·赵二》)[比较：<u>而燕弱国也</u>，东不如齐，西不如赵。(《战国策·燕一》)]

(102)故生则朝周，死则吊之，<u>诚不忍其求也</u>。(《战国策·赵三》)[比较：子若弗图，<u>费人不忍其君</u>，将不能畏子矣。(《左传·昭公十四年》)]

(103)昊天大憮，<u>予慎无辜</u>。(《诗经·小雅·祈父》)[比较：登此昆吾之墟，绵绵生之瓜。余为浑良夫，<u>叫天无辜</u>。(《左传·哀公十七年》)]

(104)吾所学者直土梗耳，<u>夫魏真为我累耳</u>!(《庄子·田子方》)[比较：则君将何以止之? <u>此君之累也</u>。(《战国策·赵四》)]

(105)于是景公出野，暴露三日，<u>天果大雨</u>，民尽得种树。(《说

苑·辨物》)[比较：于是杀牛祭孝妇冢，太守以下自至焉，<u>天立大雨</u>，岁丰熟。(《说苑·贵德》)]

　　按照 Kopple(1985：83)的定义，"固""诚""信""审""允"等是元话语(metadiscourse)，是基本命题信息以外的话语，不影响句子真值①；"必"的命令用法是元话语，而意志、规定、推断用法中有些是元话语，有些不是元话语。

(二)夸张渲染

　　在一些汉语方言中，确定语气副词修饰带有感情色彩的形容词时，强调程度高，传达出夸张语气，如梅县话、广州话、雷州话、上海话、成都话、西安话、白河话(林立芳，1990；李新魁、黄家教、施其生等，1995：496；钱乃荣，1997：155；张振兴、蔡叶青，1998：239；张一舟、张清源、邓英树，2001：290；兰宾汉，2011：160；柯西钢，2013：324)。

　　上古的"诚(情)""亶""允""信"修饰形容词时有渲染程度的用法，它们与程度词"甚""既"、叹词"於"对举，搭配语气词"哉""夫"。例如：

　　(106)其知<u>情信</u>，其德<u>甚真</u>，而未始入于非人。(《庄子·应帝王》)(成玄英疏：率其真知，情无虚矫，故实信也)

　　(107)旨酒<u>既清</u>，嘉荐<u>亶时</u>。(《仪礼·士冠礼》)[比较：尔酒<u>既旨</u>，尔淆<u>既时</u>。(《诗经·小雅·頍弁》)(毛传：时，善也)]②

　　(108)<u>於</u>皇武王，无竞维烈；<u>允</u>文文王，克开厥后。(《诗经·周颂·武》)(郑笺：信有文德哉，文王也|朱熹集传：於，叹辞，皇，大)

　　(109)古也有志："克己复礼，仁也。"<u>信善哉</u>！(《左传·昭公十二年》)

　　"必""固"没有渲染程度的用法。需要特别说明"固"，它虽然也修饰形容词，但它出现的句子经常说明一个作为前提的事实，没有渲染的功能。例如：

　　(110)<u>狄固</u>贪婪，王又启之。女德无极，妇怨无终，<u>狄必</u>为患。

---

① 近年来有学者认为元话语和句子真值无关的看法不全面，参见徐赳赳(2006)。

② 古籍旧注显示"既"一般有"已、尽、终、卒"等义，裴学海(1989)认为"既"还有"太"义。

(《左传·僖公二十四年》)

(111)愚者之知，<u>固以少矣</u>，有以守多，能无狂乎？《荀子·王霸》

(112)<u>且人固难全</u>，权而用其长者。(《吕氏春秋·举难》)

(113)今汉王为天子，而横乃为亡虏而北面事之，<u>其耻固已甚矣</u>；且吾亨人之兄，与其弟并肩而事其主，纵彼畏天子之诏，不敢动我，我独不愧于心乎？(《史记·田儋列传》)

(三)对比强调

确定语气副词跟特定的词语、句式配合时有强调对比的作用(Bolinger 1972：93，Hoye 1997：161)。

"必"虽然有凸显对比的功能，但这种功能很受限制，只在某些义项或特定分布时有所显现：1. 表示命令的"必"没有对比强调功能；2. 表示规定的"必"在疑问句、条件句中经常起对比强调作用；3. 表示意志、推断的"必"只能作为次要角色辅助其他焦点手段(如"虽"、移位、指示词"是""之"复指)；4. "必"的焦点一般都在右侧。例如：

(114)岂其食鱼，<u>必河之鲂</u>？岂其娶妻，<u>必齐之姜</u>。(《诗经·陈风·衡门》)

(115)曾子问曰："小功可以与于祭乎？"孔子曰："<u>何必小功耳</u>？自斩衰以下，与祭礼也。"(《礼记·曾子问》)

(116)譬之如张罗者，张于<u>无鸟之所</u>，则终日无所得矣；张于<u>多鸟处</u>，则又骇鸟矣；<u>必张于有鸟无鸟之际</u>，然后能多得鸟矣。(《战国策·东周》)

(117)<u>虽小道，必有可观者焉</u>，致远恐泥，是以君子不为也。(《论语·子张》)

(118)凡立国都，非于<u>大山之下</u>，<u>必于广川之上</u>。(《管子·乘马》)

(119)抑君臣日战，君曰"<u>余必臣是助</u>"，亦唯命。(《左传·昭公二十二年》)

(120)师延东走，至于濮水而自投，故闻此声者<u>必于濮水之上</u>。(《韩非子·十过》)

"诚""允""信""果""固"约束焦点的时候：一方面，焦点通常在副词右侧的 VP 中，有时候焦点是整句话；① 另一方面"固"与"唯""乃"呼应时，焦点会在左侧。例如：

(121)诚不以富，亦祇以异。(《论语·颜渊》)(何晏集解引郑注：言此行诚不可以致富，适足以为异耳)

(122)肇允彼桃虫，拚飞维鸟。(《诗经·周颂·小毖》)(郑笺：肇，始。允，信也。始者信以彼管蔡之属虽有流言之罪，如鹪鸟之小不登诛之，后反叛而作乱，犹鹪之翻飞为大鸟也)

(123)水信无分于东西，无分于上下乎？(《孟子·告子上》)

(124)范、中行氏虽信为乱，安于则发之。(《左传·定公十四年》)

(125)己诚是也，人诚非也，则是己君子，而人小人也。(《荀子·荣辱》)

(126)敬叔父则敬，敬弟则敬，果在外，非由内也。(《孟子·告子上》)

(127)且夫耳目知巧，固不足恃，惟修其数、行其理为可。(《吕氏春秋·任数》)

(128)今公与安成君为秦、魏之和，成固为福，不成亦为福。(《战国策·韩三》)

(129)古者苍颉之作书也，自环者谓之私，背私谓之公，公私之相背也，乃苍颉固以知之矣。(《韩非子·五蠹》)

(130)载用有嗣，实维尔公允师。(《诗经·周颂·酌》)(王先谦义疏：尔之举事既荷天宠，又得人和，信可为后世师法矣)

(四)叙述与评论

叙述、评论的区分一定程度上反映副词的主观性程度。先看例句：

(131)左右有言秦寇之至者，(戎王)因捍弓而射之。秦寇果至，戎王醉而卧于樽下，卒生缚而擒之。(《吕氏春秋·壅塞》)

(132)救民之姓而不夸，行补三君而不有，晏子果君子也。(《晏子春秋·外篇》)

---

① Lambrecht(1994：223)将句子焦点结构分为宽焦点和窄焦点，前者的焦点可能是谓语或整句话，后者的焦点是一个成分，如主语、宾语、旁格成分、谓词。

例(131)"秦寇果至"是叙述历史故事,例(132)"晏子果君子也"是评论人的品行。一般认为评论句的主观性强于叙述句(王洪君、李榕、乐耀,2009)。

叙述是描写特定时空中的人物和情节,评论是表达态度、申明道理。叙述和评论既是两种文体,也可以说明句子的语篇性质。叙述句一般是动词句,谓核往往是行为动词、变化动词、使役动词、存现动词、表示客观可能的助动词"能""可""得"。例如:

(133)申伯信迈,王饯于郿。申伯还南,谢于诚归。(《诗经·大雅·崧高》)(郑笺:申伯之意不欲离王室,王告语之,复重于是,意解而信行)

(134)不待两军相当,而胜败存亡之机节,固已见于胸中矣。(《战国策·赵二》)

(135)燕、代闻之,果令人之衡山求买械器。(《管子·轻重戊》)

(136)公曰:"为我子,又何求?"对曰:"欲速。"公使视之,则信有焉。(《左传·襄公二十六年》)

(137)材干则直,涂干则轻,今诚得干,日以轻直,虽久必不坏。(《韩非子·外储说左上》)

(138)公召而与之语,訾相其质,足以比成事,诚可立而授之。(《国语·齐语》)(韦昭注:言可立以为大官而授之事也)

(139)大王诚能听臣,六国从亲,专心并力,则必无强秦之患。(《战国策·魏一》)

评论句包括判断句、比拟句、命名句、解说句,谓核往往是名词,代词,形容词,关系动词,表示估价、许可、推断等主观情态的助动词"可""足""宜""当"。例如:

(140)叔术觉焉,曰:"嘻!此诚尔国也!"(《公羊传·昭公三十一年》)

(141)以治气养生则后彭祖,以修身自名则配尧禹。宜于时通,利以处穷,礼信是也。(《荀子·修身》)(杨倞注:信,诚也。言所用修身及时通处穷,礼诚是也)

(142)信曰:"果若人言:'狡兔死,良狗亨;高鸟尽,良弓藏;敌国破,谋臣亡。'天下已定,我固当亨!"(《史记·淮阴侯列传》)

(143)夫上乱君之耳目,下使群臣皆失其职,岂不诚足患哉!

（《晏子春秋·外篇》）

（144）<u>信</u>其不可不慎乎！澶渊之会，卿不书，不信也。（《左传·襄公三十年》）

（145）上问汤曰："吾所为，贾人辄先知之，益居其物，是类有以吾谋告之者。"汤不谢。汤又详惊曰："<u>固</u>宜有。"（《史记·酷吏列传》）

（146）以是观之，安得久长！虽无汤武，<u>时固当亡</u>。（《史记·龟策列传》）

叙述句（体）、评论句（体）的提法受李佐丰（2004：343）研究叙事句、说明句、论断句的启发。需要特别说明，虽然根据谓语的属性可以大致区分叙述和评论，但叙述与评论的区分并不全取决于谓语属性，有时候谓语类型相同，句子类型却不同。例如：

（147）a. 嗟乎，<u>淳于先生诚圣人也</u>！（《史记·孟子荀卿列传》）

　　　b. 使者曰："臣闻六百里，不闻六里。"仪曰："<u>仪固以小人</u>，安得六百里？"（《战国策·秦二》）

（148）a. 今谓宰相曰"子行如仲尼、墨翟"，则变容、易色、称不足者，<u>士诚贵也</u>。（《庄子·盗跖》）

　　　b. <u>齐固弱</u>，是以余粮收宋也。齐国复强，虽复责之宋，可；不偿，因以为辞而攻之，亦可。（《战国策·齐六》）

例（147）"圣人""小人"都是名词，但 a 句是饱含感情的赞叹（评论），b 句是叙述自己的身份，故意用较客观的语气说自己位卑言轻，为不能兑现诺言找借口。例（148）"贵""弱"都是形容词，a 句是总结原因（评论），b 句是摆出人所共知的事实（叙述）。

"亶""慎""真"几乎只出现于评论句，"固""果"在叙述句中占有绝对优势比例；"信""允"主要见于评论句，但在叙述句中也有相当的数量；"诚"在叙述句、评论句中的分布次数较为接近，但"诚"出现的叙述句几乎都是条件句（见表 5-8）。

表 5-8　确定语气副词在叙述句、评论句中的分布（只统计先秦语料）

	固	诚	信	允	亶	真	慎	果
叙述句	376 (93%)	62 (43%)	6 (19%)	6 (31%)	0	2 (14%)	0	143 (88%)
评论句	28 (7%)	82 (57%)	25 (81%)	13 (69%)	6 (100%)	12 (86%)	2 (100%)	19 (12%)

（五）现实与非现实

确定语气副词表示说话者对语句内容高度相信。除"必"之外，一般认为其他副词还表现说话者肯定句子内容的真实性（屈承熹，1998/2006：74；魏培泉，1999）。这个"真实"应该怎么理解？张谊生（2000b：45）、齐沪扬（2003）认为是客观事实，谢佳玲（2006）、季安锋（2015）甚至认为"真的、的确、实在"等副词是叙实的，标注现实事件，暗示命题已经成立[①]。也有学者认为这些副词体现说话者的主观信念（史金生，2003；范晓蕾，2012）。下面从现实性的角度分析上古汉语的确定语气副词（除"必"外）。

Givón（2001：303）区分现实情态（fact）和非现实情态（non-fact），它们在宾语名词的指称、时体、母句动词的叙实性、从句、句类等方面有对立（见表5-9）。表现未然、能愿、假设、疑问、祈使等意义的是非现实句或虚拟句（石毓智，2001：132；张雪平，2008）。

表5-9　现实情态/非现实情态的区分

情态	宾语 NP	母句动词	时	体	从句	句类
现实	有指	知道、忘记、后悔	过去现在	完成进行	让步句、原因句	陈述句特指问句
非现实	有指/无指	喜欢、相信、想、要、找	将来	惯常反复	假设句、目的句	祈使句是非问句

根据调查，确定语气副词都可以出现于非现实语境，比例多少不等（见表5-10）。例如：

表5-10　上古确定语气副词在非现实语境中的分布[②]

副词	信	诚	真	果	审	固	允	亶
非现实句数量	17	127	4	28	2	197	2	1
非现实句比例	53%	51%	15%	7%	100%	37%	12%	20%

---

①　regret、realize、know、be sorry that、be proud that 是预设触发语，这些成分的宾语小句要求叙述已发生的事实，它们是叙实动词（Levinson 1983：181），有些中国学者认为"的确、诚然、真的、确实"有叙实功能，萧国政给张则顺《现代汉语确信副词研究》（中国社会科学出版社，2015）的序也说"真的、确实"属于现实情态，不同于"必然、一定"，这种观点是否正确需要论证。

②　调查《今文尚书》（周书）、《诗经》《周易》《仪礼》《左传》《国语》《论语》《孟子》《庄子》《荀子》《韩非子》《吕氏春秋》《战国策》《管子》《晏子春秋》《史记》《公羊传》《淮南子》《韩诗外传》《新序》《说苑》。

1. 假设条件句

(149)信如君不君，臣不臣，父不父，子不子，虽有粟，吾得而食诸？（《论语·颜渊》）

(150)上诚好知而无道，则天下大乱矣。何以知其然邪？（《庄子·胠箧》）

(151)向吾望见子之面，今而后记子之心，审如此，汝将何之？（《说苑·敬慎》）

(152)卫之去齐不远，君不若使人问之，而固贤者也，用之未晚也。（《吕氏春秋·举难》）

2. 能愿动词句

(153)即有缓急，周亚夫真可任将兵。（《史记·绛侯周勃世家》）

(154)信能行之，五谷蕃息，六畜殖，而甲兵强。（《管子·四时》）

(155)王曰："子诚能为寡人为之，寡人尽听子矣。"（《吕氏春秋·乐成》）

(156)然则若白公之乱，得庶无危乎！诚得如此，臣免死罪矣。（《韩非子·内储说上》）

(157)强大之国诚可知，则其王不难矣。（《吕氏春秋·壹行》）

(158)名固不可以相分，必由其理。（《吕氏春秋·功名》）

(159)且夫耳目知巧，固不足恃，惟修其数、行其理为可。（《吕氏春秋·任数》）

(160)以是观之，安得久长！虽无汤武，时固当亡。（《史记·龟策列传》）

3. 是非问句

(161)臣北方之鄙人也，闻大王将攻宋，信有之乎？（《吕氏春秋·爱类》）

(162)今诚以人之性固正理平治邪？则有恶用圣王，恶用礼义哉？（《荀子·性恶》）

(163)然则人固有尸居而龙见，雷声而渊默，发如天地者乎？（《庄子·天运》）

(164)先君太公曰："当有圣人适周，周以兴。"子真是邪？（《史记·齐太公世家》）

(165)贯高喜曰："吾王审出乎？"（《史记·张耳陈馀列传》）

4. 未然句

(166)若羯立，则季氏信有力于臧氏矣。（《左传·襄公二十三年》）

(167)蔡、卫不枝，固将先奔。(《左传·桓公五年》)

"信""诚"出现的句子多半是非现实句，"真""允""果""亶"出现的句子只有少数是非现实句。需要说明的是：A. "固"出现于非现实句的比例不低，实际上这部分句子很多表示习惯、规律、常理(132 例，26%)，这些句子介于现实、非现实之间，有的语言用非现实情态标注，有的语言用现实情态标注(柯理思，2005，2009)，如果将它们剔除，那么出现于典型非现实句的"固"只占 11%，本书倾向于认为"固"表示现实；B. 虽然"允""亶""真"很少出现于非现实句，但它们出现的句子多表主观评判，不能说它们表示客观现实。例如：

(168)寡固不可以敌众，弱固不可以敌强。(《孟子·梁惠王上》)

(169)噫！物固相累，二类相召也！(《庄子·山木》)(郭注：相为利者，恒相为累)

(170)跖之狗吠尧，非贵跖而贱尧也。狗固吠非其主也。(《战国策·齐六》)

(171)叔孙通笑曰："若真鄙儒也，不知时变。"(《史记·刘敬叔孙通列传》)

综上，除"果""固"对现实性有要求外，其他副词与客观现实没有固定联系。

(六)言者立场态度

"信""诚""真""允""亶"表现言者的主观立场，因为：A. 基本上出现于对话体或议论体；B. 它们修饰的谓语有许多带有感情色彩或主观估价；C. 它们出现的句子表示个人见解，不是客观公认的知识，所以经常要补充理由；D. 交际双方对同一件事有截然相反的看法，各执一词，却都同时使用这些副词。"果""固"表达的意思比较客观，因为：A. "果"基本上出现于叙事体；B. "固"修饰的谓语有些带有感情色彩，但整句话陈述客观事实，引入背景前提；C. "固"出现的句子虽然也有许多表示评判，但都不需要说明理由；D. "固"多数出现于表示社会伦理、自然规律的句子。例如：

(172)允文允武，昭烈假祖。(《诗经·鲁颂·泮水》)(郑笺：僖公信文矣，为修泮宫也；信武矣，为伐淮夷也)

(173)子皙<u>信</u>美矣，抑子南，夫也。夫夫妇妇，所谓顺也。(《左传·昭公元年》)

(174)仲尼之门人，五尺之竖子，言羞称乎五伯。是何也？曰：然。彼<u>诚</u>可<u>羞</u>称也。齐桓，五伯之盛者也，前事则杀兄而争国；内行则姑姊妹之不嫁者七人，闺门之内，般乐奢汰，以齐之分奉之而不足；外事则诈邾，袭莒，并国三十五。(《荀子·仲尼》)

(175)问曰："人皆在焉，子攫人之金，何故？"对吏曰："殊不见人，徒见金耳。"<u>此真大有所宥也</u>。(《吕氏春秋·去宥》)

(176)<u>子诚齐人也</u>，知管仲、晏子而已矣。(《孟子·公孙丑上》)

(177)魏武侯与诸大夫浮于西河，称曰："河山之险，<u>岂不亦信固哉</u>！"王钟侍王，曰："此晋国之所以强也。若善修之，则霸王之业具矣。"吴起对曰："吾君之言，危国之道也；而子又附之，是危也。"武侯忿然曰："子之言有说乎？"吴起对曰："河山之险，<u>信不足保也</u>；是伯王之业，不从此也。昔者，三苗之居，左彭蠡之波，右有洞庭之水，文山在其南，而衡山在其北。……"(《战国策·魏一》)

(178)詹何坐，弟子侍，有牛鸣于门外，弟子曰："是黑牛也而白题。"詹何曰："然，是黑牛也，而白在其角。"使人视之，<u>果黑牛而以布裹其角</u>。(《韩非子·解老》)

(179)襄子至桥而马惊，襄子曰："此必豫让也。"使人问之，<u>果豫让</u>。(《战国策·赵一》)

(180)臣<u>固</u>愚忠，若御史大夫汤乃诈忠。(《史记·酷吏列传》)
[比较：嘻！子诚仁人也，吾入子之大门，则无人焉；入子之闺，则无人焉；上子之堂，则无人焉。是子之易也。(《公羊传·宣公六年》)]

(181)天地<u>固</u>有常矣，日月<u>固</u>有明矣，星辰<u>固</u>有列矣。(《庄子·天道》)

三、小结

古籍旧注注意到词语在意义上的相关，用同训、互训解释近义副词，后来马景仑(1991)、郭锡良(2007)、洪成玉(2013)注意到近义副词的区别，但只是通过词义解说的方式进行辨析，辨析的结果要么是一组近义词几乎没区别，要么是词义的区别解释不了副词的分布差异。形式句法学曾经用一套句法标准研究副词，包括位置(主语前/后)、两项副词排序、进入从句、移位(Travis，1988；Cinque，1999)，这套参数对于区分不同种类的副词、情态词非常有效(蔡维天，2010)，作者用它检验确定语气副词，这套参数虽然能够区分近义副词，但区分的结果零散、不整齐，结果是：1. 只出现于主句("亶、慎、真")；2. 出现于主语前("必、固、诚、果")；3. 进入宾语小句("必、信、诚、固、果")；4. 进入状语小句("必、信、诚、固、审、允、果")；5. 长距离移位("必、诚")。这种区分与副词的语气意义没有关联。有鉴于此，本书从语用学的角度区分上古汉语确定语气副词，具体考察元话语、夸张、强调、叙实、主观或客观等方面，发现确定语气副词的一些区分，这种区分在句式、搭配、语体等方面有若干表现，也能解释古籍旧注对这组副词的训诂。

第四节 从相关虚词的比较看语气副词"曾"的分布与功能

一、问题的提出

上古汉语中，写作"曾"的副词有两种意义：一是表示时间(过去经验)(魏培泉，2015)，古人认为相当于"尝"；二是表示语气，可译为"竟然、却、简直"等(王力，1982：317；韩峥嵘，1984：586；何乐士等，1985：46；许威汉，2002：204；吴庆峰，2006：407；郭锡良，2007：68；姚振武，2015：247)，古籍注疏多用"乃、反"对译。例如：

> (182)庄公存之时，乐曾淫于宫中。(《公羊传·闵公元年》)(王引之《经传释词》卷八：曾，犹尝也)
> (183)曾谓泰山不如林放乎?"(《论语·八佾》)(何晏集解引包咸曰：神不享非礼，林放尚知问礼，泰山之神反不如林放邪?)
> (184)吾以子为异之问，曾由与求之问。(《论语·先进》)(朱熹集注：曾，犹乃也)

对于表时间的"曾"，历代注家的理解一致；对于表语气的"曾"，无论古注还是今研都存在分歧。有的古籍注疏偶尔用"何""则"解释这种"曾"，这些解释虽未得到广泛认可，但其影响却绵延至今，以至于有学者认为"曾"能够表示疑问和连接(裴学海，1954：504；陆宗达，1980/2002：47；王叔岷，1990/2007：371；徐复，1995：19；萧旭，2007：281)。例如：

（185）天下为秦相烹，秦曾不出薪。何秦之智而山东之愚邪？（《战国策·齐一》）（姚宏注：为秦自相烹置，秦则不出薪然火也）

（186）先生既来，曾不废药乎？（《列子·黄帝》）（卢重玄解："废"当为"发"，先生既来，何不发药石之言少垂训耳？）

此外，还有学者用"甚至、岂、难道"解释"曾"（Pulleyblank，1995：120；陈霞村，1992：372；华学诚，2006：642；高尚榘，2011：53）。

作者赞同主流的见解，语气副词"曾"的基本作用是引导非预期信息。现在需要回答两个问题：一个是"曾"在功能和分布上有什么特点？另一个是"曾"与表疑问的"何"、表连接的"则"、表语气的"甚至、岂"有什么区别？这两个问题相互关联，共同指向一个目标：透过多样的语境和多变的解释离析出"曾"的核心的功能。

二、"曾"为什么不能理解为疑问词、连词

（一）"曾"与指原因的疑问词"何"的比较

"曾"作"何"（相当于"怎么、为什么"）解，最早见于扬雄《方言》：

　　"曾""訾"，"何"也。湘潭之原、荆之南鄙谓"何"为"曾"，或谓之"訾"，若中夏言"何为"也。（《方言》卷十）（杨树达批：此今"怎"字之始）

钱绎《方言笺疏》、章炳麟《新方言》、黄侃《蕲春语》都赞同"曾"与"何"同义[①]，"曾"是"怎、怎么"的前身。下面将要分析这种理解的问题所在。

"曾"之所以会被理解为指原因的疑问词"何"，是由于从表面看"曾"与"何"的分布和语义有时候会比较近似，表现在：A."曾""何"都可以见于否定词"不""莫"和助动词"足（以）"左侧；B."曾""何"都有触发预设、表达负面情绪（不满、意外）这两种语用属性。具体地说，"曾"表示事情出乎意料，它出现的句子大多有一个预设（presupposition）：事情已经存在；问原因的"何"（包括"胡""何为""若之何""奈何"）要求 VP 部分叙述已经发生的事实，同时传达出不满、意外等负面情绪[②]。例如：

---

① 参见华学诚：《扬雄方言校释汇证》，北京，中华书局，2006，第642页。

② 与"何、奈何"一样，普通话的"怎么"、粤方言的"乜、点解"都要求句子叙述已然事实，传达不满、意外语气（柯理思，2003；张秀松，2008；邓思颖，2008）。

(187)丧乱蔑资，曾莫惠我师。(《诗经·大雅·板》)[比较：谁能出不由户？何莫由斯道也？(《论语·雍也》)]

(188)大夫奚隆于越，越曾足以为大虞乎？(《国语·吴语》)[比较：民力穷弊，虽有长城、巨防，何足以为塞？(《战国策·燕一》)]

《诗经》中有一些"曾"(也包括"宁")字句，表示责怪，这种句子情感强烈，甚至会被看作反问句，这时候"曾"就与"疑问"有了沟通交迭的可能，"曾"(包括"宁")容易被理解成疑问词，古籍注疏中作"何"解的"曾""宁"集中出现于这种语境。这种语感被广泛接受后，一些注疏家在翻译"曾"字句时还故意添加疑问词"何"，例如：

(189)终踰绝险，曾是不意！(《诗经·小雅·正月》)(郑笺：女曾不以是为意乎？｜朱熹集传：若初不以为意者)

(190)纵我不往，子宁不嗣音？(《诗经·郑风·子衿》)(郑笺：女曾不传声问我以恩。责其忘己｜孔颖达疏：纵使我不往彼见子，子宁得不来学习音乐乎？……○郑唯下句为异。言汝何曾不嗣续音声，传问于我？责其遗忘己也)

(191)曾是在位，曾是在服。(《诗经·大雅·荡》)(孔颖达疏：言"曾"者，谓何曾如此)

但是，有几项关键的证据显示"曾"不是疑问词：

一是读音。上古时代功能近似的疑问词其读音(主要是声母)也接近，指人的"谁""孰"是ȡ系，指物的"何""胡""曷""奚"是ɣ系，指处所的"恶""安""焉"是∅系(王力，1980：286-291；松江崇，2006)，"曾"是精母字(ts-)，与指物的"何""胡"读音相隔太远。①

二是疑问词并列连用。"何""曾"(包括"胡""宁")在一句话内同现，如果"曾""宁"是疑问词，那么"何曾""胡宁"就成了疑问词并列连用，②这不符合上古汉语疑问词的分布规律，上古时期除了战国以后的语料里

---

① 有观点认为"曾"作"何"解是方言现象，进入通语以后主要作语气副词用(解惠全等，2008：49)。本文不同意这种说法，因为：首先，从《诗经》《论语》《孟子》等早期语料看，"曾"的出现没有明显的地域倾向；其次，"方言现象"说可能把历史线索弄反了，真实情况也许是"曾"最初是语气副词，后来发展出反问的语用意义，某些地域的人将其误解为表示疑问，并被扬雄记录下来，"曾"训"何"反映的是汉代方言的创新而非先秦方言遗存。最后，"方言现象"说也不能解释"曾"与典型疑问词系列读音的隔阂。

② 裴学海(1989：641)认为"何曾""奚曾"都是"复语"(按：同义词连用)，"曾"等于"何"。

有 7 例指人的"谁何、何谁、孰谁"外（王海棻，1982），再也见不到其他疑问词连用的例子。有些"谁何"是从"问……谁，问……何"结构省缩来的惯用语（李明，2004），看来，就连"谁孰、谁何"都不一定是真的并列连用。例如：

（192）良将劲弩，守要害之处；信臣精卒，陈利兵而<u>谁何</u>。（《史记·秦始皇本纪》）

（193）秦王闻而走之，冠带不相及，左奉其首，右濡其口，劝苏乃苏。秦王身问之："子<u>孰谁</u>也？"（《战国策·楚一》）

（194）（吴王）笑而应曰："我已为东帝，尚<u>何谁</u>拜？"（《史记·吴王濞列传》）

三是宾语前置的表现和动因。上古汉语的宾语前置有两种：一种是否定句代词（人称词、指示词）宾语前置，宾语移至否定词和动词之间，宾语和动词之间不添加标记，这种宾语前置受句法因素驱动（魏培泉，1999），可能是为了满足赋（宾）格的要求（value structural case），与俄语、波兰语类似（Aldridge，2015）；另一种名词（词组）、动词（词组）、疑问词、人称词、指示词作宾语前置，多数时候宾语移至否定词左侧，宾语前可以有"唯（惟）"强调，宾语后可以有"是""之""斯""于""云""来"复指（殷国光，1985；魏培泉，1999），这种宾语前置受语用促发，前置宾语是被强调突出的焦点（魏培泉，2003；Aldridge，2010）。例如：

（195）不患人之<u>不己知</u>，患不知人也。（《论语·学而》）

（196）栾黡曰："晋国之命，<u>未是有</u>也。余马首欲东。"（《左传·襄公十四年》）

（197）此道之塞久矣，而世主<u>莫之能开</u>也，故三代不四。（《商君书·开塞》）

（198）君<u>亡之不恤</u>，而群臣是忧。（《左传·僖公十五年》）

（199）君<u>惟人肉未尝</u>。（《韩非子·难一》）

（200）吾<u>斯之未能信</u>。（《论语·公冶长》）

（201）<u>是之不果奉</u>，而暇晋是皇？（《国语·晋语二》）

（202）虢多凉德，<u>其何土之能得</u>？（《左传·庄公三十二年》）

（203）其子而食之，<u>且谁不食</u>？（《韩非子·说林上》）

　　根据调查,"曾""何"出现于否定句时,宾语前置的表现不相同。本书调查了"曾+不/未/无+VO"和"何+不+VO",如果剔除双宾语句和复杂谓语句①,前者32例,后者47例。本文发现:A."曾"字句宾语前置共9例(约占28%),"何"字句宾语前置共1例(约占2%);B."曾"字句的前置宾语既有名词也有代词,全都位于否定词左侧;"何"字句的1例前置宾语是人称代词,它在动词与否定词之间。C."曾"字句的前置宾语后面有"之"复指。例如:

　　(204)曾是莫听,大命以倾。(《诗经·大雅·荡》)
　　(205)则彼朝死而夕忘之,然而从之,则是曾鸟兽之不若也。(《礼记·三年问》)
　　(206)且鸟高飞以避矰弋之害,鼷鼠深穴乎神丘之下以避熏凿之患,而曾二虫之无知!(《庄子·应帝王》)(郭象注:言汝曾不知此二虫之各存而不待教乎? | 王先谦集解:曾是人之无知不如二虫乎?)
　　(207)(陈辕颇)道渴,其族辕咺进稻醴、粱糗、腵脯焉。喜曰:"何其给也?"对曰:"器成而具。"曰:"何不吾谏?"(《左传·哀公十一年》)

　　从上面的例句看,"曾"字句的宾语前置受语用促动,"何"字句的宾语前置受句法控制。这个差别说明"曾""何"是性质完全不同的词语,"曾"是副词,句子的前置宾语是对比焦点,"曾"有辅助突出焦点的作用;"何"是疑问词,它本身就是焦点信息,句子不会再有另外的焦点②,也就不会有因焦点强调而产生的宾语前移。
　　下面这个句子需要特别关注。"曾"字句的前置宾语一般都在否定词左侧,但例(208)的人称代词"尔"虽然前置于动词"即",但没有越过否定词"不",这应该怎么解释?

　　(208)古人有言曰:"衣欤食欤,曾不尔即。"(《韩诗外传》卷九)(许维遹集释引卢文弨云:"即"疑"聊"之讹)

_____

　　① 所谓复杂谓语就是包含两个谓核的谓语,包括连谓词组、联合词组、复合句等,例如《战国策·东周》:"何不封公子咎而为之请太子?"
　　② 一句话中只能有一个焦点还是可以有多个焦点?过去一直有争议,Krifka、徐烈炯认为可以有多个焦点,Lambrecht、徐杰、郑良伟认为只能有一个焦点,参见张全生(2010)。

这个问题要从古籍校勘上找原因，《荀子》引述了极其相似的一段话，见例(209)。这段引文没有"曾"，人称词"女(汝)"没有越过否定词。这段引文及相关的注疏告诉我们：A. 战国时代的引文没有"曾"，"曾"是汉代以后加上去的；B. "不女聊"与前文是顺承关系，杨倞的注解用"则"标明这层关系，《韩诗外传》的"曾"也许就是承接连词，与"则"通假。

(209)古之人有言曰："衣与！缪与！不女聊。"(《荀子·子道》)(杨倞注：与，读为"欤"。聊，赖也。言虽与之衣而纰缪不精，则不聊赖于汝也。或曰：缪，绸缪也。言虽衣服我，绸缪我，而不敬不顺，则不赖汝也)

下文将继续讨论"曾"与"则"的关系。

(二)"曾"与连词"则"的比较

古籍注疏偶尔用"则"解释"曾"，或者用"曾"解释"则"，有两种情况：第一种情况如例(210)—例(211)，"曾""则"都是典型的承接连词，"曾"也许只是与"则"音近通假；第二种情况如例(212)—例(213)，注疏家认为"曾""则"语义相通。例如：

(210)而生以残秦，使秦皆无百怨百利，唯已之曾安。(《战国策·魏二》)(鲍彪注：曾，则也)

(211)丧三年以为极，亡则弗之忘矣。(《礼记·檀弓上》)(郑玄注：则之言曾也 | 孙希旦集解："丧三年以为极"者，送死有已，复生有节……"亡则弗之忘"者，言亲虽亡，而子之心则不能忘也)

(212)吾以子为异之问，曾由与求之问。(《论语·先进》)(邢昺注疏引孔安国曰：则此二人之问，安足大乎？)

(213)曾我暬御，憯憯日瘁。凡百君子，莫肯用讯。(《诗经·小雅·雨无正》)(陈奂传疏：曾，犹则也)

本书只关注第二种情况。有些注疏家把"曾"理解为"则"，是因为"曾""则"的意思有些接近，它们都关涉"对比"(contrastive)。"曾"引导非预期信息，语境里至少还应该有一种符合预期的情况与之对比，这种预期信息有时会显现在语段中，如例(212)"异之问"、例(213)"凡百君子，莫肯用讯"；"则"的基本功能是承接前文(话题、时间句、条件句)，它常出现于排比句，各句的话题—话题、述题—述题分别互为对照，如例(214)—例(216)：

(214)匏有苦叶，济有深涉。深则厉，浅则揭。(《诗经·邶风·匏有苦叶》)

(215)臣闻之，鸟穷则啄，兽穷则攫，人穷则诈。(《荀子·哀公》)

(216)墨翟、禽滑厘之意则是，其行则非也。(《庄子·天下》)

虽然"曾""则"都有"对比"的含义，但它们并非在任何时候都有相同的语义诠释(semantic interpretation)，这还要取决于"曾""则"在语段中的位置、句子之间的逻辑关系。如例(213)的"曾"字句虽然与后文是对比转折关系，但"曾"字句位置在前面，所以"曾"就不能理解为"则"；同样的道理，下例(217)的"则"也出现于对比语境，但"谷则异室"是条件分句，"则"的作用接近于让步连词"虽"，也不能够理解成"曾"。例如：

(217)谷则异室，死则同穴。(《诗经·王风·大车》)(吴昌莹《经词衍释》卷八："则"通"即"，"即"与"虽"同义，故"则"亦得训为"虽")

如果语段中几个句子在语义上相反，"曾""则"出现于后面的分句，这时它们就都有"反倒、却"的意思。只有在这样的条件下，"曾""则"才勉强相通、互训。例如：

(218)彼独有圣智之实，我曾无有闾里之闻、穷巷之知者何？(《淮南子·修务训》)(高诱注：曾，则也)

(219)祈年孔夙，方社不莫。昊天上帝，则不我虞。(《诗经·大雅·云汉》)(郑笺：我祈丰年甚早，祭四方与社又不晚，天曾不度知我心)

(220)鱼网之设，鸿则离之。(《诗经·邶风·新台》)(朱熹集传：言设鱼网而反得鸿，以兴求燕婉而反得丑疾之人)

虽然如此，由于功能的差异，"曾""则"的分布仍然有很多不同点：

第一，从"曾""则"的总体分布看：A. 许多"曾"字句都很独立，而多数"则"要出现于复句甚至段落①；B."曾"基本只见于否定句、疑问句，而"则"出现于否定句是很少数，出现于疑问句更加少。

第二，即使只考虑有明显对比转折意思的"曾""则"，二者也很不相同：A."曾"约束的对比焦点大都在它右侧，只有很少的例子中焦点项越过"曾"出现在左侧，见例(221)，构成对比关系的是"效门室之辨"和"原仁义、分是非……辨黑白"；"则"的焦点域一般是整句话，囊括左侧的话题和右侧的述题，见例(222)，"不仁，害人"与"仁，愁我身"对比；B."曾"有量级用法，"则"没有量级用法。"曾"关联的焦点激发一组选项，它们有等级高低、数量多少、程度强弱的关系，例(223)被激发的一组选项是｜一心、二心、三心｝。例如：

(221)乡也效门室之辨，混然曾不能决也；俄而原仁义、分是非、图回天下于掌上，而辨黑白，岂不愚而知矣哉！(《荀子·儒效》)

(222)不仁则害人，仁则反愁我身。(《庄子·庚桑楚》)

(223)犊鲁国化而为一心，曾无与二，其何暇有三？(《晏子春秋·内篇问下》)

(224)今陛下之淫，万丹朱而十昆吾桀纣，臣恐陛下之十亡也，而曾不一存。(《说苑·反质》)

综上所述，副词"曾"不能理解为连词"则"。

三、"曾"与"乃"语法分布的比较

许多注疏家认为"曾"相当于"乃"，"何曾"相当于"何乃"。杨树达(1954：286)、魏培泉(1982：346)接受这个传统看法。实际上，"曾""乃"在分布上的相同点只有两个：A. 出现于特指问句、位于疑问词右侧(例略)；B. 出现于包孕句(这里是宾语小句)，"乃"的母句动词是"闻"，"曾"的母句动词是"视""恐"。例如：

(225)赵王非贤王也。不好道德，而好声色；不好仁义，而好勇力。臣闻其乃欲请所谓阴姬者。(《战国策·中山》)

---

① 有些"则"仿佛出现在独立的句子里，如《左传·桓公六年》："斗伯比言于楚子曰：'吾不得志于汉东也，我则使然……'"这种句子的"则"像是突出主语，据魏培泉(1982：286)发现，如果观察整个段落，"则"的作用仍然是关联上下文。

（226）窃恐陛下接王淮南王子，<u>曾不与如臣者孰计之也</u>。（《新书·淮难》）

（227）方此之时，<u>视天地曾不若一指</u>。（《说苑·善说》）

"曾""乃"语法分布有很多不同点，下面将作一个对比。

（一）"曾""乃"与主语的相对排序

"乃"只出现于主谓之间。"曾"可以出现于主语前，有两种情况：一种主语是代词"莫""是"；另一种主语是对比话题。这种现象只见于《诗经》的"二雅"。例如：

（228）丧乱蔑资，<u>曾莫惠我师</u>。（《诗经·大雅·板》）

（229）<u>曾是在位，曾是在服</u>。天降滔德，女兴是力。（《诗经·大雅·荡》）（朱熹集传：言此暴虐聚敛之臣在位、用事）

（230）<u>曾我暬御</u>，憯憯日瘁。凡百君子，<u>莫肯用讯</u>。（《诗经·小雅·雨无正》）（郑笺：此二者曾但侍御左右小臣憯憯忧之，大臣无念之者）

（二）语气副词的并用与连用①

除"曾""乃"以外，上古汉语中引导非预期信息的副词还有"独""反""顾""一（壹）"。"曾"不与上述副词并用，"乃"与"反"并用（"乃反""反乃"）。例如：

（231）今坐而正冠，起而更衣，徐行而出门，上车而步马，颜色不变，此众人所以为死也，而<u>乃反</u>以得活。（《淮南子·人间训》）

（232）夫走者，人之所以为疾也；步者，人之所以为迟也。今<u>反乃</u>以人之所为迟者反为疾，明于分也。（同上）

"乃"与时间副词"将""始""先""竟"，量化副词"皆"，否定副词"不"，程度副词"益""愈"，方式副词"幸"（表谦敬）、"妄""独"连用。例如：

（233）兵之著于晋阳三年，今旦暮将拔之而向其利，何<u>乃将</u>有他

---

① 杨荣祥（2004）说在先秦时代只见到时间副词并用（如"方且""方将""既已""乃遂""犹尚"），在西汉时代又见到总括副词、程度副词、累加副词的并用（"皆并""愈益""又复"）。实际上，先秦和西汉的语料都可以见到语气副词的并用。

心？（《韩非子·十过》）

（234）当此之时，不任斤斧，折之以武，而乃始设礼修文，有似穷医欲以短针而攻疽。（《盐铁论·大论》）

（235）窦太后乃竟中都以汉法。（《史记·酷吏列传》）

（236）秦昭王有病，百姓里买牛而家为王祷。公孙述出见之，入贺王曰："百姓乃皆里买牛为王祷。"（《韩非子·外储说右下》）

（237）且赵王素出将军下，今女儿乃不为将军下车！请追杀之。（《史记·张耳陈馀列传》）

（238）夫秦国僻远，寡人愚不肖，先生乃幸至此，此天以寡人恩先生，而存先王之庙也。（《战国策·秦三》）

（239）夫舍学圣王之道，若舍日之光，何乃独思，若火之明也？（《说苑·建本》）

（240）始吾闻夫人弟公子天下无双，今吾闻之，乃妄从博徒卖浆者游，公子妄人耳。（《史记·魏公子列传》）

（241）吾悔不先斩错，乃先请之，为错所卖。（《史记·张丞相列传》）

"曾"只与否定词（"不""未""弗"）连用。例如：

（242）周流四海，曾不崇日。（《荀子·赋》）

（243）今学曾未如肮赘，则具然欲为人师。（《荀子·宥坐》）

（244）民乎！寒耕热耘，曾弗得食也。（《新书·审微》）

(三) 词语搭配、主语角色的选择

"曾"经常搭配数量值或者表示比拟、比较的动词"若""如""比"。例如：

（245）吾所以待侯生者备矣，天下莫不闻，今吾且死而侯生曾无一言半辞送我，我岂有所失哉？（《史记·魏公子列传》）

（246）傍偟乎海外，吞若云梦者八九，其于胸中曾不蒂芥。（《史记·司马相如列传》）

（247）夫是之谓上愚，曾不如相鸡狗之可以为名也。（《荀子·儒效》）

（248）由是观之，生王之头，曾不若死士之垄也。（《战国策·齐四》）

"乃"从来不搭配数量值,只是偶尔搭配动词"如""比"。例如:

(249)日居月诸,照临下土。乃如之人兮,逝不古处。(《诗经·邶风·日月》)(朱熹集传:今乃有如是之人,而不以古道相处)

(250)今王众不过数十万,皆蛮夷,崎岖山海间,譬若汉一郡,王何乃比于汉!(《史记·郦生陆贾列传》)

先秦时代,"曾"字句的主语只能是施事、当事和处所,直到汉代才出现于受事主语句(仅1例)。与"曾"不同,"乃"在上古一直都可以出现于受事主语句。例如:

(251)是孔丘斥逐于鲁君,曾不用于世也。何者?以其首摄多端,迁时而不要也。(《盐铁论·利议》)

(252)今窃闻大王之卒,武力二十余万,苍头二千万,奋击二十万……此其过越王勾践、武王远矣!今乃劫于辟臣之说,而欲臣事秦。(《战国策·魏一》)

(253)信方斩,曰:"吾悔不用蒯通之计,乃为儿女子所诈,岂非天哉!"(《史记·淮阴侯列传》)

本书发现这个分布规律可以解决过去校勘学方面的一个争议。例如:

(254)夫以大王之明,秦兵之强,弃霸王之业,地曾不可得,乃取欺于亡国,是谋臣之拙也。(《韩非子·初见秦》)(卢文弨曰:"曾",《策》作"尊"|王先慎集解:"尊"字误,当依此订正|陈奇猷校注:《策》无"弃"字,"曾"作"尊"。疑此当作"夫以大王之明,秦兵之强,霸王之业也,尊不可得"。尊,指霸王之尊)

卢文弨、陈奇猷认为"曾"该写作"尊"(名词),是字形讹误,王先慎、徐复认为"曾"没有错,是虚词。本书同意卢文弨、陈奇猷的看法,理由是"地不可得"是受事主语句,[①]"曾"在先秦还没有这样的分布。

(四)小结

上面列举的各项对比中,与"反"并用,搭配否定词、数量值、比拟

---

① 这里的"可"有将受事论元提升为母句主语的作用(魏培泉,2003)。

动词是"曾""乃"在分布上的重要区别，其中有些是有、无对立，有些是多、少差别(见表5-11)。

表 5-11　副词"曾""乃"的语法分布

	总次数	与"反"并用	搭配否定词	搭配数量值	搭配比拟动词
"曾"	90 次	0 次	63 次(70%)	10 次(11%)	15 次(17%)
"乃"	203 次	13 次(6.5%)	3 次(1.5%)	0 次	7 次(3.4%)

四、"曾"与"乃"语用功能的比较

下面将分析"曾""乃"在语用层面的区分，并尽量从语用学的角度解释上一小节中涉及的"曾""乃"的语法区分。

(一)触发预设(presupposition trigger)

这里首先引入情态范畴中的"现实""非现实"这对概念，"现实"就是已经发生、真实存在的情况，"非现实"就是未然的、可能的、猜想的情况。Givón(2001：303)发现现实情态和非现实情态在宾语名词的指称、时体、母句动词的叙实性(factivity)、从句、句类等方面有对立(见表5-12)。表现未然、能愿、假设、疑问、祈使(建议)等意义的是非现实句或虚拟句(石毓智，2001：132；张雪平，2008)。

表 5-12　现实情态与非现实情态的对立

情态	宾语 NP	母句动词	时	体	从句	句类
现实	有指	知道、忘记、后悔	过去现在	完成进行	让步句、原因句	陈述句特指问句
非现实	有指/无指	喜欢、相信、想、要、找	将来	惯常反复	假设句、目的句	祈使句是非问句

许多语言中表示意外语气的语素都倾向于选择现实句(例如已然事件句)。可以说它们有触发事实预设的作用[1]。例如：

羌语(黄布凡、周发成，2006：153)

tsʰua baˀ tse： tə-bəl do-jy-k wa!(这座大桥竟然修好了啊!)

　　桥　　大　　这个　**已行-做　趋向-完-意外　语气**

---

　　[1]　regret、realize、know、be sorry that、be proud that、be sad that 是预设触发语，这些动词(结构)的宾语小句要求叙述已发生的事实，它们是叙实动词(Levinson，1983：181)。

车臣语(Molochieva，2007)

Zaaraj-iena-q［(噢!)Zara 居然来了!］

Zaraj-来：**完成-意外**

表示意外的"曾""乃"也是预设触发词。下面从预设、叙实的角度分析它们。分析之前需要对先前关于非现实句的界定做些微小调整，以往曾笼统地把疑问句、能愿动词句看作非现实句(沈家煊，1999：105)。但是根据观察，"曾""乃"出现的特殊疑问句、是非问句、一部分能愿动词句，甚至是个别未然句都指向既已存在的事实。[①]　例如：

(255)昭王走，屦决，眦而行，失之。行三十步，复旋取屦。及至于隋，左右问曰："王何曾惜一踦屦乎?"(《新书·谕诚》)

(256)鲁以五月起众为长沟，当此之为，子路以其私秩粟为浆饭，要作沟者于五父之衢而餐。孔子闻之，使子贡往覆其饭，击毁其器，曰："鲁君有民，子奚为乃餐之?"(《韩非子·外储说右上》)

(257)黄帝游乎赤水之北，登乎昆仑之丘而南望，还归，遗其玄珠。使知索之而不得，使离朱索之而不得，使吃诟索之而不得也。乃使象罔，象罔得之。黄帝曰："异哉! 象罔乃可以得之乎?"(《庄子·天地》)

(258)(赵襄子)夜遣孟谈入晋阳以报二君之反于襄子，襄子迎孟谈而再拜之，且恐且喜。二君以约遣张孟谈，因朝知伯而出，遇智过于辕门之外，智过怪其色，因入见知伯曰："二君貌将有变。"……君曰："吾与二主约谨矣，破赵而三分其地，寡人所以亲之，必不侵欺。兵之着于晋阳三年，今旦暮将拔之而乡其利，何乃将有他心? 必不然。"(《韩非子·十过》)

例(255)—例(256)包含问原因并带责怪口气的"何""奚为"，这种疑问词要求句子的 VP 叙述事实，时贤已有许多分析讨论，毋庸赘述(Fitzpatrick，2005；Conroy，2006；Tsai，2008)；例(257)画直线的部分是是非问句、"可以"是能愿动词，虽然如此，整句话针对前文的"象罔得之"这个已经成立的事实，这是现实句；例(258)画直线的部分有表示未来的"将"，但"将有他心"是知伯复述前面智过说的话"二君貌将有变"，

---

① 郭锐发现假设、疑问等句子也有现实句。

这也是现实句。

"现实""非现实"的认定需要考虑许多因素。例(259)—例(260)两句结构一样，都是"X曾不若Y"，但(259)句是虚拟情境，是非现实情态，(260)句是追述历史，是现实情态。再如例(261)—例(262)两句都是"曾(不)足以(与)X"，但前一例"足以"表示客观可能，句子叙述事实，偏向于现实情态，后一例"足与"表示主观估价，句子发表议论，偏向于非现实情态。例如：

(259)将由夫愚陋淫邪之人与？则彼朝死而夕忘之；然而纵之，则是曾鸟兽之不若也，彼安能相与群居而无乱乎！(《荀子·礼论》)

(260)故孟子曰："纣贵为天子，死曾不若匹夫。"(《史记·淮南衡山列传》)

(261)不知壹天下，建国家之权称，上功用，大俭约而慢差等，曾不足以容辨异，县君臣……是墨翟、宋钘也。(《荀子·非十二子》)

(262)梁王曰："前日寡人以上大夫之禄要先生，先生不留；今过寡人邪！"戴晋生欣然而笑，仰而永叹曰："嗟乎！由此观之，君曾不足与游也。(《韩诗外传》卷九)

根据调查，"曾"多数出现于现实句，少数出现于非现实句。"乃"基本只出现于现实句。

"曾""乃"还出现于惯常句(habitual)(泛泛谈论一种现象、规律或道理，不指向具体的时空和人物)，这种句子的归属过去一直有争议，它在现实和非现实之间摇摆，有些语言用非现实情态标注，有些语言用现实情态标注(柯理思，2005、2009)。例如：

(263)对曰："佞人谗夫之在君侧者，好恶良臣，而行与小人，此国之长患也。"(景)公曰："逐佞之人，则诚不善矣；虽然，则奚曾为国常患乎？"(《晏子春秋·外篇》)

(264)事或欲以利之，适足以害之；或欲害之，乃反以利之。利害之反，祸福之门户，不可不察也。(《淮南子·人间训》)

例(263)"谗佞之人"是类指(generic)，"谗佞之人为国常患"这个道理不局限于特定的时间、地点和条件。此例不是副词"曾"的典型分布环境，但考虑到齐景公的发问是针对晏子刚说过"佞人谗夫……国之长患",可以认为"曾"尚能够体现一些叙实性。

表 5-13　"曾""乃"对句子情态的选择

	现实	假设	猜想	估价	建议	惯常
"曾"	74	10	2	2	1	1
"乃"	185	0	0	0	0	18

(二)强调对比

1. 非预期与焦点强调的区别和联系

"曾""乃"与"居然、竟然"意思接近,这种词语辞气较强,容易关联上句子的焦点(徐烈炯,2005),在有些语言中会与"强调"产生瓜葛。哈萨克语 æweli 有三种用法:(1)渲染出乎意料的气氛;(2)强调极端事例;(3)在复句中突出递进关系(张定京,2002)。例如:

哈萨克语(张定京,2002)

a. onəŋ øz ajroplanəcda baræweli(他连自己的飞机都有。)

b. ol øz aldəna ketip qalʁan eken ʁoj, æweli(闹了半天他已经私自走了呀!)

c. bul bala Øte alʁar, nætidʒsi, æweli deseŋ, daʃyeni toləq biti-rgen oqəwʃəlardikinen de dʒoʁarə ʃəʁəqtə(这孩子特聪明,分数甚至比大学毕业生还高。)

其他语气较强的副词也会与"强调"发生联系。古汉语的"必""固"表示意志坚决(相当于"断然、一定"),"唯""繄"表示认定,它们都能帮助强调焦点。再如:

(265)抑君臣日战,君曰"余必臣是助",亦唯命。(《左传·昭公二十二年》)

(266)铸名器,藏宝财,固民之珍病是待。(《国语·鲁语上》)

(267)愎谏、违卜,固败是求,又何逃焉?(《左传·僖公十五年》)

(268)世胙大师,以表东海。王室之不坏,繄伯舅是赖。(《左传·襄公十四年》)

(269)人有言曰:"唯乱门之无过。"(《左传·昭公二十二年》)

"曾""乃"在有些语句里有对比强调意思，有些学者认为相当于"甚至""连……都……"（楚永安，1986：490；Pulleyblank，1995：120）。本书认为这种说法不精确、不周延，只能说在特定语境中可以这样粗略地理解。实际上"曾""乃"的语义表达机制与"甚至""连……都……"不一样："甚至""连……都……"的基本功能是强调对比、引入极端事例，因为语用推理而夹带着意外语气（袁毓林，2008）；而"曾""乃"的基本功能是表达意外语气，强调用法是晚出的、附带的。正因如此，"曾""乃"出现的有些句子（尤其是上古早期语料的句子）只能体味出句义的逆转，却不能说出它们重点突出句子的哪部分信息。例如：

(270)谁谓宋远？曾不崇朝。（《诗经·卫风·河广》）（郑笺：崇，终也。行不终朝，亦喻近｜朱熹集传：行不终朝而至，言近也）

汉、宋注疏表明"曾不崇朝"是"言近"，是对"宋远"的逆转否定，并没有任何迹象表明这个句子强调"朝"，更不能说"朝"和"日""旬""月""年"构成对比。

下面将分析强调用法的"曾""乃"，重点考察三个方面：（1）"曾""乃"的焦点域与焦点约束方向；（2）焦点激发的选项集合中"曾""乃"引导的元素和其他元素的关系；（3）"曾""乃"与其他焦点强调手段的配合。

2. 焦点域和焦点约束方向

"曾""乃"关联的焦点都有四种类型：1. 谓语；2. 句子；3. 主语、话题；4. 动词或介词宾语。按照 Lambrecht（1994：223）的界定，1、2是宽焦点结构，3、4是窄焦点结构（焦点域是主语、宾语或旁格论元）。需要特别注意，虽然"曾""乃"约束主语、话题被归入窄焦点结构，但是这种用法的"曾""乃"的语义辖域却不窄，因为它们与其左侧的成分亦有关联，是句子层的副词（S adverb），而约束谓语时"曾""乃"只操控其右侧，反倒有可能是谓语层的副词（VP adverb）。① 例如：

(271)吾得斗升之水然活耳，君乃言此，曾不如早索我于枯鱼之肆！（《庄子·外物》）

(272)夫绛侯、东阳侯称为长者，此两人言事曾不能出口，岂敩

————————————

① Jackendoff(1972：49)将英语副词分为句子层副词（S adverb）和谓语层副词（VP adverb）。

此嚣夫谍谍利口捷给哉！（《史记·张释之冯唐列传》）

（273）其父而欲弑代之，况他人乎？且君老矣，旦暮之人，曾不能待而欲弑之！（《史记·晋世家》）

（274）（吕不韦）乃往见子楚，说曰："吾能大子之门。"子楚笑曰："且自大君之门，而乃大吾门！"（《史记·吕不韦列传》）

（275）齐桓，五伯之盛者也，前事则杀兄而争国；内行则姑姊妹之不嫁者七人……若是而不亡，乃霸，何也？（《荀子·仲尼》）

（276）晏子长不满六尺，身相齐国，名显诸侯。……今子长八尺，乃为人仆御，然子之意，自以为足，妾是以求去也。（《晏子春秋·内篇杂上》）

（277）万民、室屋、六畜、树木，且不可得藉，鬼神乃可得而藉夫！（《管子·轻重甲》）

（278）（申鸣）孝闻于楚，王召之，申鸣辞不往。其父曰："王欲用汝，何为辞之？"申鸣曰："何舍为子，乃为臣乎？"（《韩诗外传》卷十）

"曾""乃"的不同之处是："曾"的焦点域多数是动词或介词宾语，"乃"的焦点域多数是谓语和句子，可见"乃"的作用域总体上比"曾"宽广（见表5-14）。

表 5-14 "曾""乃"关联的焦点结构

	总次数	强调用法总次数	约束谓语	约束句子	约束主语	约束宾语
"曾"	90 次	44 次	14 次	1 次	3 次	26 次
"乃"	203 次	98 次	62 次	20 次	2 次	14 次

3. 焦点激发的选项集合中元素之间的关系

焦点是在强调项和其他相关选项之间构建的一种对比关系（胡敕瑞，2008）。由焦点激发的一系列选项首先应该是不兼容的关系[1]，在满足这一基本条件基础上，又包括两种情况：一种是选项之间不构成量级序列["瓜/果/梨/桃""福/祸""嫡/庶（非嫡）"]；另一种是选项之间构成量级序列（"十/百/千/万""犬马/人/鬼神/天"）。选项集合的类型与焦点运算符的语义功能有关（殷何辉，2009），"（何）况"激发的是量级序列，"独"激

---

[1] 不兼容关系包括并列（"猪、牛、羊、狗"）、矛盾（"马、非马"）、反对（"红、黑"）三种类型。殷何辉（2009）的说法是语义类型、义场层级相同。

发的是非量级序列，"唯""但"可以激发量级序列也可以激发非量级序列。

"曾"标记对比焦点的方式有两种：

一是集合中的选项构成和语境相关的量级序列，"曾"强调序列的极端情况。例如：

(279)譬若药然，一草之本，天子食之以顺其疾，岂曰"一草之本"而不食哉？今农夫入其税于大人，大人为酒醴粢盛，以祭上帝鬼神，岂曰"贱人之所为"而不享哉？故虽贱人也，上比之农，下比之药，曾不若一草之本乎？（《墨子·贵义》）

"曾"激发的一组选项是{天子、农夫、大人、贱人、草本}，"人贵物贱"是人类社会普遍的经验，"贱人"地位就算再低也应该在"草本"上，将二者等同起来已经是违反常理了，认为人不如草本就更不可思议了。再如：

(280)或问乎曾西曰："吾子与子路孰贤？"曾西蹴然曰："吾先子之所畏也。"曰："然则吾子与管仲孰贤？"曾西艴然不悦，曰："尔何曾比予于管仲？管仲得君，如彼其专也，行乎国政，如彼其久也，功烈如彼其卑也，尔何曾比予于是？"（《孟子·公孙丑上》）（赵歧注：先子，曾子也。子路在四友，故曾子畏敬之）

"曾"引入一个和才能、品德有关的集合{子路、曾参、曾西、管仲}，在曾西看来，德行由高到低是：子路＞曾子＞曾西＞管仲，管仲位高权重、推行霸道，他是儒家学派不屑于提及的人物，有人居然拿他与曾西相提并论，自然是出乎曾西的意料了。

二是集合中的选项不构成量级序列。例(281)"异""由与求"是反对关系。例如：

(281)吾以子为异之问，曾由与求之问。（《论语·先进》）

"乃"标记对比焦点也有两种方式：

一是集合中的选项构成与语境相关的量级序列，"乃"强调极端情况。本章第四节第二部分例(257)"乃"引出一个与寻找玄珠可能性有关的量级序列，在此序列上知、离朱、吃诟都比象罔具备更多的优势条件，象罔是最不可能找到玄珠的；第三章第四节第三部分例(306)引出一个纳税资质有关的序列，"鬼神"是无形的，最不可能作为征税对象。"乃"引出最不可能的情况，违背说话者的常识。

二是集合中的选项不构成量级序列。有两种情况：1）两项之间是平行等立的反对关系，见例（282）；2）两项之间是反对关系，但在主观上也可理解为不同的程度，见例（283）。

（282）不见子都，乃见狂且。（《诗经·郑风·山有扶苏》）（郑笺：人之好美色，不往睹子都，乃反往睹狂丑之人）

（283）子皋从出门，蒯危引之而逃之门下室中，吏追不得。夜半，子皋问蒯危曰："吾不能亏主之法令而亲刖子之足，是子报仇之时也，而子何故乃肯逃我？我何以得此于子？"（《韩非子·外储说左下》）

例（283）与"报仇"相对的是"宽恕（不报仇）"，而"逃我"比单纯的宽恕更加显得心胸宽广、有气度。这样的例子有时候可以在 VP 前加程度副词。例如：

（284）今吴王前有太子之郄，诈称病不朝，于古法当诛，文帝弗忍，因赐几杖。德至厚，当改过自新。乃益骄溢，即山铸钱，煮海水为盐，诱天下亡人，谋作乱。（《史记·吴王濞列传》）

（285）以诈应诈，以谲应谲，若披蓑而救火，毁渎而止水，乃愈益多。（《淮南子·说林训》）

总体上看，"曾"总是引入具有高低、多少、强弱关系一组选项，"乃"总是引入具有反对、矛盾关系的一组选项。这可以解释第三部分观察到的分布现象：（1）"曾"搭配数量值和比较句式，"乃"不搭配数量值和比较句式；（2）"乃"与"反"并用，"曾"不与"反"并用。

（三）在句段中的位置

这里可以借鉴马真（1983）分析"反而"时使用的语义背景分析模式，即：

A. 情况 P 出现或发生；

B. 按常理或说话者的期待，P 条件应该会引起 Q 的出现或发生；

C. 事实上情况 Q 没有出现；

D. 出现或发生了与 Q 不同的情况 R。

"曾"和"乃"的用法都从能上述语义背景得到解释。不同的是"曾"总是用在说明 C 意的语句里，说明 B 意的句子经常省略。例如：

(286)谁谓河广，曾不容刀。(《诗经·卫风·河广》)

"乃"总是用在说明 D 意的语句里，说明 B、C 意的句子经常省略。例如：

(287)楚有养由基者，善射(P)；去柳叶者百步而射之，百发百中。左右皆曰善。有一人过曰："善射，可教射也矣。"养由基曰："人皆善(Q)，子乃曰可教射(R)，子何不代我射之也?"(《战国策·西周》)

(288)齐地方数千里，带甲数百万。夫三晋大夫，皆不便秦，而在阿、鄄之间者百数(P)……如此，则齐威可立，秦国可亡。夫舍南面之称制(Q)，乃西面而事秦(R)，为大王不取也。(《战国策·齐六》)

例(287)"百发百中"和"左右皆曰善"是条件 P，按照常理，高超的技艺应该得到认可，众人的意见应该顺从，而过客的看法非但与众不同，甚至认为自己可以当养由基的老师，段落省略了"不曰善"。例(288)"齐之强与大王之贤"是条件 P，按常理，P 条件应该有"天下莫能当"的结果(Q)，实际上 Q 没出现，反而出现了更严重的情况 R"西面而事秦"。

下面一例只出现说明 C、D 意的句子，形成肯定—否定对举的格式：

(289)山有桥松，隰有游龙。不见子充，乃见狡童。(《诗经·郑风·山有扶苏》)

上面的分析可以解释"曾"为什么除了出现于疑问句外，基本就只出现于否定句(74 次，比例＞80%)，"乃"为什么基本都出现于肯定陈述句，而不出现于否定句和疑问句(19 次，比例＜10%)。这个结论还有助于平息一些古籍校勘的争论。例如：

(290)君探雀鷇，鷇弱，反之，是长幼也。吾君仁爱，曾禽兽之加焉，而况于人乎?(《晏子春秋·内篇杂上》)(刘师培补释云：无

"曾"字是也。"曾"篆书……与"禽"相近，乃"禽"字讹文之并入者也。"禽兽之加"，犹言"禽兽是加"｜吴则虞校释：说苑无"曾"字，《事类赋》、《御览》九百二十二、《合璧事类》均作"禽兽若此"）

过去一般把此例的"曾"解释为"甚至、连……都……"（姚振武 2005：174；田静 2007：28）。但是根据本书调查，"曾"在西周、春秋有 6 例见于肯定陈述句（《诗经》《论语》），战国以后只见于疑问句和否定句，《晏子春秋》最早也是战国晚期的作品，"曾"出现于肯定句不符合"曾"的分布规律，所以本书宁可相信旧校，把"曾"看作讹字和衍文。

（四）表达情感态度

沈家煊（2002）、杉村博文（2006）指出"出乎意料"和"不如意"是经常联系在一起的：按照人的心理，应该发生的事情是如意的，出乎意料的是不该发生的事情发生了。Suzuki（2006）发现，出乎意料总是和说话者的负面态度有关联，日语话题标记 nante、ttara 和引语标记 datte 既能表出乎意料，也能标记说话者的否定态度。

包含"曾""乃"的句子很多时候表现负面消极情感。"乃""曾"所在句子的后文有一个评论句，这句话里包含着贬损批评的词语。例如：

> （291）夫以大王之贤与齐之强，天下不能当。今乃西面事秦，窃为大王羞之。（《战国策·齐一》）
>
> （292）（项羽）身死东城，尚不觉寤而不自责，过矣。乃引"天亡我，非用兵之罪也"，岂不谬哉！（《史记·项羽本纪》）
>
> （293）幼不能强学，老无以教之，吾耻之，去其故乡，事君而达，卒遇故人曾无旧言，吾鄙之。（《荀子·宥坐》）
>
> （294）（百里奚）年已七十矣，曾不知以食牛干秦缪公之为污也，可谓智乎？（《孟子·万章上》）

"乃""曾"出现的语境中有一个利益损失者或道德责任承担者，它们一般是句子表述的事件的主体。不同的是"曾"字句的内容无论对事件主体还是说话人来说基本都是负面消极的，但"乃"字句的内容有时候对说话人来说是好的，说话人是受益者。例如：

> （295）天下为秦相割，秦曾不出力；天下为秦相烹，秦曾不出薪。（《战国策·齐一》）

（296）文倦于事，愦于忧，而性懦愚，沉于国家之事，开罪于先生。先生<u>不羞</u>，<u>乃</u>有意欲为收责于薛乎？（《战国策·齐四》）

（297）臣犬马齿衰，赐骸骨，伏陋巷。<u>陛下乃幸使九卿问臣以朝廷之事</u>，臣愚陋，<u>曾不足以承明</u>、<u>诏奉大对</u>。（《春秋繁露·郊事对》）

例（296）虽然冯谖为孟尝君收债对孟尝君是有利的，但孟尝君认为这有损冯谖的身份，所以用了"不羞"；例（297）汉武帝派张汤问董仲舒话，董仲舒认为是荣幸恩赐。

五、小结

虚词出现的语境是多变的，但它的功能是统一的。在这一前提下，本书比较了"曾"与相关虚词的用法，试图平议历代注疏中出现的歧解。得到的认识是，古代训诂资料对"曾"各种注解虽然只反映其功能的某个侧面，但将这些数据与句法、语用的分析结合起来，却有助于完整认识"曾"的分布与功能，即：第一，"曾"的作用是引导非预期信息、表示负面情绪，有时候强调焦点、标注极端事项；第二，"曾"出现于否定陈述句或疑问句；第三，"曾"出现的语境一般都有逆反转折、数量对比等特点；第四，要求句子总是叙实。分布是评判并整合各种训诂资料的手段，同时也是归纳语用功能的依据。

第六章 结语

第一节 上古汉语语气副词体系的特点

一、与中古汉语语气副词体系比较

李素英(2010)调查了中古的 30 多种文献[①]，她认为中古汉语语气副词共 5 类 203 个，包括：1. 确认、强调语气(72 个)；2. 评价语气(18个)；3. 委婉、估测语气(44 个)；4. 疑问、反诘语气(41 个)；5. 否定、劝阻语气(28 个)。

从李素英引用的例句看，许多词语不能看作语气副词，比如否定副词。例如：

(1)非牢之无以当桓玄。且始事而诸大将，人情必动，二三不可。《晋书·文孝王道子传》[比较：下官亲老在都，又素无旅，情计二三，不敢受此旨。《宋书·谢晦传》]

(2)太保、安丰侯以孝闻天下，不得辞书隶；和长舆海内名士，不免作中书令。《晋书·王舒传》

(3)今天下几里，列郡几城，奈何以区区渔阳，而结怨天子？《后汉书·朱浮传》

例(1)"二三"应该是"情计二三"之类句子经由省缩形成的；例(2)"不免"是动词，与上文"不得"对照，"作中书令"是"不免"的宾语；例(3)"奈何"虽然是附加语而不是论元，但是如果删除它，句义会有很大的变化，会使句子不成立。

需要说明，有人如果只看例(2)的后半段，就可能会觉得："不免"后

---

① 语料是：《论衡》《太平经》《后汉书》《三国志》《南齐书》《宋书》《魏书》《晋书》《搜神记》《搜神后记》《西京杂记》《世说新语》《周氏冥通记》《古小说钩沉》(《汉武故事》《述异记》等 26 种)、《洛阳伽蓝记》《拾遗记》《水经注》《颜氏家训》《齐民要术》《修行本起经》《中本起经》《杂譬喻经》《撰集百缘经》《菩萨本缘经》《六度集经》《生经》《百喻经》《贤愚经》《杂宝藏经》《长阿含经》。

接 VP，删去"不免"之后句义不变，把它分析成副词也行。本书认为，判断一个词语的性质要看它在某个时代的文献里的总体使用情况，本书认定"不免"是动词的理由是：在中古时期"不免"不与别的副词同现，它所在的句子没有否定形式，并且后接 NP 或指称化了的 VP。综合这些证据，中古的"不免"仍要看作动词。例如：

(4)此五者有一于人，则不免君子之诛。(《孔子家语·始诛》)
(5)周公大贤，尚有流言之谤；伯奇至孝，不免谮诉之祸。(《宋书·谢晦传》)

高育花(2007)认为中古的"好"是祈使语气副词。例如：

(6)商主舍行坐二弟子而语之言："好看驼皮，莫使湿烂。"(《百喻经·估客驼死喻》)

"好看驼皮"是祈使句，但不能就此认为"好"是语气副词，正如"快点走"是祈使句，但"快点"不是语气副词一样。实际上，"好"是形容词作方式状语，"好＋动词"还可以负载陈述语气，说明"好"并不固定地关联某种语气。试比较：

(7)(居士)即将去著田上，於田中了了勤作，好看守护，先仓不满今皆倍满，岁竟看仓，先不满者今三倍满。(后秦北印度三藏弗若多罗译《十诵律》卷十二)

经过筛剔，李素英(2010)所列的 203 个语气副词还剩 116 个。按照本书的体系，这些副词要进行重新归派(见表 6-1)：

表 6-1　中古汉语语气副词表

情态类型	语气意义	词例
认识情态	不确定	大抵、大凡、大率、大略、殆、得无、得非、得不、盖、或、或复、或者、或恐、将、将无、将非、将不、恐、莫、其$_1$、容、容或、庶、庶几、庶或、倘(傥)、倘或(傥或)、脱、无乃
	确定	a. 必、必当、必定、必然、必自、决、决定、判、势必 b. 诚、诚自、诚实、的、端$_1$、果$_1$、果然、审$_1$、实、实复、实自、信、信自、真、真成、真实、真真
评价情态		c. 定$_1$、定自、固、固自、故、故当、故自、居然、自

续表

情态类型	语气意义	词例
评价情态	非预期	并、倒、翻、反、更、还、乃₂、乃复₂、偏、却、一何、曾
	加强	a. 定₂、端₂、独、果₂、竟、竟复、竟当、可、宁₁、宁当、宁复、宁可₁、颇、叵、岂、岂复、审、为、为复、为当、曾但、庸 b. 便、即、乃₁、乃复₁、全、正、正自 c. 宁₂、宁可₂、务、要 d. 初、都、绝、了、略、殊
义务情态	祈使愿望	其₂

比较表 6-1 与表 2-7，上古汉语与中古汉语语气副词的格局基本一致，而且中古的 116 个副词中约有 1/4 是沿袭上古。不过，这两个时期语气副词体系的差异也很明显：

第一，上古的语气副词大多数是单音节的，双音节词只有约 11%，中古的语气副词有近半数（43%）是双音节词，双音节副词主要通过同义并用（如"必定"）、添加词尾"自""复""然"等（如"本自""果然""为复"）、非结构性排列的凝固（如"势必"）等方式形成。①

第二，上古时期表示加强语气的副词只有一类，到中古时期增加了三类，其中一类专门加强命令或意志语气（如"宁""务"），一类专门加强否定语气（如"初""略""都"）。

第三，对于确定语气副词来说，上古时期 a 组和 c 组在数量上远少于 b 组（2∶9）；中古时期 a 组和 c 组两个阵营有明显的扩充，c 组副词数量的增加也使得中古 a 组副词与 b 组副词的界限不像上古那样清晰，在上古，"必"组与"诚"组的区分很明显，但中古的"定""固""故"等副词在有些语境中的理解接近"必"，在有些语境中的理解接近"诚""实"。

二、与近代汉语语气副词体系比较

根据唐贤清（2004），杨荣祥（2001），梁晓虹（2005），刁晏斌（2007），高育花（2007），杨永龙、江蓝生（2010），曹广顺、梁银峰和龙国富（2011），冯春田等（2012），李明（2013），罗主宾（2013）的研究，近代汉语语气副词的数量在 300 个以上。不过，仔细核对例句后就可以发现，其中一些词或是词的一些用法不能算作语气副词，比如"何必""何曾""几曾""何苦"等包

---

① "非结构性排列"是指几个词或语素线性毗邻，但它们之间没有组合关系，也没有语义相关性，例如"至＋于、以＋及、否＋则"（彭睿，2007）。相当于董秀芳（2002）说的"跨层结构"。

含疑问语素的词语。其他不应看作语气副词的例子如:

(8)<u>万一</u>是个假的,又没奈他何,反若得元帅见怪。(《三宝太监西洋记通俗演义》第53回)(引自罗主宾,2013:49)

(9)吾出世来<u>恰</u>三十年,亦可行矣。(《祖堂集·云居》)(引自曹广顺等,2011:209)

(10)<u>平白</u>便发无明,不改从前穷性气。(《刘知远诸宫调》卷十二第57调)(引自杨永龙等,2010:82)

(11)(郭威)思量白净面皮今被刺得青了,只得<u>索性</u>做个粗汉。(《新编五代史平话》183页)(引自杨荣祥,2005:73)

(12)<u>可煞</u>作怪,这几件物事没有一个人晓得的。(《醒世姻缘传》第17回)(引自冯春田等,2012:415)

例(8)"万一"是连词;虽然"恰"有加强判断的作用,但例(9)那样修饰数量词组的"恰"应该算作情状副词或程度副词,与之情况类似的还有"刚刚";例(10)"平白"和例(11)"索性"属于情状方式副词,它们一般只修饰动作动词,与"索性""平白"情况类似的还有"空""枉""越发""徒然"等;例(12)"可煞"是程度副词。

本文把近代汉语语气副词重新整理为表6-2:

表6-2　近代汉语语气副词表

情态类型	语气意义	词 例
认识情态	不确定	八成、大抵、大凡、大分、大概、大刚来、待刚来、大古里、大古来、大率、大约、多、多半、多定、多分、多应、多则、盖、干当、敢、敢是、敢则(敢子、敢只)、敢怕、敢情、或、或是、或者、几、几乎、没的、莫、莫不(是)、莫不成、莫不道、莫非、莫是、莫须、怕、怕不、容或、庶、庶几、似乎、往往、想、想是、想必、约、约摸、作兴
认识情态	确定	a. 必、必定(毕定)、必然、必索、必须、大须、的必(的毕)、的定、定、定规、定然、定须、定准、管、管定、管就、管情、管取、管情取、决、决定、决然、判、情管、铁定、稳定、一定、一准、准 b. 畅道(唱导)、畅好道(常好道)、诚、诚然、赤紧(吃紧、迟紧)、当真₁、的真、端的₁、端自、果、果然、果真₁、确、确忽、确然、确实、实₁、实实、实在、委、委的、委实、真、真成、真个₁、真正、直₁、只首(只手、只守)、正首
评价情态		c. 毕竟(必竟)、到底₁、当然、的的、分明、翻调、反正、高低、好歹、横竖(恒属、恒数、恒是)、左右、干净、固、固然、固自、浑、浑是、浑身、简直、可知、千万、其实、情知、全、全然、十分、通然、显然、总、总归、总来、终、终归、终究、终久、终须、自、自然、直₂、直是、一总、总、总里、总然、总算

续表

情态类型	语气意义	词　例
评价情态	非预期	并、倒、翻(番)、反(返)、刚、怪(不)得、怪见、怪(嗔)道、竟、竟然、竟自、居然、偏、偏偏、偏生、却、原(元)、原自(元自)、原来(元来)、曾
	褒贬	多亏、亏、亏了、亏得、幸、幸得、幸而、幸喜、幸亏、喜、喜得、早、早是、早时
	加强	a. 毕竟$_2$、不成、到底$_2$、当真$_2$、独、端的$_2$、果真$_2$、还$_2$、究竟、没的、没地里、莫成道、难道、难道说、难说、难说道、岂、实$_2$、真个$_2$、终不成、终不道、终不然 b. 便、才、即、就、可$_1$、可可、还$_1$、乃、恰、恰好、恰然、且、无非、则、正、正好 c. 宁、宁可、宁自、切、切切、是百的、是必、万万、务、务必、务须 d. 白、初、都、断、断然、断断、断乎、更、绝、绝乎、绝对

比较表 6-2 与表 2-7，上古与近代的语气副词在总体面貌上有明显不同：

第一，上古的语气副词大多数是单音节的(＞90％)，近代的语气副词大多数是双音节的(＞70％)，还有一些副词是三音节的[1]。

第二，上古有专门表示祈使愿望的副词，近代没有专门表示这种语气的副词，但近代的评价副词中增加了一类表示说话者褒贬态度的副词。

第三，上古语气副词的边界比较清晰，近代语气副词的边界不清晰，许多副词兼有两种或多种语气作用，例如："敢情"等既有拟测、不确定的用法，也有确定的用法；"莫非"等既有拟测、不确定的用法，也有加强反问语气的用法；"毕竟""到底""的(的)""反正""横竖"等在有的语境中相当于 a 组确定语气副词，在有的语境中相当于 b 组确定语气副词，"到底""千万"既可以出现于陈述句表示肯定，也可以出现于祈使句表示加强；"断""绝"等既表示加强否定语气，同时还带有认识情态(必然)的味道。

三、小结

综上所述，上古汉语语气副词的总体特点：

第一，以单音节为主；

第二，表示确定语气的副词少，有专门表示祈使愿望语气的副词，

---

[1]　单音节副词有不少(如"必""初""盖""果""乃""庶"等)是从上古、中古继承下来的，这些词出现的语段文言色彩浓重，它们不反映近代汉语的创新。

没有专门表示加强否定、意愿语气的副词,没有表示褒贬的副词;

第三,语气副词的各组之间界限清晰,这意味着大多数副词的情态意义很单调。

第二节 上古汉语语气副词的语法表现、话语功能和历史来源

一、位置和可移动性

Li&Thompson(1981)、Chu(1998)、王健慈、王健昆(2000)指出部分情态副词既可在主语前,也可在其后,能否移位很大程度上取决于副词的音节数,双音节副词比单音节副词灵活。但上古汉语的情况有所不同:

一是表示非预期的"曾""宁",表认识的"允""固""必""其""庶几""其诸""或者""得无""盖"都可用在主语前,条件是主语是对比焦点或"莫""或"等量化词。

二是母句动词为认知动词且其前无其他状语修饰时,"诚""固""必"等可从子句中提升至母句动词前。

最近有研究发现,动词的主语被聚焦时,这个主语在句法上的位置低于普通主语(Erlewine,2017),此外,也有观点认为无定代词"莫"和"或"是副词性状语(魏培泉,2004:308)。根据这些观点,则上古汉语的语气副词只出现于普通主语之后,这与现代汉语没有什么差别。

二、连接性和主观性

本书从篇章位置、主观性、叙实、直指等方面考察情态副词在话语层面的表现,并据此解释近义副词在使用上的细微差别:

一是篇章连接性。表非预期的"曾"多用于否定,"乃"多用于肯定,背后的原因是二者在句群中所处位置不同,再如表揣测的"其""殆""庶几"多引入表结果的句子,"意""意者""其诸"只引入表原因的句子。

二是主观性。例如"固""信""诚""果"等都表示确定语气,但是"固"重在表达"所述内容合情合理但听话者有所不知"的传信态度,这在主语人称、句型分布、后续句等方面均有体现,再如同为祈愿语气副词,"其"尊敬、庄重的意味更明显,而如果在相应的祈使句里换用"姑"(不是语气副词),则句子传达出亲密、随意,甚至怠慢的态度。

三、语法化来源

上古汉语语气副词的来源主要有六个，其中来源于（助）动词和形容词的副词居多：

一是来源于动词或助动词："庶""庶几""殆""其""其诸""得无""允""必""反""覆""顾""尚"。

二是来源于名词："果""实""固"。

三是来源于形容词："诚""亶""信""真""审"。

四是来源于数词："一"。

五是来源于其他副词："或""或者""无乃""独"。

六是（可能）来源于代词："岂（几）"。

第三节　有待继续研究的课题

古汉语语气副词所表达的若干意念之间可以形成一个连续体（continuum），如图 6-1 所示。

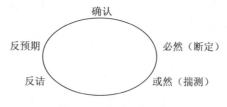

图 6-1　词气副词连续体

古汉语、汉语方言或周边语言的某些情态词可以对该连续体作连续切割（即只涵盖相临的 2—3 个意义）：

第一，Mufian 语里有一个表主观确信的情态标记 a'，在叙实句里表"确实、实在"义，在非叙实句里表示"必然、肯定会"之义（Conrad&Lukas，1995）；

第二，中古汉语"定"可表确认、必然、非预期等含义（汪维辉，2000；高育花，2007），鄂伦春语 kaa/kəə 兼表确认和反预期（胡增益，1986：152），例如：

鄂伦春语

(13)a. bii　əʃim ʃaara kaa！（我确实不知道啊）

　　　 我　 不　 知道

b. iŋəmkurə biʃin kəə[（竟然）有李子树啊！（原以为没有）]
李子树　　有

上古汉语的"一"也有非预期和确定语气两类用法，例如：

(14)子之哭也，壹似重有忧者。（《礼记·檀弓下》）
(15)（范雎）敝衣闲步之邸，见须贾。……须贾意哀之，留与坐饮食，曰："范叔一寒如此哉！"（《史记·范雎列传》）

第三，闽南语的"敢"兼表反诘和揣测（郑良伟，1997b；杨秀芳，2002），古汉语的"曾""宁"兼表反诘和非预期。

我们有理由相信，该连续体不仅能反映共时分布，而且应该是一个情态语义历时发展的普遍图式，但还有待于大量个案演变研究支持。

先秦汉语表达情态意念的手段还有句类、情态动词和语气词，情态副词在先秦情态系统中处于何等地位？它和另外三种表达手段的区别何在？它们之间有怎样的配合关系？这些问题都有待于深入研究。

引用书目

电子资源目录

[1] 北京爱如生数字化技术研究中心"中国基本古籍库"(http：//www. er07. com/)

[2] 台湾"中研院"汉籍电子文献资料库(http：//hanji. sinica. edu. tw/)

[3] 台湾"中研院"上古汉语标记语料库(http：//lingcorpus. iis. sinica. edu. tw/ ancient/)

出土文献资料目录

[1] 马承源主编：《商周青铜器铭文选》(第三卷)，北京：文物出版社，1988 年。

[2] 《金文今译类检》编写组：《金文今译类检》(殷商西周卷)，南宁：广西教育出版 社，2003 年。

古籍目录

[1] (宋)朱熹撰、赵长征点校：《诗集传》，北京：中华书局，2011 年。

[2] (唐)孔颖达正义，龚抗云等整理：《毛诗正义》，北京：北京大学出版社， 1999 年。

[3] (清)马瑞辰撰：《毛诗传笺通释》，北京：中华书局，1989 年。

[4] (清)王先谦撰：《诗三家义集疏》，北京：中华书局，1987 年。

[5] 程俊英译注：《诗经注》，上海：上海古籍出版社，1985 年。

[6] 祝敏彻、赵浚、刘成德、张文轩、侯兰生、郭芹纳译注：《诗经译注》，兰州：甘 肃人民出版社，1984 年。

[7] (宋)蔡沈撰：《书经集传》，上海：世界书局，1936 年。

[8] (清)孙星衍撰：《尚书今古文注疏》，北京：中华书局，1986 年。

[9] (清)曾运乾撰：《尚书正读》，北京：中华书局，1964 年。

[10] 周秉钧撰：《尚书易解》，长沙：岳麓书社，1984 年。

[11] (汉)孔安国传，(唐)孔颖达正义：《尚书正义》，上海：上海古籍出版社， 2007 年。

[12] 顾颉刚、刘起釪撰：《尚书校释译论》，北京：中华书局，2005 年。

[13] (清)程树德集释：《论语集释》，北京：中华书局，1990 年。

[14] 杨伯峻译注：《论语译注》，北京：中华书局，1980 年。

[15] (清)刘宝楠撰：《论语正义》，北京：中华书局，1990 年。

[16] 高尚榘主编：《论语歧解辑录》，北京：中华书局，2011 年。

[17] (清)焦循撰：《孟子正义》，北京：中华书局，1987 年。

[18] 杨伯峻译注：《孟子译注》，北京：中华书局，1960 年。

[19] （清）孙希旦撰：《礼记集解》，北京：中华书局，1989 年。

[20] （清）朱彬撰：《礼记训纂》，北京：中华书局，1996 年。

[21] （清）李道平撰：《周易集解纂疏》，北京：中华书局，1994 年。

[22] （晋）杜预注、李梦生整理：《春秋左传集解》，上海：上海人民出版社，
1977 年。

[23] 杨伯峻注：《春秋左传注》，北京：中华书局，1990 年。

[24] （三国吴）韦昭注：《国语注》，上海：世界书局，1936 年。

[25] （清）徐元诰撰：《国语集解》，北京：中华书局，2002 年。

[26] 俞志慧撰：《〈国语〉韦昭注辨正》，北京：中华书局，2009 年。

[27] 张清常、王延栋笺注：《战国策笺注》，天津：南开大学出版社，1993 年。

[28] 何建章注释：《战国策注释》，北京：中华书局，1990 年。

[29] （清）王先谦撰、刘武补正：《庄子集解·庄子集解内篇补正》，北京：中华书局，
1987 年。

[30] （清）郭庆藩集释：《庄子集释》，北京：中华书局，1961 年。

[31] （清）孙诒让撰：《墨子间诂》，北京：中华书局，1986 年。

[32] 王焕镳撰：《墨子集诂》，上海：上海古籍出版社，2005 年。

[33] 辛志凤、蒋玉斌译注：《墨子译注》，哈尔滨：黑龙江人民出版社，2003 年。

[34] （清）王先慎集解：《韩非子集解》，北京：中华书局，1998 年。

[35] （清）王先谦集解：《荀子集解》，北京：中华书局，1988 年。

[36] 南京大学《韩非子》校注组校注：《韩非子校注》，南京：江苏人民出版社，
1982 年。

[37] 陈奇猷校释：《吕氏春秋新校释》，上海：上海古籍出版社，2002 年。

[38] 张双棣、张万彬、殷国光、陈涛译注：《吕氏春秋译注》，北京：北京大学出版
社，2011 年。

[39] 吴则虞撰：《晏子春秋集释》，北京：中华书局，1962.

[40] 陈涛译注：《晏子春秋译注》，天津：天津古籍出版社，1996 年。

[41] 黎翔凤校注：《管子校注》，北京：中华书局，2004 年。

[42] 谢浩范、朱迎平译：《管子全译》，贵阳：贵州人民出版社，2009 年。

[43] 彭裕商校注：《文子校注》，成都：巴蜀书社，2006.

[44] 殷孟伦、章茂桐、殷焕先、董治安等译注：《商子译注》，济南：齐鲁书社，
1982 年。

[45] 杨钟贤、郝志达主编：《全校全注全译全评史记》，天津：天津古籍出版社，
1997 年。

[46] （汉）韩婴撰、许维通校释：《韩诗外传集释》，北京：中华书局，1980 年。

[47] （汉）董仲舒撰、赖炎元译注：《春秋繁露今注今译》，台北：台湾商务印书馆，
1984 年。

[48]（汉）戴德编、高明译注：《大戴礼记今注今译》，台北：台湾商务印书馆，1975年。

[49]（汉）贾谊撰、阎振义、钟夏校注：《新书校注》，北京：中华书局，2000年。

[50]（汉）贾谊撰、于智荣译注：《贾谊新书译注》，哈尔滨：黑龙江人民出版社，2003年。

[51]（汉）刘向撰、王锳、王天海译：《说苑全译》，贵阳：贵州人民出版社，1994年。

[52]（汉）刘向撰，向宗鲁校证：《说苑校证》，北京：中华书局，1987年。

[53]（汉）刘向撰，李华年译：《新序全译》，贵阳：贵州人民出版社，1994年。

[54]（汉）桓宽撰，白兆麟译注：《盐铁论注译》，合肥：安徽大学出版社，2012年。

[55]（汉）刘安撰，刘文典注释：《淮南鸿烈集解》，北京：中华书局，1989年。

[56]徐朝华译注：《尔雅今注》，天津：南开大学出版社，1994年。

[57]（汉）扬雄撰，华学诚汇证：《扬雄方言校释汇证》，北京：中华书局，2006年。

[58]（清）王念孙撰：《读书杂志》，北京：中国书店，1985年。

[59]（清）王引之撰，黄侃、杨树达批：《经传释词》，长沙：岳麓书社，1984年。

[60]（清）刘淇撰：《助字辨略》，北京：中华书局，1954年。

[61]（清）吴昌莹撰：《经词衍释》，北京：中华书局，1956年。

[62]（清）袁仁林撰，解惠全译注：《虚字说》，北京：中华书局，1989年。

工具书目录

[1]陈初生：《金文常用字典》，西安：陕西人民出版社，1987。

[2]陈克炯：《左传详解词典》，郑州：中州古籍出版社，2004。

[3]陈霞村：《古代汉语虚词类解》，太原：山西教育出版社，1992。

[4]楚永安：《文言复式虚词》，北京：中国人民大学出版社，1986。

[5]崔永东：《两周金文虚词集释》，北京：中华书局，1994。

[6]段德森：《实用古汉语虚词》，太原：山西教育出版社，1990。

[7]韩峥嵘：《古汉语虚词手册》，长春：吉林人民出版社，1984。

[8]何乐士、敖镜浩、王克仲、麦梅翘、王海棻：《文言虚词浅释》，北京：北京出版社，1979。

[9]何乐士、敖镜浩、王克仲、麦梅翘、王海棻：《古代汉语虚词通释》，北京：北京出版社，1985。

[10]洪成玉：《古汉语常用同义词词典》，北京：商务印书馆，2009。

[11]黄雪贞：《梅县方言词典》，南京：江苏教育出版社，1995。

[12]吕叔湘、徐仲华：《文言虚字例解》，北京：北京出版社，1965。

[13]李树俨、张安生：《银川方言词典》，南京：江苏教育出版社，1996。

[14]裴学海：《古书虚字集释》，上海：上海书店，1989。

[15]王海棻：《古汉语疑问词语》，杭州：浙江教育出版社，1987。

[16] 王力：《同源字典》，北京：商务印书馆，1982。

[17] 王叔岷：《古籍虚字广义》，北京：中华书局，2007。

[18] 王延栋：《战国策词典》，天津：南开大学出版社，2001。

[19] 吴庆峰：《〈史记〉虚词通释》，济南：齐鲁书社，2006。

[20] 萧旭：《古书虚词旁释》，扬州：广陵书社，2007。

[21] 解惠全、崔永琳、郑天一：《古书虚词通解》，北京：中华书局，2008。

[22] 谢纪锋：《虚词诂林》，北京：商务印书馆，2015。

[23] 杨伯峻：《文言虚词》，北京：中华书局，1965。

[24] 杨伯峻：《古汉语虚词》，北京：中华书局，1981。

[25] 杨树达：《词诠》，北京：中华书局，1954。

[26] 张振兴、蔡叶青：《雷州方言词典》，南京：江苏教育出版社，1998。

[27] 中国社科院语言研究所古代汉语研究室编：《古代汉语虚词词典》，北京：商务印书馆，1999。

[28] 宗福邦、陈世铙、萧海波主编：《故训汇纂》，北京：商务印书馆，2003。

参考文献

中文专著

[1] 曹逢甫著：《主题在汉语中的功能研究》，谢天蔚译，北京：语文出版社，1995。

[2] 曹广顺、梁银峰、龙国富：《〈祖堂集〉语法研究》，开封：河南大学出版社，2011。

[3] 曹银晶：《"也"、"矣"、"已"的功能及其演变》，北京大学博士学位论文，2012。

[4] 陈波：《逻辑学导论》，北京：中国人民大学出版社，2003。

[5] 陈承泽：《国文法草创》，北京：商务印书馆，1982。

[6] 陈梦家：《殷墟卜辞综述》，北京：中华书局，1988。

[7] 陈宗振、雷选春：《西部裕固语简志》，北京：民族出版社，1985。

[8] 程适良、阿不都热合曼：《乌孜别克语简志》，北京：民族出版社，1987。

[9] 崔诚恩：《现代汉语情态副词研究》，中国社会科学院博士学位论文，2002。

[10] 崔立斌：《〈孟子〉词类研究》，开封：河南大学出版社，2004。

[11] 刁晏斌：《〈三朝北盟会编〉语法研究》，开封：河南大学出版社，2007。

[12] 董芬芬：《春秋辞令文体研究》，上海：上海古籍出版社，2012。

[13] 董为光：《汉语词义发展基本类型》，武汉：华中科技大学出版社，2004。

[14] 董秀芳：《词汇化：汉语双音词的衍生和发展》，成都：四川民族出版社，2002。

[15] 方松熹：《舟山方言研究》，北京：社会科学文献出版社，1993。

[16] 方有国：《先秦汉语实词语法化研究》，成都：巴蜀书社，2015。

[17] 冯春田等：《明清山东方言语法研究》，济南：山东教育出版社，2012。

[18] 〔瑞〕高本汉著：《中国音韵学研究》，赵元任、罗常培、李方桂译，上海：商务印书馆，1940。

[19] 高名凯：《汉语语法论》，北京：科学出版社，1957。

[20] 高育花：《中古汉语副词研究》，合肥：黄山书社，2007。

[21] 葛佳才：《东汉副词系统研究》，长沙：岳麓书社，2005。

[22] 龚波：《上古汉语假设句研究》，北京：商务印书馆，2017。

[23] 管燮初：《西周金文语法研究》，北京：商务印书馆，1981。

[24] 郭锐：《现代汉语词类研究》，北京：商务印书馆，2002。

[25] 郭锡良：《汉语史论集》（增补本），北京：商务印书馆，2005。

[26] 郭锡良主编：《古代汉语》（中册），天津：天津教育出版社，1996。

[27] 郭锡良：《古代汉语语法讲稿》，北京：语文出版社，2007。

[28] 海晓芳：《文法草创时期中国人的汉语研究》，北京：商务印书馆，2014。

[29] 何乐士：《〈左传〉虚词研究》，北京：商务印书馆，2004。

[30] 胡波：《秦简副词研究》，西南大学硕士学位论文，2010。

[31] 胡裕树主编：《现代汉语》(修订本)，上海：上海教育出版社，1979。

[32] 胡增益：《鄂伦春语简志》，北京：民族出版社，1986。

[33] 胡振华：《柯尔克孜语简志》，北京：民族出版社，1986。

[34] 华建光：《战国传世文献语气词研究》，北京：光明日报出版社，2013。

[35] 黄布凡、周发成：《羌语研究》，成都：四川人民出版社，2006。

[36] 黄珊：《〈荀子〉虚词研究》，开封：河南大学出版社，2004。

[37] 季安锋：《汉语预设触发语研究》，北京：社会科学文献出版社，2015。

[38] 金理新：《上古汉语形态研究》，合肥：黄山书社，2006。

[39] 康瑞琮：《古代汉语语法》，沈阳：辽宁人民出版社，1982。

[40] 柯西钢：《白河方言调查研究》，北京：中华书局，2013。

[41] (清)来裕恂：《汉文典》，上海：商务印书馆，1932。

[42] 兰宾汉：《西安方言语法调查研究》，北京：中华书局，2011。

[43] 蓝鹰、洪波：《上古汉语虚词研究》，成都：四川人民出版社，2001。

[44] 黎锦熙：《新著国语文法》，长沙：湖南教育出版社，2007。

[45] 李明：《汉语助动词的历史演变研究》，北京：商务印书馆，2016。

[46] 李启群：《吉首方言研究》，北京：民族出版社，2002。

[47] 李素英：《中古汉语语气副词研究》，山东大学博士学位论文，2010。

[48] 李新魁：《汉语文言语法》，广州：中山大学出版社，1983。

[49] 李新魁、黄家教、施其生、麦耘、陈定方：《广州方言研究》，广州：广东人民
    出版社，1995。

[50] 李佐丰：《先秦汉语实词》，北京：北京广播学院出版社，2003。

[51] 李佐丰：《古代汉语语法学》，北京：商务印书馆，2004。

[52] 刘坚、江蓝生、白维国、曹广顺：《近代汉语虚词研究》，北京：语文出版
    社，1992。

[53] 刘景农：《汉语文言语法》，北京：中华书局，1994。

[54] 刘月华、潘文娱、故韡：《实用现代汉语语法》，北京：外语教学与研究出版
    社，1983。

[55] 柳士镇：《魏晋南北朝历史语法》，南京：南京大学出版社，1992。

[56] 龙国富：《〈妙法莲华经〉语法研究》，北京：商务印书馆，2013。

[57] 陆俭明：《现代汉语语法研究教程》，北京：北京大学出版社，2003。

[58] 陆俭明、马真：《现代汉语虚词散论》，北京：语文出版社，1999。

[59] 陆宗达：《训诂简论》，北京：北京出版社，2002。

[60] 罗主宾：《明清时期语气副词研究》，湖南师范大学博士学位论文，2013。

[61] 吕叔湘：《文言虚字》，上海：开明书店，1944。

[62] 吕叔湘：《中国文法要略》，沈阳：辽宁人民出版社，2002。

[63] 马汉麟：《古汉语语法提要》，西安：陕西人民出版社，1980。

[64]（清）马建忠著，章锡琛校注：《马氏文通校注》，北京：商务印书馆，1988。

[65]马梅玉：《汉语"其"研究》，南京大学博士学位论文，2012。

[66]梅广：《上古汉语语法纲要》，台北：三民书局，2015。

[67]乃俊廷：《甲骨卜辞中"其"字研究》，台湾静宜大学硕士学位论文，2002。

[68]彭利贞：《现代汉语情态研究》，北京：中国社会科学出版社，2007。

[69]〔加〕蒲立本著：《古汉语语法纲要》，孙景涛译，北京：语文出版社，2006。

[70]齐春红：《现代汉语语气副词研究》，昆明：云南人民出版社，2008。

[71]齐沪扬：《语气词与语气系统》，合肥：安徽教育出版社，2002。

[72]钱乃荣：《上海话语法》，上海：上海人民出版社，1997。

[73]屈承熹著：《汉语篇章语法》，潘文国等译，北京：北京语言大学出版社，2006。

[74]单育辰：《楚地战国简帛与传世文献对读之研究》，吉林大学博士学位论文，2010。

[75]邵敬敏：《汉语语法学史稿》，上海：上海教育出版社，1990。

[76]沈家煊：《不对称和标记论》，南昌：江西教育出版社，1999。

[77]沈培：《殷墟甲骨卜辞语序研究》，台北：文津出版社，1992。

[78]盛益民：《吴语绍兴柯桥话参考语法》，南开大学博士学位论文，2014。

[79]石毓智：《语法的形式和理据》，南昌：江西教育出版社，2001。

[80]宋亚云：《汉语作格动词的历史演变研究》，北京：北京大学出版社，2014。

[81]孙宏开：《独龙语简志》，北京：民族出版社，1982。

[82]孙宏开、陆绍尊、张济川、欧阳觉亚：《门巴、珞巴、僜人的语言》，北京：中国社会科学出版社，1980。

[83]〔日〕太田辰夫著：《中国语历史文法》，蒋绍愚、徐昌华译，北京：北京大学出版社，1986。

[84]〔日〕太田辰夫著：《汉语史通考》，江蓝生、白维国译，重庆：重庆出版社，1988。

[85]唐子恒：《文言语法结构通论》，济南：山东大学出版社，2000。

[86]唐作藩：《汉语史学习与研究》，北京：商务印书馆，2001。

[87]唐贤清：《〈朱子语类〉副词研究》，长沙：湖南人民出版社，2004。

[88]田静：《〈晏子春秋〉副词研究》，山西大学硕士学位论文，2007。

[89]王力主编：《古代汉语》（第三版），北京：中华书局，1999。

[90]王力：《汉语史稿》（中册），北京：中华书局，1980。

[91]王力：《中国语法理论》，济南：山东教育出版社，1984。

[92]王力：《中国现代语法》，北京：商务印书馆，1985。

[93]王应伟：《实用国语文法》，上海：商务印书馆，1922。

[94]王云路、方一新主编：《中古汉语研究》，北京：商务印书馆，2000。

[95]魏培泉：《〈庄子〉语法研究》，台湾师范大学硕士论文，1982。

[96]魏培泉：《汉魏六朝称代词研究》，台北："中研院"语言学研究所，2004。

[97]〔美〕卫真道著：《篇章语言学》，徐赳赳译，北京：中国社会科学出版社，2002。

[98] 巫雪如：《先秦情态动词研究》，上海：中西书局，2018。

[99] 武振玉：《两周金文词类研究》（虚词篇），吉林大学博士学位论文，2006。

[100] 向熹：《诗经语言研究》，成都：四川人民出版社，1987。

[101] 向熹：《简明汉语史》（下），北京：高等教育出版社，1993。

[102] 熊昌华：《简帛副词研究》，西南大学博士学位论文，2013。

[103] 徐复：《徐复语言文字学论稿》，南京：江苏教育出版社，1995。

[104] 徐晶凝：《现代汉语话语情态研究》，北京：昆仑出版社，2008。

[105] 许威汉：《古汉语语法精讲》，上海：上海大学出版社，2002。

[106] 杨伯峻：《文言文法》，北京：中华书局，1963。

[107] 杨伯峻、何乐士：《古汉语语法及其发展》（修订本），北京：语文出版社，2001。

[108] 杨逢彬：《殷墟甲骨刻辞词类研究》，广州：花城出版社，2003。

[109] 杨琳：《汉字形义与文化》，天津：南开大学出版社，2012。

[110] 杨荣祥：《近代汉语副词研究》，北京：商务印书馆，2005。

[111] 杨树达：《高等国文法》，上海：商务印书馆，1920。

[112] 杨秀芳：《台湾闽南语语法稿》，台北：大安出版社，1991。

[113] 杨永龙、江蓝生：《〈刘知远诸宫调〉语法研究》，开封：河南大学出版社，2010。

[114] 杨作玲：《上古汉语非宾格动词研究》，北京：商务印书馆，2014。

[115] 姚萱：《殷墟花园庄东地甲骨卜辞的初步研究》，北京：首都师范大学博士学位论文，2005。

[116] 姚振武：《〈晏子春秋〉词类研究》，开封：河南大学出版社，2005。

[117] 姚振武：《上古汉语语法史》，上海：上海古籍出版社，2015。

[118] 易孟醇：《先秦语法》，长沙：湖南教育出版社，1989。

[119] 殷国光：《〈吕氏春秋〉词类研究》，北京：华夏出版社，1997。

[120] 俞敏：《〈经传释词〉札记》，长沙：岳麓书社，1987。

[121]（清）章士钊：《中等国文典》，上海：商务印书馆，1907。

[122] 张国宪：《现代汉语形容词的功能与认知研究》，北京：商务印书馆，2006。

[123] 张洪年：《香港粤语语法的研究》（增订版），香港：香港中文大学出版社，2007。

[124] 张一舟、张清源、邓英树：《成都方言语法研究》，成都：巴蜀书社，2001。

[125] 张谊生：《现代汉语副词研究》，上海：学林出版社，2000a。

[126] 张谊生：《现代汉语虚词》，上海：华东师范大学出版社，2000b。

[127] 张谊生：《现代汉语副词探索》，上海：学林出版社，2004。

[128] 张玉金：《甲骨文法学》，上海：学林出版社，2001。

[129] 张玉金：《西周汉语语法研究》，北京：商务印书馆，2004。

[130] 张玉金：《出土战国文献虚词研究》，北京：人民出版社，2011。

[131] 张则顺：《现代汉语确信副词研究》，北京：中国社会科学出版社，2015。

[132] 郑良伟：《台、华语的代词、焦点与范围》，台北：远流出版社，1997a。

[133] 郑良伟：《台、华语的时空、疑问与否定》，台北：远流出版社，1997b。

[134] 钟荣富：《台湾客家语音导论》，台北：五南图书出版公司，2004。

[135] 周北海：《模态逻辑导论》，北京：北京大学出版社，1997。

[136] 周法高：《中国古代语法》(称代编)，北京：中华书局，1990。

[137] 周法高：《中国古代语法》(造句编)，台北："中研"史语所，1961。

[138] 周法高：《中国语言学论文集》，台北：联经出版事业公司，1975。

[139] 周生亚：《汉语词类史稿》，北京：中国人民大学出版社，2018。

[140] 朱德熙：《语法讲义》，北京：商务印书馆，1982。

[141] 朱冠明：《〈摩诃僧祇律〉情态动词研究》，北京：中国戏剧出版社，2008。

中文论文

[1] 贝罗贝、吴福祥：《上古汉语疑问代词的发展与演变》，载《中国语文》2000 年第 4 期。

[2] 蔡维天：《谈汉语模态词的分布与诠释之对应关系》，载《中国语文》2010 年第 3 期。

[3] 陈宝勤：《汉语副词生源探微》，载《沈阳大学学报》(哲学社会科学版)1998 年第 1 期。

[4] 陈鸿瑶、吴长安：《"也"字独用语篇衔接功能的视角化阐释》，载《东北师大学报》(哲学社会科学版)2009 年第 3 期。

[5] 陈立民：《也说"就"和"才"》，载《当代语言学》2005 年第 1 期。

[6] 陈斯鹏：《论周原甲骨和楚系简帛中的"囟"与"思"》，载《文史》2006 年第 1 期。

[7] 陈炜湛：《近二十年来的甲骨文研究》，载《汕头大学学报》(人文科学版)2001 年第 1 期。

[8] 崔蕊：《"其实"的主观性和主观化》，载《语言科学》2008 年第 5 期。

[9] 邓思颖：《为什么问"乜"》，载《中国语文研究》2008 年第 1 期。

[10] 丁邦新：《从〈诗经〉"其雨"的用法看卜辞中命辞的性质》，载《台大文史哲学报》2001 年第 54 期。

[11] 董秀芳：《词汇化与话语标记的形成》，载《世界汉语教学》2007 年第 1 期。

[12] 董秀芳：《汉语偏正短语的历时变化》，载《中国语言学集刊》2 卷第 2 期，北京：中华书局，2008。

[13] 董秀芳：《汉语中问原因的疑问词句法位置的历时变化》，载《历史语言学研究》第 2 辑，北京：商务印书馆，2009。

[14] 董秀芳：《汉语中表示承诺的言语施为动词》，载《汉语学习》2010 年第 2 期。

[15] 董正存：《情态副词"反正"的用法及相关问题研究》，载《语文研究》2008 年第

2 期。

[16] 董正存：《"完结"义动词表周遍义的演变过程》，载《语文研究》2011 年第 2 期。

[17] 董正存：《汉语中约量到可能认识情态的语义演变——以"多半"为例》，载《中国语文》2017 年第 1 期。

[18] 杜少先、杜占先：《关于"或"的词性问题》，载《锦州师院学报》（哲学社会科学版）1989 年第 1 期。

[19] 段德森：《副词转化为连词浅说》，载《古汉语研究》1991 年第 1 期。

[20] 段业辉：《语气副词的分布及语用功能》，载《汉语学习》1995 年第 4 期。

[21] 范晓蕾：《基于汉语方言的认识情态的语义地图》，载《语法研究和探索》（十六），北京：商务印书馆，2012。

[22] 方梅 a：《认证义谓宾动词的虚化—从谓宾动词到语用标记》，载《中国语文》2005 年第 6 期。

[23] 方梅 b：《篇章语法与汉语篇章语法研究》，载《中国社会科学》2005 年第 6 期。

[24] 方平禄：《"居然"句式的功能与篇章分析》，载周小兵，赵新主编《对外汉语教学中的副词研究》，北京：中国社会科学出版社，2002。

[25] 方一新：《从中古词汇的特点看汉语史的分期》，载《汉语史学报》第 4 辑，上海：上海教育出版社，2004。

[26] 方有国：《"莫之或止"解》，载《古汉语研究》1993 年第 1 期。

[27] 冯胜利著、汪维辉译：《古汉语判断句中的系词》，载《古汉语研究》2003 年第 1 期。

[28] 冯胜利：《论语体的机制及其语法属性》，载《中国语文》2010 年第 5 期。

[29] 付义琴：《古代汉语"副词谓语句"商榷》，载《古汉语研究》2007 年第 4 期。

[30] 傅雨贤：《副词在句中的位置分布》，载《汉语学习》1983 年第 3 期。

[31] 高书贵：《"毕竟"类语气副词与预设》，载《天津大学学报》（社会科学版）2000 年第 2 期。

[32] 高树：《〈左传〉的"实"》，载《新疆大学学报》（哲学社会科学版）1992 年第 2 期。

[33] 高增霞：《汉语的担心——认识情态词"怕""看"和"别"的语法化》，载《语法研究和探索》（十二），北京：商务印书馆，2003。

[34] 郜锦强：《古汉语"其"字用法举要》，载《淮北煤炭师院学报》（社会科学版）1984 年第 1-2 期。

[35] 古川裕：《副词修饰"是"字情况考察》，载《中国语文》1989 年第 1 期。

[36] 谷峰：《上古汉语不确定语气副词的区分》，载《中国语文》2016 年第 5 期。

[37] 谷峰：《上古汉语语气副词的位置与分布》，载《语言研究集刊》第 18 辑，上海：上海辞书出版社，2017。

[38] 谷峰：《上古汉语"主+实+谓"中"实"的功能》，载《中国语文》2019 年第 2 期。

[39] 郭复华：《"其"字用法浅释》，载《福清师专学报》1981 年第 1 期。

[40] 郭继懋：《"于是"和"所以"的异同》，载《汉语学报》2006 年第 4 期。

［41］郭锐：《衍推和否定》，载《世界汉语教学》2006 年第 2 期。

［42］郭锡良：《古汉语虚词研究评议》，载《语言科学》2003 年第 1 期。

［43］郭锡良：《汉语史的分期问题》，载《语文研究》2013 年第 4 期。

［44］贺阳：《试论汉语书面语的语气系统》，载《中国人民大学学报》1992 年第 5 期。

［45］洪波：《兼指代词的原始句法功能研究》，载《古汉语研究》1991 年第 1 期。

［46］洪波：《上古汉语第一人称代词"余（予）""我""朕"的分别》，载《语言研究》1996 年第 1 期。

［47］洪波：《论汉语实词虚化的机制》，载郭锡良主编《古汉语语法论集》，北京：语文出版社，1998。

［48］洪波：《先秦判断句的几个问题》，载《南开学报》2000 年第 5 期。

［49］洪波、董正存：《"非 X 不可"格式的历史演化和语法化》，载《中国语文》2004 年第 3 期。

［50］胡敕瑞：《汉语负面排他标记的来源及其发展》，载《语言科学》2008 年第 6 期。

［51］胡敕瑞：《将然、选择与意愿——上古汉语将来时与选择问标记的来源》，载《古汉语研究》2016 年第 2 期。

［52］胡勇：《语气副词"并"的语法化》，载吴福祥、崔希亮主编《语法化与语法研究》（四），北京：商务印书馆，2009。

［53］黄布凡：《羌语支》，载孙宏开、胡增益、黄行主编《中国的语言》，北京：商务印书馆，2007。

［54］黄国营：《语气副词在"陈述—疑问"转换中的限制作用及其句法性质》，载《语言研究》1992 年第 1 期。

［55］黄河：《常用副词共现时的次序》，载北京大学中文系编《缀玉二集》，北京：北京大学出版社，1990。

［56］黄珊：《古汉语副词的来源》，载《中国语文》1996 年第 3 期。

［57］黄盛璋：《先秦古汉语指示词研究》，载《语言研究》1983 年第 2 期。

［58］黄易青：《先秦虚词"实""维""伊""繄"的用法及其词源关系》，载《北京师范大学学报》（社会科学版）2016 年第 2 期。

［59］吉仕梅：《〈睡虎地秦墓竹简〉副词考察》，载《西南民族学院学报》（哲学社会科学版）2003 年第 5 期。

［60］柯理思：《试论谓词的语义特征和语法化的关系》，载吴福祥、洪波主编《语法化与语法研究》（一），北京：商务印书馆，2003。

［61］柯理思：《现代汉语里表示 HABITUAL 一类认识情态的范畴化》，载《现代中国语研究》2005 年第 7 期。

［62］柯理思：《西北方言的惯常性行为标记"呢"》，载《咸阳师范学院学报》2009 年第 3 期。

［63］江蓝生：《八卷本〈搜神记〉语言的时代》，载《中国语文》1987 年第 4 期。

［64］江蓝生：《同谓并列双小句的省缩与句法创新》，载《中国语文》2007 年第 6 期。

[65] 姜南：《"将无"重考》，载《中国语文》2017 年第 6 期。

[66] 匡鹏飞：《语气副词"明明"的主观性和主观化》，载《世界汉语教学》2011 年第 2 期。

[67] 李大勤：《苏龙语》，载孙宏开、胡增益、黄行主编《中国的语言》，北京：商务印书馆，2007。

[68] 李杰：《现代汉语状位语气副词的预设内容》，载《暨南学报》（哲学社会科学版）2007 年第 5 期。

[69] 李劲荣：《"实在"句的语义格局与句法制约》，载《世界汉语教学》2007 年第 2 期。

[70] 李明：《两汉时期的助动词系统》，载《语言学论丛》第 25 辑，北京：商务印书馆，2002。

[71] 李明：《汉语表必要的情态词的两条主观化路线》，载《语法研究和探索》（十二），北京：商务印书馆，2003。

[72] 李明：《从言语到言语行为——试谈一类词义演变》，载《中国语文》2004 年第 5 期。

[73] 李明：《说"定知"：古汉语中的一种长距离副词移位》，载曹广顺、曹茜蕾、罗端、魏廷兰主编《综述古今，钩深取极》，台北："中研院"语言所，2013。

[74] 李明：《唐五代的副词》，载《历史语言学研究》第 6 辑，北京：商务印书馆，2013b。

[75] 李明：《小议近代汉语副词的研究》，载《历史语言学研究》第 8 辑，北京：商务印书馆，2014。

[76] 李明：《副词"本"的演变》，载《古汉语研究》2018 年第 3 期。

[77] 李泉：《副词和副词的再分类》，载胡明扬主编《词类问题考察》，北京：北京语言学院出版社，1996。

[78] 李素英：《中古汉语语气副词的形成》，载《重庆文理学院学报》（社会科学版）2012 年第 5 期。

[79] 李小军：《"敢"的情态功能及其发展》，载《中国语文》2018 年第 3 期。

[80] 李樱：《汉语研究中的语用面向》，载《汉学研究》第 18 卷特刊"台湾语言学的创造力"专号，2000。

[81] 李宇凤：《也谈测度疑问副词"莫"的来源》，载《语言科学》2007 年第 5 期。

[82] 李宇凤：《回声性反问标记"谁说"和"难道"》，载《汉语学习》2011 年第 4 期。

[83] 李运富：《〈论语〉里的"必也，P"句式》，载《中国语文》1987 年第 3 期。

[84] 李运富：《论出土文本字词关系的考证与表述》，载《古汉语研究》2005 年第 2 期。

[85] 李子玲：《〈论语〉中第一人称代词的区分》，载钟荣富、刘显亲、胥嘉陵、何大安编《门内日与月：郑锦全先生七秩寿庆论文集》，台北："中研院"语言所，2006。

[86] 李宗江：《副词"倒"及相关副词的语义功能和历时演变》，载《汉语学报》2005 年第 2 期。

[87] 李佐丰：《〈马氏文通〉与助词"也"》，载姚小平主编《〈马氏文通〉与中国语言学史》，北京：外语教学与研究出版社，2003。

[88] 梁冬青：《出土文献"是是"句的再探讨》，载《古汉语研究》2007 年第 1 期。

[89] 梁晓虹：《论近代汉语中的三音节副词》，载四川大学汉语史研究所、四川大学中国俗文化研究所编《汉语史研究集刊》第 8 辑，成都：巴蜀书社，2005。

[90] 廖秋忠：《〈语气与情态〉评介》，载《国外语言学》1989 年第 4 期。

[91] 林海权：《否定词"莫"字的词性研究》，载《福建师大学报》（哲学社会科学版）1983 年第 1 期。

[92] 刘丞：《从质疑选择到规劝祈使："何必"的副词化及相关问题》，载《汉语学报》2014 年第 3 期。

[93] 刘承慧：《先秦条件句标记"苟"、"若"、"使"的功能》，载《清华学报》2010 年新 40 卷第 2 期。

[94] 刘丹青：《"唯补词"初探》，载《汉语学习》1994 年第 3 期。

[95] 刘丹青、唐正大：《话题焦点敏感算子"可"的研究》，载《世界汉语教学》2001 年第 3 期。

[96] 刘光胜：《汉初陈平"六出奇计"探评》，载《殷都学刊》1985 年第 2 期。

[97] 刘开骅：《表询问意义的语气副词"岂"、"宁"及其来源》，载《广西社会科学》2005 年第 10 期。

[98] 刘瑞明：《垫音助词"其"及其研究之评论》，载《青海师范大学学报》（哲学社会科学版）1988 年第 2 期。

[99] 柳士镇：《〈世说新语〉中副词"初""定""脱"的用法》，载《教学与进修》1984 年第 1 期。

[100] 龙国富：《假借与语境吸收：论汉语虚词"抑"的演变》，载《语文研究》2016 年第 4 期。

[101] 陆俭明：《现代汉语副词独用刍议》，载《语言教学与研究》1982 年第 2 期。

[102] 陆世光：《谈副词的内部分类》，载《天津师院学报》1981 年第 2 期。

[103] 罗端：《甲骨文中"其"的用法》，载冯力、杨永龙、赵长才编《汉语时体的历时研究》，北京：语文出版社，2009。

[104] 罗耀华、李向农：《揣测副词"或许"的词汇化与语法化》，载《古汉语研究》2015 年第 1 期。

[105] 罗耀华、刘云：《揣测类语气副词的主观性与主观化》，载《语言研究》2008 年第 3 期。

[106] 骆锤炼、马贝加：《〈诗经〉代词"其"和话题的关系——兼论"其"的语法化》，载《语文研究》2007 年第 1 期。

[107] 马景仑：《古汉语情态副词"信、诚、实、果"的词义差别》，载《镇江师专学报》

(社会科学版)1991 年第 1 期。

[108] 马真：《说"反而"》，载《中国语文》1983 第 3 期。

[109] 马真：《表加强否定语气的副词"并"和"又"》，载《世界汉语教学》2001 年第 3 期。

[110] 梅祖麟：《近代汉语"打—V"的形成过程与产生时代》，载《历史语言学研究》第 3 辑，北京：商务印书馆，2010。

[111] 莫运国：《英汉情态(语气)副词的语用对比研究》，载《哈尔滨学院学报》2010 年第 4 期。

[112] 潘玉坤：《试析"莫之或 V"兼说"或"作助动词》，载《语言科学》2016 年第 5 期。

[113] 彭睿：《构式语法化的机制和后果——以"从而"、"以及"和"极其"的演变为例》，载《汉语学报》2007 年第 3 期。

[114] 彭睿：《"临界环境——语法化项"关系刍议》，载《语言科学》2008 年第 3 期。

[115] 彭小川：《论副词"倒"的语篇功能——兼论对外汉语语篇教学》，载《北京大学学报》(哲学社会科学版)1999 年第 5 期。

[116] 齐春红、徐杰：《从语气副词的句法分布透视其语用功能》，载《云南民族大学学报》(哲学社会科学版)2007 年第 1 期。

[117] 齐沪扬：《语气副词的语用功能分析》，载《语言教学与研究》2003 年第 1 期。

[118] 屈承熹：《汉语副词的篇章功能》，载《语言教学与研究》1991 年第 2 期。

[119] 任荷：《问原因疑问句"何 IP(也)"的性质及其演变》，载《殷都学刊》2015 年第 1 期。

[120] 沈家煊 a：《语言的"主观性"和"主观化"》，载《外语教学与研究》2001 年第 4 期。

[121] 沈家煊 b：《跟副词"还"有关的两个句式》，载《中国语文》2001 年第 6 期。

[122] 沈家煊：《如何处置"处置式"——试论把字句的主观性》，载《中国语文》2002 年第 5 期。

[123] 史金生：《语气副词的范围、类别和共现顺序》，载《中国语文》2003 年第 1 期。

[124] 史金生：《"又"、"也"的辩驳语气用法及其语法化》，载《世界汉语教学》2005 年第 4 期。

[125] 松江崇：《上古中期禅母系疑问代词系统中句法分布的互补现象》，载王云路主编、浙江大学汉语史研究中心编《汉语史学报》第 6 辑，上海：上海教育出版社，2006。

[126] 宋亚云：《上古汉语形容词的词类地位及其鉴别标准》，载《中国语文》2009 年第 1 期。

[127] 孙洪伟：《上古汉语几种特殊的"NP 之 VP"结构》，载《中山大学学报》(社会科学版)2015 年第 1 期。

[128] 孙少华：《陈平的"秘计"》，载《文史知识》2012 年第 5 期。

[129] 汤廷池：《国语疑问句研究续论》，载《(台湾)师大学报》1984 年第 29 期。

[130] 汤廷池：《汉语的情态副词：语意内涵与句法功能》，载《"中研院"史语所集刊》2000 年 71 本第 2 分册。

[131] 汤廷池、张淑敏、廖元平：《台湾本土语言语法研究的轨迹：福佬语篇》，台湾语言学一百周年国际学术研讨会，台中：台中教育大学，2007。

[133] 唐正大：《汉语主句现象进入关系从句初探》，载中国语文杂志社编《语法研究和探索》（十四），北京：商务印书馆，2008。

[131] 陶红印：《试论语体分类学的语法学意义》，载《当代语言学》1999 年第 3 期。

[133] 陶红印：《操作语体中动词论元结构的实现及语用原则》，载《中国语文》2007 年第 1 期。

[134] 完权：《副词问句的语用功能》，载《汉语学习》2014 年第 2 期。

[135] 汪维辉：《唐宋类书好改前代口语：以〈世说新语〉异文为例》，载《汉学研究》2000 年 18 卷第 2 期。

[136] 王海棻：《先秦疑问代词"谁"与"孰"的比较》，载《中国语文》1982 年第 1 期。

[137] 王洪君、李榕、乐耀：《"了 2"与话主显身的主观近距交互式语体》，载《语言学论丛》第 40 辑，北京：商务印书馆，2009。

[138] 王红旗：《指称不确定性产生的条件》，载《语文研究》2006 年第 3 期。

[139] 王红旗：《体词谓语句为何加"是"》，载《语言学论丛》第 56 辑，北京：商务印书馆，2017。

[140] 王健慈、王健昆：《主语前后的副词移位》，载陆俭明、沈阳、袁毓林主编《面临新世纪挑战的现代汉语语法研究》，济南：山东教育出版社，2000。

[141] 王江：《篇章关联副词"其实"的语义和语用特征》，载《汉语学习》2005 年第 1 期。

[142] 王力：《中国文法中的系词》，载《清华学报》1937 年 12 卷第 1 期。

[143] 王明华：《用在否定词前面的"并"与转折》，载《世界汉语教学》2001 年第 3 期。

[144] 魏德胜：《〈睡虎地秦墓竹简〉中的副词》，载彭庆生主编《中华文化论丛》第 1 辑，北京：中国文学出版社，1998。

[145] 魏培泉：《论先秦汉语运符的位置》，In Peyraube, A. & Chaofen Sun(eds). *In Honor of Mei Tsu-lin：Studies on Chinese Historical Syntax and Morphology*，259-297. Paris：CRLAO, 1999.

[146] 魏培泉：《东汉魏晋南北朝在语法史上的地位》，载何大安编《汉学研究》18 卷特刊"台湾语言学的创造力专号"，2000。

[147] 魏培泉：《上古汉语到中古汉语语法的重要发展》，载何大安主编《古今通塞：汉语的历史与发展》（第三届国际汉学会议论文集），台北："中研院"语言学研究所，2003。

[148] 魏培泉：《从否定词到疑问助词》，载《中国语言学集刊》1 卷第 2 期，北京：中华书局，2007。

[149] 魏培泉：《上古汉语副词"其"、"将"的功能与来源》，载张显成主编《古汉语语

法研究新论》，重庆：西南大学出版社，2015。

[150] 温宾利：《wh-词与 wh-分句》，载《现代外语》1996 年第 2 期。

[151] 温锁林：《现代汉语的申辩口气：兼论语气副词的研究方法》，载《语言研究》2010 年第 1 期。

[152] 吴安其：《精母的谐声和拟音》，载《民族语文》2005 年第 1 期。

[153] 吴福祥：《试说"X 不比 Y·Z"的语用功能》，载《中国语文》2004 年第 3 期。

[154] 武果：《副词"还"的主观性用法》，载《世界汉语教学》2009 年第 3 期。

[155] 向学春：《选择连词"其"与语气副词"其"》，载《承德民族师专学报》2005 年第 3 期。

[156] 谢白羽：《"还"的主观性及其句法实现》，载《汉语学习》2011 年第 3 期。

[157] 谢佳玲：《汉语情态词的语意界定：语料库为本的研究》，载《中国语文研究》2006 年第 1 期。

[158] 谢晓明：《"难怪"因果句》，载《语言研究》2010 年第 2 期。

[159] 解惠全：《谈实词的虚化》，载南开大学中文系《语言研究论丛》编委会编《语言研究论丛》第 4 辑，天津：南开大学出版社，1987。

[160] 邢志群：《从"就"的语法化看汉语词义演变中的"主观化"》，载沈家煊、吴福祥、马贝加主编《语法化与语法研究》（二），北京：商务印书馆，2005。

[161] 徐晶凝：《汉语语气表达方式及语气系统的归纳》，载《北京大学学报》（哲学社会科学版）2000 年第 3 期。

[162] 徐赳赳：《关于元话语的范围和分类》，载《当代语言学》2006 年第 4 期。

[163] 徐烈炯：《几个不同的焦点概念》，载徐烈炯、潘海华主编《焦点结构和意义的研究》，北京：外语教学与研究出版社，2005。

[164] 徐枢：《副词在句中的作用》，载《语文学习》1954 年第 12 期。

[165] 杨德峰：《语气副词作状语的位置》，载《汉语学习》2009 年第 5 期。

[166] 杨逢彬、陈练文：《对语气副词"其"单功能性质的考察》，载《长江学术》2008 年第 1 期。

[167] 杨霁楚：《语气副词"偏偏"的主观语义及相关句式考察》，载中国语文杂志社编《语法研究和探索》（十四），北京：商务印书馆，2008。

[168] 杨琳：《"其"字的一种特殊用法》，载《古汉语研究》1989 年第 3 期。

[169] 杨萌萌：《上古汉语"使 NP　VP"是 ECM 结构吗?》，载《当代语言学》2020 年第 2 期。

[170] 杨荣祥：《汉语副词形成刍议》，载北京大学中文系《语言学论丛》编委会编《语言学论丛》第 23 辑，北京：商务印书馆，2001。

[171] 杨荣祥：《论汉语史上的"副词并用"》，载《中国语文》2004 年第 4 期。

[172] 杨荣祥：《"两度陈述"标记：论上古汉语"而"的基本功能》，载中国社会科学院语言研究所《历史语言学研究》编辑部编《历史语言学研究》第 3 辑，北京：商务印书馆，2010。

[173] 杨秀芳：《论闽南语疑问代词"当时""着时""底位"》，载何大安编《南北是非：汉语方言的差异与变化》（第三届国际汉学会议论文集）．台北："中研院"语言学研究所，2002。

[174] 杨秀芳：《论"故"的虚化及其在闽方言中的表现》，载《台大文史哲学报》2004年第60期。

[175] 杨永龙：《近代汉语反诘副词"不成"的来源及虚化过程》，载《语言研究》2000年第1期。

[176] 杨永龙：《确认与强调："实"的主观意义和语用功能》，载《当代修辞学》2018年第4期。

[177] 姚炳祺：《"其"字的早期用法》，载《学术研究》1983年第6期。

[178] 姚小鹏：《追补性"当然"的篇章功能》，载《语言教学与研究》2011年第6期。

[179] 姚尧：《"或"和"或者"的语法化》，载《语言研究》2012年第1期。

[180] 叶建军：《疑问副词"莫非"的来源及其演化》，载《语言科学》2007年第3期。

[181] 殷国光：《先秦汉语带语法标志的宾语前置句式初探》，载《语言研究》1985年第2期。

[182] 殷国光：《动词"问"的语法功能的历史演变》，载中国语言学会《中国语言学报》编委会编：《中国语言学报》2006年第12期，北京：商务印书馆。

[183] 殷国光、朱淑华：《〈诗经〉宾语前置句的考察》，载《陕西师范大学学报》（哲学社会科学版）2008年第4期。

[184] 殷何辉：《焦点敏感算子"只"的量级用法和非量级用法》，载《语言教学与研究》2009年第1期。

[185] 尹洪波：《语气及相关概念》，载《江淮论坛》2011年第3期。

[186] 袁毓林：《多项副词共现的语序原则及其认知解释》，载林焘主编、北京大学汉语语言学研究中心《语言学论丛》编委会编《语言学论丛》第26辑，北京：商务印书馆，2002。

[187] 袁毓林：《反预期、递进关系和语用尺度的类型——"甚至"和"反而"的语义功能比较》，载《当代语言学》2008年第2期。

[188] 袁毓林：《修辞学家可以向邻近学科学些什么?》，载《当代语言学》2012年第3期。

[189] 乐耀：《汉语中表达建议的主观性标记词"最好"》，载《语言科学》2010年第2期。

[190] 乐耀：《国内传信范畴研究综述》，载《汉语学习》2011年第1期。

[191] 张宝胜：《副词"还"的主观性》，载《语言科学》2003年第5期。

[192] 张宝胜：《"还Xp呢"的歧义与主观性》，载沈家煊、吴福祥、李宗江主编《语法化与语法研究》（三），北京：商务印书馆，2007。

[193] 张宝胜：《"也、再、就、还"的连用》，载中国语言学会《中国语言学报》编委会编《中国语言学报》2008年第13期，北京：商务印书馆。

[194] 张博：《汉语实词相应虚化的语义条件》，载中国语言学会《中国语言学报》编委会编《中国语言学报》2003 年第 11 期，北京：商务印书馆。

[195] 张伯江：《认识观的语法表现》，载《国外语言学》1997 年第 2 期。

[196] 张定京：《现代哈萨克语提醒和渲染语气助词》，载《语言与翻译》2002 年第 2 期。

[197] 张家骅：《"知道"与"认为"句法差异的语义语用解释》，载《当代语言学》2009 年第 3 期。

[198] 张全生：《焦点副词的连用和一句一焦点原则》，载《汉语学报》2010 年第 2 期。

[199] 张旺熹、李慧敏：《对话语境与副词"可"的交互主观性》，载《语言教学与研究》2009 年第 2 期。

[200] 张兴：《语言的交互主观化与交互主观性——以日语助动词"だろう"为例》，载《解放军外国语学院学报》2009 年第 4 期。

[201] 张秀松：《"毕竟"义"到底"句的主观化表达功能》，载《语文研究》2008 年第 3 期。

[202] 张秀松：《追问标记的语源模式的跨语言考察》，载《外国语》2014 年第 4 期。

[203] 张雪平：《"非现实"研究现状及问题思考》，载《解放军外国语学院学报》2008 年第 5 期。

[204] 张亚茹：《浅谈古汉语的总括范围副词》，载南开大学中国语言文学系古代汉语教研室编《纪念马汉麟先生学术论文集》，天津：南开大学出版社，1998。

[205] 张谊生：《副词的篇章连接功能》，载《语言研究》1996 年第 1 期。

[206] 张玉金：《论殷墟卜辞命辞语言本质及语气》，载《中国文字》廿六期，台北：艺文印书馆，2000。

[207] 张云秋、林秀琴：《情态副词的功能地位》，载《首都师范大学学报》（社会科学版）2017 年第 3 期。

[208] 张永言：《从词汇史看〈列子〉的撰写年代》，载李铮、蒋忠新主编，段晴、钱文忠编：《季羡林教授八十华诞纪念论文集》（上），南昌：江西人民出版社，1991。

[209] 张则顺：《"实在"句的语义格局和对外教学探讨》，载《世界汉语教学》2011 年第 4 期。

[210] 张则顺：《现代汉语确信情态副词的语用研究》，载《语言科学》2012 年第 1 期。

[211] 赵长才：《上古汉语"亦"的疑问副词用法及其来源》，载《中国语文》1998 年第 1 期。

[212] 赵长才：《中古译经"或 X"双音词的用法及演变过程》，载《中国语文》2013 年第 3 期。

[213] 赵茂林：《〈毛传〉〈尔雅〉关系考辨》，载《兰州学刊》2014 年第 8 期。

[214] 赵彦春：《副词位置变化与相关的句法—语义问题》，载《汉语学习》2001 年第 6 期。

[215] 赵元任：《北京、苏州、常州语助词的研究》，载《清华学报》1926 年 3 卷第 2 期。

[216] 郑刚：《古文字资料所见叠词研究》，载《中山大学学报》(社会科学版)1996 年第 3 期。

[217] 周静：《"甚至"的篇章衔接功能和语法化历程》，载《暨南学报》(人文科学与社会科学版)2004 年第 5 期。

[218] 朱冠明：《情态与汉语情态动词》，载《山东外语教学》2005 年第 2 期。

[219] 朱冠明：《情态动词"必须"的形成和发展》，载《语言科学》2005 年第 3 期。

[220] 朱铭：《章士钊的〈中等国文典〉》，载《博览群书》2001 年第 8 期。

英文专著

[1] Aikhenvald，A. Y. 2004. *Evidentiality*. Oxford：Oxford University Press.

[2] Alexiadou，A. 1997. *Adverb Placement：A Case Study in Antisymmetric Syntax*. Amsterdam/Philadelphia：John Benjamins Publishing Company.

[3] Brown，P. & Levinson S. C. 1987. *Politeness：Some Universals in Language Usage*. Cambridge：Cambridge University Press.

[4] Bybee，J. L.，Perkins，R. D.，& Pagliuca W. 1994. *The Evolution of Grammar：Tense，Aspect，and Modality in the Languages of the World*. Chicago/London：University of Chicago Press.

[5] Capell，A. & Hinch H. E. 1970. *Maung Grammar：Texts and Vocabulary*. The Hague：Mouton and Co. .

[6] Cheng，L. L. -S. 1997. *On the Typology of Wh-Questions*. Outstanding Dissertation in Linguistics Series. New York/London：Garland Publishing.

[7] Cinque，G. 1999. *Adverbs and Functional Heads：A Cross Linguistic Perspective*. Oxford：Oxford University Press.

[8] Ernst，T. 2004. *The Syntax of Adjuncts*. Cambridge：Cambridge University Press.

[9] Givón，T. 1990. *Syntax：A Functional Typological Introduction*(Vol. Ⅱ). Amsterdam/Philadelphia：John Benjamins Publishing Company.

[10] Givón，T. 2001. *Syntax：An Introduction*. Amsterdam/Philadelphia：John Benjamins Publishing Company.

[11] Harbsmeier，C. 1981. *Aspects of Classical Chinese Syntax*. London/Malmö：Curzon Press.

[12] Heine，B.，Claudi，U.，& Hünnemeyer F. 1991. *Grammaticalization：A Conceptual Framework*. Chicago：University of Chicago Press.

[13] Heine，B. & Kuteva，T. 2002. *World Lexicon of Grammaticalization*. Cambridge：Cambridge University Press.

[14] Heine, B. & Kuteva, T. 2007. *The Genesis of Grammar：A Reconstruction.* Cambridge：Cambridge University Press.

[15] Hopper, P. J. & Traugott, E. C. 2003. *Grammaticalization*(2nd). Cambridge：Cambridge University Press.

[16] Hoye, L. 1997. *Adverbs and Modality in English*. New York：Longman.

[17] Jackendoff, R. 1972. *Semantic Interpretation in Generative Grammar*. Cambridge, Mass. ：MIT Press.

[18] Lambrecht, K. 1994. *Information Structure and Sentence Form.* Cambridge：Cambridge University Press.

[19] LaPolla, R. J. & Huang, C. L. 2003. *A Grammar of Qiang with Annotated Texts and Glossary*. Berlin：Mouton de Gruyter.

[20] Levinson, S. 1983. *Pragmatics*. Cambridge：Cambridge University Press.

[21] Li, C. N. & Thompson, S. 1981. *Mandarin Chinese：A Functional Reference Grammar*. Berkeley：University of California Press.

[22] Li, Y. 2015. *The Diachronic Development of Passive Constructions from Archaic Chinese to Modern Mandarin*. Ph. D. Dissertation：University of Washington.

[23] Longacre, R E. 1983. *The Grammar of Discourse*. New York：Plenum Press.

[24] Lyons, J. 1977. *Semantics.* London：Cambridge University Press.

[25] Palmer, F. R. 1986. *Mood and Modality*. Cambridge：Cambridge University Press.

[26] Parsons, T. 1990. *Events in the Semantics of English：A Study in Subatomic Semantics*. Cambridge, Mass. ：MIT Press.

[27] Pulleyblank E. G. 1995. *Outline of Classical Chinese Grammar*. Vancouver：UBC press.

[28] Quirk, R. , Greenbaum, S. , Leech, G. , & Svartvik, J. 1985. *A Comprehensive Grammar of the English Language.* London：Longman.

[29] Roberts, I. & Roussou, A. 2003. *Syntactic Change：A Minimalist Approach to Grammaticalization*. Cambridge：Cambridge University Press.

[30] Traugott , E. C. & Dasher, R. B. 2002. *Regularity in Semantic Change*. Cambridge：Cambridge University Press.

[31] Von Wright, G. H. 1951. *An Essay in Modal Logic*. Amsterdam：North Holland Publishing Company.

英文论文

[1] Aldridge, E. 2010. Clause-internal Wh-movement in Archaic Chinese. *Journal of East Asian Linguistics* 19. 1. 1-36.

[2] Aldridge, E. 2013. Chinese Historical Syntax：Pre-Archaic and Archaic Chi-

nese. *Language and Linguistics Compass*：*Historical Linguistics* 7.1，58-77.

［3］Aldridge，E. 2015. Pronominal Object Shift in Archaic Chinese. Biberauer，T. &. Walkden G. (eds.) *Syntax over Time*：*Lexical*，*Morphological and Information-Structural Interactions*，350-370. Oxford：Oxford University Press.

［4］Aldridge，E. 2016. VP-internal Quantification in Old Chinese. Djamouri，R. &. Sybesma R. (eds.) *Chinese Linguistics in Budapest*，1-15. Paris：CRLAO.

［5］Aldridge，E. 2018. Modality and Case in Late Archaic Chinese. Paper presented in the Workshop on Modality in Classical Chinese, University of Washington, Seattle，November.

［6］Chafe，W. L. 1986. Evidentiality in English Conversation and Academic Writing. In Chafe，W. &. Nichols J. (eds.) *Evidentiality*：*The Linguistic Coding of Epistemology*，261-272. Norwood，NJ：Ablex.

［7］Chafe，W. 1995. The Realis-Irrealis Distinction in Caddo，the Northern Iroquoian Languages，and English. In Bybee，J. &. Fleischman S. (eds.) *Modality in Grammar and Discourse*，349-365. Amsterdam：John Benjamins Publishing Company.

［8］Chang，H. Y. 2006. The Guest Playing Host：Adverbial Modifiers as Matrix Verbs in Kavalan. In Gärtner H. M. ，Law，P. S. ，&. Sabel J. (eds.)*Clause Structure and Adjuncts in Austronesian Languages*，43-82. Berlin：Mouton de Gruyter.

［9］Cikoski，J. S. 1978. The Existence and Function of the So-called Modal Chyi in Classical Chinese ［Three Essays on Classical Chinese Grammar：II］. *Computational Analyses of Asian & African Languages = Ajia Afurikago no keisu kenkyu*，NO. 9. 77-131，Tokyo：National Inter-University Research Institute of Asian and African Languages and Cultures.

［10］Conrad，R. J. &. Lukas，J. 1995. The Assertion of High Subjective Certainty in Mufian(Papua New Guinea). In Werner，A. ，Givon，T. ，&. Thompson S. A. (eds.) *Discourse Grammar and Typology*：*Papers in Honor of John W. M. Verhaar*，103-118. Amsterdam/Philadelphia：John Benjamins Publishing Company.

［11］Conroy，A. 2006. The Semantics of How Come：a Look at How Factivity Does It All. In Kazanina，N. (ed.)*University of Maryland Working Papers in Linguistics* 14. College Park，Maryland：UMWPiL.

［12］De Haan，F. 2006. Typological Approaches to Modality. In William Frawley(ed.) *The Expression of Modality*，27-70. Berlin：Mouton de Gruyter.

［13］De Haan，F. 2010. Typology of Tense，Aspect and Modality Systems. In Song，J. J. (ed.) *The Oxford Handbook of Linguistic Typology*，Chapter 21. Oxford：

Oxford University Press.

[14] Delancy, S. 1997. Mirativity: The Grammatical Marking of Unexpected Information. *Linguistic Typology*, 1. 1. 33-52.

[15] Deng, L. 2018. Origin of the epistemic adverb 盖. Paper Presented in the workshop on modality in classical Chinese, Unversity of Washington, seattle, November.

[16] Dik, S. C. , Kees, H. , Elseline, V. &. Vet, C. 1997. The Hierarchical Structure of the Clause and the Typology of Adverbial Satellites. In Nuyts, A. Bolkestein, A. M. &. Vet, C. (eds.) *Layers and Levels of Representation in Language Theory: A functional View*, 25-70. Amsterdam/Philadelphia: John Benjamins Publishing Company.

[17]Erlewine, M. Y. 2017. Vietnamese focus Particles and derivation by Phase. Journal of East Asian Linguistics, Vol. 26(4), 325-349.

[18] Fitzpatrick, J. 2005. The Whys and How Comes of Presupposition and NPI Jicensing in Questions. In Alderete, J. (ed.) *Proceedings of the 24th West Coast Conference on Formal Linguistics*, 138-145. Somerville, Mass. ; Cascadilla.

[19] Haegeman, L. 2008. The Syntax of Adverbial Clauses and the Licensing of Main Clause Phenomena. Truncation or Intervention?. Paper presented at the 31st GLOW Conference, Newcastle, March.

[20] Heine, B. 2002. On the Role of Context in Grammaticalizaiton. In Wischer, I. &. Diewald G. (eds.)*New Reflections on Grammaticalization*, 83-102. Amsterdam: John Bejamins Publishing Company.

[21] Hopper, P. J. 1991. On Some Principles of Grammaticalization. In Traugott, E. C. &. Heine, B. (eds.)*Approaches of Grammaticalization (vol.1)*, 17-36. Amsterdam: John Benjamins Publishing Company.

[22] Huang C. -T. J, &. Ochi, M. 2004. Syntax of the Hell: Two Types of Dependencies. *Proceedings of the 34th North-Eastern Linguistics Society Conference*, 279-293.

[23] König, E. , &. Siemund, P. 2000. Causal and Concessive Clauses: Formal and Semantic Relations. In Couper-Kuhlen, E. , Kortmann, B. (eds.) *Cause-Condition-Concession-Contrast: Cognitive and Discourse Perspectives*, 341-360. Berlin: Mouton de Gruyter.

[24] König, E. , &. Siemund, P. 2007. Speech Act Distinctions in Grammar. In Shopen, T. (ed.)*Language Typology and Syntactic Distinctions(2nd): I*, 276-324. Cambridge: Cambridge University Press.

[25] Meisterernst, B. 2016. A Syntactic Analysis of Modal bì 必: Auxiliary Verb or Adverb? In Cao, G. S. , Chappell, H. , Djamouri, R. & Wiebusch, T. (eds.) *Breaking Down the Barriers: Interdisciplinary Studies in Chinese Linguistics and Beyond*, 425-449. Taipei: Academia Sinica.

[26] Molochieva, Z. 2007. Category of Evidentiality and Mirativity in Chechen. Conference on the Languages of the Caucasus, Lepzig: Max Plank Institute EVA.

[27] Nivison, D. S. 1968. So-called Modal Ch'I in Classical Chinese. Paper presented to the American Oriental Society, annual meeting Berkeley. March.

[28] Nivison, D. S. 1992. Modal Qi' in Shang and Early Zhou Chinese. Paper presented at the 25th International Conference on Sino-Tibetan Languages and Linguistics, Berkeley.

[29] Nuyts, J. 2006. Modality: Overview and Linguistic Issues. In Frawley, W. (ed.) *The Expression of Modality*, 1-26. Berlin: Mouton de Gruyter.

[30] Paul, W. 2005. Low IP Area and Left Periphery in Mandarin Chinese. *Recherches linguistiques de Vincennes* Vol. 33, 111-133.

[31] Pietrandrea, P. 2007. The Grammatical Nature of Some Epistemic-Evidential Adverbs in Spoken Italian. *Rivista di Linguistica* 19. 1, 39-63.

[32] Ramat, P. , & Ricca, D. 1998. Sentence Adverbs in the Languages of Europe. In: van der Auwera J. & D. Ó-Baoill D. (eds.) *Adverbial Constructions in the Languages of Europe*, 187-276. Amsterdam/Philadelphia: John Benjamins Publishing Company.

[33] Rizzi, L. 1997. The Fine Structure of the Left Periphery. In Haegeman, L. (ed). *Elements of Grammar: Handbook of Generative Syntax*, 281-337. Dordrecht: kluwer Academic Publishers.

[34] Sadock, J. M. 1971. Queclaratives. In Campbell, M. A. (ed.) *Papers from the Seventh Regional Meeting of the Chicago Linguistic Society*, 223-232. Chicago: Chicago Linguistic Society.

[35] Sadock, J. M. 2008. Speech Acts. In Horn, L. R. & Ward G. L. (eds.) *The Handbook of Pragmatics*, 53-73. Oxford: Blackwell Publishing Ltd.

[36] Serruys, P. L. M. 1974. Studies in the Language of the Shang Oracle Inscriptions. *T'oung Pao*, Vol. LX, Ⅰ-3.

[37] Serruys, P. L. M. 1981. Toward a grammar of the Language of the sang bone inscriptions. "中研院"国际汉学会议论文集(语言文学组), 313-364. Taipei: Academia Sinica.

[38] Suzuki S. 2006. Surprise and Disapproval. In Satoko S. (ed.)*Emotive Communi-cation in Japanese*, 155-172. Amsterdam: John Benjamins Publishing Company.

[39] Takashima, K. 1994. The Modal and Aspectual Particle Qi in Shang Chinese. 载高思曼，何乐士主编：《第一届国际先秦汉语语法研讨会论文集》，479-565. 长沙：岳麓书社.

[40] Takashima, K. 1996. Toward a New Pronominal Hypothesis of Qi(其) in Shang Chinese. In Ivanhoe, P. J. (ed.)*Chinese Language*, *Thought and Culture: Nivi-son and His Critics*, 3-38. Chicago and La Salle, Ill.: Open Court.

[41] Takashima, K. 1997. Focus and Explanation in Copulative-Type Sentences in a Genuine Classical Chinese Text. *Cahiers de Linguistique-Asie Orientale* 26.2, 177-199.

[42] Tang, C-C. J. 2001. Functional Projections and Adverbial Expressions in Chi-nese. *Language& Linguistics* 2.2, 203-241.

[43] Travis, L. 1988. The Syntax of Adverbs. In *McGill Working Papers in Linguis-tics: Special Issue on Comparative Germanic Syntax*, 280-310, *Department of Linguistics, McGill University.*

[44] Traugott, E. C. 1995. Subjectification in Grammaticalisation. In Stein, D. & Wright S. (eds.) *Subjectivity and Subjectivisation*, 31-54. Cambridge: Cam-bridge University Press.

[45] Traugott, E. C. 1999. The Rhetoric of Counter-Expectation in Semantic Change. In Blank, A. & Koch P. (eds.) *Historical Semantics and Cognition*, 177-196. Berlin: Mouton de Gruyter.

[46] Tsai, W. -T. D. 2008. Left Periphery and How-Why Alternations. *Journal of East A-sian Linguistic* 17.2. 83-115.

[47] Ultan, R. 1978. The Nature of Future Tenses. In Greenberg J. H. (ed.) *Universals of Human Language: Vol. 3*, 83-124. Stanford, CA: Stanford University Press.

[48] van Gelderen, E. 2004. Specifiers, Heads, Grammaticalization, and Economy, *Journal of Comparative Germanic Linguistics* 7, 59-98.

[49] Kopple, W. J. V. 1985. Some Explanatory Discourse on Metadiscourse. *College Composition and Communication* 36, 82-93.

[50] Van Valin, R. D. 1993. A Synopsis of Role and Reference Grammar. In Van Valin, R. D. (ed.) *Advances in Role and Reference Grammar*, 1-164. Amsterdam: Benjamins Publishing Company.

[51] Xu, L. -J. 1990. Remarks on LF Movement in Chinese Questions. *Linguistics* Vol. 28. 2: 355-383.

［52］ Yoshida，Megumi. 1954. The etymology of nai-ho（奈何）. Toho Gaku 8，118-131.

［53］ Zanuttini，R. & Portner，P. 2003. Exclamative Clauses：At the Syntax-Semantics Interface. *Language* Vol. 79. 1：39-81.

图书在版编目（CIP）数据

上古汉语语气副词研究 / 谷峰著 . —北京：北京师范大学
出版社，2023.10
国家社科基金后期资助项目
ISBN 978-7-303-27445-1

Ⅰ.①上… Ⅱ.①谷… Ⅲ.①古汉语－语气（语法）－
副词－研究 Ⅳ.①H141

中国版本图书馆 CIP 数据核字（2021）第 237436 号

营 销 中 心 电 话 010-58805385
北 京 师 范 大 学 出 版 社 http://xueda.bnup.com
主题出版与重大项目策划部

SHANGGU HANYU YUQI FUCI YANJIU

出版发行：北京师范大学出版社 www.bnup.com
　　　　　北京市西城区新街口外大街 12-3 号
　　　　　邮政编码：100088
印　　刷：北京盛通印刷股份有限公司
经　　销：全国新华书店
开　　本：787 mm×1092 mm 1/16
印　　张：19.75
字　　数：330 千字
版　　次：2023 年 10 月第 1 版
印　　次：2023 年 10 月第 1 次印刷
定　　价：76.00 元

策划编辑：禹明超　　　　　　责任编辑：朱前前
美术编辑：王齐云　　　　　　装帧设计：王齐云
责任校对：陈　民　　　　　　责任印制：马　洁　赵　龙